MANUEL
DE
L'ENSEIGNEMENT PRIMAIRE

PAR MM.

JOSEPH REINACH

ET

CHARLES RICHET

PARIS
LIBRAIRIE CH. DELAGRAVE
15, RUE SOUFFLOT, 15

A LA MÊME LIBRAIRIE

ENCYCLOPÉDIE DES ÉCOLES

LECTURE

Méthode de lecture et de prononciation, par MICHEL. In-12 broché . . . . » 20
Livre du Maître. In-12, broché . . . . . . » 90
Premiers exercices de lecture courante et de prononciation, par LE MÊME. In-12. cartonné. . . . . » 40
Seconds exercices. In-12, cartonné. . . » 80
(Pour les *Tableaux*, voir le Catalogue.)
Livret de lecture, par SAUVAGEOT et SEGUIN. In-8°, cartonné . . . . » 55
— 17 *Tableaux*, en feuilles 2 60

LECTURE COURANTE

Premières lectures des petits enfants, suivies d'exercices d'après la méthode Frœbel, par E. DUPUIS. In-12, avec de nombreuses vignettes, cartonné. . . . . » 65
Premières leçons de choses usuelles, à l'usage des enfants de 7 à 9 ans, par E. DUPUIS. In-12, avec 115 figures explicatives, cart. » 80
Lectures courantes des écoliers français (la famille, — la maison : *habitation, alimentation, vêtement*, — le village — notre pays, — notre département), par CAUMONT.
Livre de l'Élève, avec lexique, exercices, vignettes. In-12, cartonné. 1 50
Livre du Maître. In-12, cartonné. 2 60
Édition spéciale pour chaque département.

MORALE, INSTRUCTION CIVIQUE

Éducation morale et instruction civique, par A. MÉZIÈRES de l'Académie française. In-12, avec vignettes, cartonné. 1 25

DROIT USUEL

Éléments de droit usuel et d'économie politique, par L. DE LAMY. In-12, avec vignettes, cartonné. 1 60

LANGUE FRANÇAISE

Leçons et exercices préparatoires de langue française et de grammaire, par J. WIRTH, inspecteur primaire à Lyon. In-12, cart. » 75
Livre du Maître. In-12, cartonné. 1 25
Leçons et exercices élémentaires de langue française et de grammaire, par LE MÊME. In-12, cartonné. . . . . » 60
Cours de langue française, par MOBIET et RICHARDOT, agrégés de l'Université.
Cours élémentaire. In-12, vignettes, cart. . » 75
Livre du Maître. In-12, cartonné. 1 25
Cours moyen. In-12, cartonné. 1 25
Livre du maître. In-12, cartonné. 2 50
Cours supérieur. In-12, cartonné 1 50
Livret d'orthographe, par SAUVAGEOT et SEGUIN, In-12, cartonné. . . . . » 70

HISTOIRE

Histoire de France, par A. MAGIN.
Cours élémentaire. In-12, cartonné. . . . » 80
Cours moyen. In-12, cartonné. 1 25
Cours supérieur, revu par CH. NORMAND, professeur au lycée de Vanves. In-12, cart. . . 1 [illegible]
Histoire de France, par G. HUBAULT.
Petit Cours. In-12, avec vignettes, cartonné. . . [illegible]
Cours moyen. In-12 (15 cartes dans le texte et 2 hors texte), cartonné 1 50
Cours supérieur. In-12, cartonné. 2 50
Histoire de France. Sommaires et récits, exercices oraux et écrits, vignettes, cartes, par L. CONS.
Cours élémentaire. In-12, cartonné. . . . . . » 80
Cours moyen. In-12, cartonné 1 20
Cours supérieur. In-12, cartonné. . . . . . 2 »

GÉOGRAPHIE

Atlas scolaire. Cours complet de Géographie (cours moyen), répondant aux exigences du certificat d'études primaires, par E. LEVASSEUR, membre de l'Institut.
Livre de l'Élève. In-4°, cartonné 2 90
Livre du Maître. In-4°, cartonné . . . . . 5 »
Une édition spéciale est faite pour chaque département.

ARITHMÉTIQUE

Cours gradué d'arithmétique avec un grand nombre de problèmes à résoudre, des notions de géométrie pratique et de dessin linéaire, par BOVIER-LAPIERRE.
Degré élémentaire et degré moyen.
Livre de l'Élève. In-12, cartonné . . . . » 90
Livre du Maître. 1 50
Degré supérieur: Élève. In-12, cartonné. . 1 50
Maître. In-12, cartonné. . 2 60

SCIENCES

Éléments usuels des sciences physiques et naturelles, par J.-H. FABRE.
Cours moyen. In-12, fig., cartonné. . . . 1 25
Cours supérieur. In-12, carton 1 50

CHANT

Chants de l'école, *Recueil de chants anciens et modernes* à une, deux et trois voix, paroles de A. LINDEN, musique de MOUZIN, professeur au Conservatoire national de Paris.
Chacune des 3 parties, in-12, broché . . . . » 75
Chants et Chœurs, par les MÊMES, in-12, broché. . . . . » 75

ÉCRITURE

Méthode d'écriture, par F. DESNOYERS. — *Dix cahiers* in-4°. Le cent. . . . . 8 »

DESSIN

Cours de dessin, par CLAUDE SAUVAGEOT (12 cahiers). Chacun. . . . . » 15

Paris. — Imp. G. Rougier et Cie, rue Cassette, 1

MANUEL

DE

L'ENSEIGNEMENT PRIMAIRE

SOCIÉTÉ ANONYME D'IMPRIMERIE DE VILLEFRANCHE-DE-ROUERGUE
Jules Bardoux, directeur.

MANUEL

DE

L'ENSEIGNEMENT PRIMAIRE

PAR MM.

JOSEPH REINACH

ET

CHARLES RICHET

PARIS

LIBRAIRIE CH. DELAGRAVE

15, RUE SOUFFLOT, 15

—

1888

MANUEL
DE
L'ENSEIGNEMENT PRIMAIRE

PETITE GRAMMAIRE FRANÇAISE

On donne le nom de *grammaire* à l'ensemble des règles auxquelles sont assujettis les mots d'une langue écrite ou parlée. Ces règles, établies d'abord par l'usage, ont été ensuite maintenues et confirmées par les discours des grands orateurs ou les œuvres des grands écrivains.

On appelle *dictionnaire* d'une langue la liste générale des mots de cette langue rangés par ordre et accompagnés de leur valeur et de leurs significations. Dans un dictionnaire les mots invariables sont inscrits avec leur forme unique ; quant aux mots variables, ils sont ordinairement indiqués avec une seule de leurs formes, celle qui permet d'obtenir le plus facilement les autres formes que ces mots sont susceptibles de revêtir.

L'*orthographe* d'un mot, c'est-à-dire la manière correcte de l'écrire, s'obtient à l'aide des renseignements fournis à la fois par le dictionnaire et par la grammaire : le dictionnaire donne la forme primitive du mot; la grammaire enseigne les modifications que ce mot doit subir pour l'emploi qu'on en veut faire.

On compte en français dix catégories différentes de mots ou *parties du discours*, savoir : 1° les *noms;* 2° les *articles;* 3° les *adjectifs;* 4° les *pronoms;* 5° les *verbes;* 6° les *participes;* 7° les *prépositions;* 8° les *adverbes;* 9° les *conjonctions*, et 10° les *interjections*. Les mots qui appartiennent aux six premières catégories sont variables; les autres sont invariables.

Des noms.

Les *noms* ou *substantifs* sont les mots qui servent à désigner les personnes, les animaux, les plantes et les choses. Exemple : *Alexandre, jument, blé, habit.* Cependant un nom peut encore être employé pour indiquer une action, un état ou une qualité. Exemple : *Chant, immobilité, bonté, méchanceté.*

On appelle *nom propre* celui qui ne peut être appliqué qu'à une seule personne ou chose, ou encore à un nombre restreint de personnes ou de choses d'une même espèce. Exemple : *Afrique, Philippe,* le *Nil,* les *Pyrénées.* Les autres noms sont des *noms communs.* Exemple : *pays, souverain, fleuve, montagne.* La première lettre d'un nom propre doit toujours être une lettre majuscule.

Un nom s'unit quelquefois par un trait d'union (-) à un ou deux autres mots; le groupe ainsi formé est un *nom composé.* Exemple : *arc-en-ciel, timbre-poste, essuie-main, arrière-boutique.*

Du genre dans les noms.

Les noms qui désignent des hommes ou des animaux mâles sont du *genre masculin;* ceux qui désignent des femmes ou des animaux femelles sont du *genre féminin.* Tous les autres noms ont été arbitrairement affectés de l'un de ces deux genres; ainsi : *soleil, bras, raisin, vice,* sont du genre masculin, tandis que *lune, jambe, datte, vertu,* sont du genre féminin.

La plupart des noms qui désignent des hommes ou des animaux mâles s'emploient avec une simple modification dans leur terminaison comme noms de femmes ou de femelles. *Géant* devient alors *géante; maître, maîtresse; instituteur, institutrice; porteur, porteuse; berger, bergère.*

Une vingtaine de noms seulement ont une forme très différente, suivant qu'ils s'appliquent à l'homme ou à la femme, au mâle ou à la femelle. Exemple : *frère,* fém. *sœur; père,* fém. *mère; mari,* fém. *femme; taureau,* fém. *vache; coq,* fém. *poule.*

Il arrive quelquefois qu'une même forme de nom s'emploie également pour les deux sexes. S'il s'agit d'animaux, on fait alors suivre le nom du mot *mâle* ou *femelle.* Exemple : un *éléphant mâle,* un *éléphant femelle.*

Un même nom peut avoir les deux genres quand il a deux significations différentes. Exemple : *manche* est du masculin s'il indique la poignée d'un outil : un *manche de pioche;* il est du féminin s'il signifie la partie du vêtement qui recouvre le bras : une *manche d'habit.*

Du nombre dans les noms.

Il y a deux nombres : le *singulier* et le *pluriel.*

Quand on veut parler d'une seule personne ou d'une seule chose, on emploie le nom au singulier ; on le met au pluriel lorsqu'on parle de plus d'une personne ou de plus d'une chose.

Les noms au singulier n'ont pas de terminaison spéciale ; au pluriel ils sont presque toujours terminés par *s* ou *x*.

En général, le pluriel se forme en ajoutant *s* à la terminaison du singulier. Exemple : un *enfant,* des *enfants ;* un *âne,* des *ânes ;* un *pain,* des *pains.* Si le nom est terminé au singulier par *s, x, z,* il ne change pas au pluriel : un *fils,* des *fils ;* une *noix,* des *noix ;* un *nez,* des *nez.*

Les noms terminés au singulier par *au, eau* et *eu* prennent un *x* au pluriel. Exemple : un *noyau,* des *noyaux ;* un *chameau,* des *chameaux ;* un *feu,* des *feux.* Par exception les mots : *bijou, caillou, chou, genou, hibou, joujou* et *pou* prennent également un *x* au pluriel : des *bijoux,* des *cailloux,* etc., tandis que les autres noms terminés en *ou* prennent un *s* suivant la règle générale.

Certains noms terminés au singulier par *al* ou par *ail* remplacent au pluriel cette terminaison par *aux.* Exemple : un *cheval,* des *chevaux ;* un *bail,* des *baux.* D'autres ajoutent tout simplement un *s* à la terminaison du singulier : un *chacal,* des *chacals ;* un *détail,* des *détails.* On trouvera l'indication de la forme de pluriel qui convient à chacun de ces noms dans le dictionnaire, qui donne également les formes anormales du pluriel de certains noms : un *œil,* des *yeux ;* un *ciel,* des *cieux* ou des *ciels,* suivant la signification dans laquelle est pris le mot *ciel.*

De l'article.

L'*article défini* : *le,* pour le masculin singulier ; *la,* pour le féminin singulier ; *les,* pour le pluriel des deux genres, est un mot qui se place devant le nom pour marquer généralement que la personne ou la chose dont on parle est déterminée dans l'esprit des interlocuteurs : LE *père,* LA *mère,* LES *enfants.*

Placé devant un nom commençant par une voyelle ou un *h* muet, l'article au singulier devient *l'* pour les deux genres : L'*oiseau,* pour LE *oiseau ;* L'*âme,* pour LA *âme ;* L'*homme,* pour LE *homme ;* L'*huître,* pour LA *huître.*

Devant une consonne ou un *h* aspiré l'article *le* précédé de *à* se contracte toujours en *au,* et en *du* s'il est précédé de *de.* Exemple : AU *collège,* pour A LE *collège ;* AU *hameau,* pour A LE *hameau ;* DU *collège,* pour DE LE *collège ;* DU *hameau,* pour DE LE *hameau.*

De les, à les se contractent toujours : le premier en *des,* le second en *aux :* DES *arbres,* AUX *arbres ;* DES *hameçons,* AUX *hameçons,* sont mis pour DE LES *arbres,* A LES *arbres ;* DE LES *hameçons,* A LES *hameçons.*

On donne le nom d'*article indéfini* aux mots *un, une, des,* qui se placent devant les noms indéterminés : UN *bœuf,* UNE *charrue,* DES *œufs. Des* est quelquefois remplacé par *de* ou *d'.*

De l'adjectif.

L'*adjectif* est un mot qui marque la qualité, la possession, l'indication, le nombre ou l'indétermination. Il accompagne toujours un substantif et s'accorde avec lui en genre et en nombre.

Quand l'adjectif indique une qualité bonne ou mauvaise, il s'appelle *adjectif qualificatif* : *joli, laid.* La formation du féminin et celle du pluriel dans ces adjectifs sont soumises aux mêmes règles que celles des noms : *grand,* fém. *grande ;* pluriel, *grands, grandes ; commercial,* fém. *commerciale ;* pluriel *commerciaux, commerciales ; heureux,* fém. *heureuse ;* pluriel, *heureux, heureuses.*

L'adjectif qui détermine la possession s'appelle *adjectif possessif.*

Les adjectifs possessifs sont : *mon, ton, son; ma, ta, sa ; notre, votre, leur; mes, tes, ses ; nos, vos, leurs.* L'adjectif possessif s'accorde avec le nom de l'objet possédé et non avec celui de la personne qui le possède : MON *livre,* SA *table,* SES *joues.* Toutefois les formes *ma, ta, sa* sont remplacées par *mon, ton, son* devant les noms féminins qui commencent par une voyelle ou un *h* muet : MON *oreille* au lieu de MA *oreille ;* TON *encre* au lieu de TA *encre ;* SON *histoire,* au lieu de SA *histoire.*

Ce, cet, cette, ces, qui marquent l'indication, sont appelés *adjectifs démonstratifs* : CE *cahier;* CET *habit ;* CETTE *plume;* CES *crayons.* La forme *ce* ne s'emploie que devant une consonne ou un *h* aspiré; la forme *cet,* devant tous les mots commençant par une voyelle ou un *h* muet.

Un, deux, trois, quatre, cent, mille, etc., sont des *adjectifs numéraux cardinaux; premier, deuxième, centième,* etc., sont des *adjectifs numéraux ordinaux.*

Les adjectifs qui donnent une idée vague du nombre forment une catégorie d'adjectifs appelés *indéfinis : plusieurs, quelques, tout, autre, aucun, quelconque,* etc.

Du pronom.

Le *pronom* est un mot très court qui permet d'éviter l'emploi d'un nom ou sa répétition; il peut aussi remplacer une locution.

Le pronom est *personnel* quand il remplace le nom d'une personne et qu'il indique en même temps qu'il s'agit de la personne qui parle, de celle à qui l'on parle ou de la personne dont on parle. Il est dit, suivant ces cas, de la première, de la deuxième ou de la troisième personne. Le pronom personnel de la troisième personne s'emploie également pour les choses.

Les pronoms personnels de la première personne sont : *je, me, moi,* au singulier; *nous,* au pluriel; — ceux de la deuxième : *tu, te, toi,* au singulier; *vous,* au pluriel; — ceux de la troisième : *il, elle, le, la, lui,* au singulier; *ils, eux, elles, les, leur,* au pluriel. Il y a en outre les pronoms *se, soi, en, y,* qui s'emploient pour les deux nombres et les deux genres de la troisième personne.

Le pronom qui renferme l'idée d'indication porte le nom de *pronom démonstratif.* Les principaux pronoms démonstratifs sont : *ce, celui, celle,* pour le singulier; *ceux, celles,* pour le pluriel. Ils donnent naissance à des formes composées par l'addition des mots *ci* et *là : ceci, cela, celui-ci, celle-là, ceux-ci,* etc. Le mot *ci* annonce la proximité; *là,* l'éloignement.

Quand à l'idée pronominale vient s'ajouter l'idée de possession, le pronom est dit *possessif : le mien, le tien, le sien; la mienne, la tienne, la sienne; le nôtre, le vôtre, le leur,* etc.

Le pronom est *conjonctif* s'il sert à joindre deux parties d'une proposition : *qui, que, quoi, dont, lequel, laquelle, lesquels,* etc., sont des pronoms conjonctifs qui, à l'exception de *dont,* servent également de *pronoms interrogatifs.*

On, quiconque, quelqu'un, chacun, rien, personne, etc., sont des pronoms indéfinis.

Du verbe.

Le *verbe* est le mot qui marque l'existence, l'état ou l'action d'une personne ou d'une chose et qui indique en même temps, par un simple changement de terminaison, la personne grammaticale et le moment auxquels se rapportent cette existence, cet état ou cette action.

Un seul verbe, le verbe *être,* marque l'existence; il porte le nom de verbe *substantif,* tandis que les autres verbes sont appelés *attributifs.*

Conjuguer un verbe, c'est énoncer successivement toutes les formes dont ce verbe est susceptible par le simple changement de sa terminaison. La conjugaison complète d'un verbe français renferme cinq *modes* et huit *temps.*

L'idée verbale peut être présentée de cinq manières différentes appelées *modes.* Si elle est simplement énoncée, le verbe est au mode *indicatif;* si elle est soumise à une condition, il sera au mode *conditionnel;* quand l'idée sera présentée sous forme d'ordre ou de prière, on se servira du mode *impératif;* quand elle dépendra d'un autre état ou d'une autre action, on emploiera le mode *subjonctif;* enfin le mode *infinitif* est celui dans lequel l'idée est formulée sans désignation de personne ni de nombre.

Suivant que l'existence, l'état ou l'action ont eu lieu avant le moment où l'on parle, qu'elles ont lieu à ce moment ou qu'elles doivent avoir lieu plus tard, on se sert de *temps* différents. Il n'y a qu'une forme dans chaque mode, le *présent,* pour marquer que l'existence, l'état ou l'action ont lieu au moment où l'on parle; mais il y a cinq formes de passé : l'*imparfait,* le *passé défini,* le *passé indéfini,* le *passé antérieur,* le *plus-que-parfait;* et deux formes de futur : le *futur simple* et le *futur antérieur.*

Comme le pronom, le verbe a trois *personnes* et deux *nombres.*

Le verbe s'énonce à l'infinitif, et les terminaisons qu'il prend diffèrent suivant que l'infinitif est terminé en *er,* en *ir,* en *oir* ou en *re.* Ces quatre terminaisons sont les seules que puisse avoir le verbe à l'infinitif. On compte quatre conjugaisons régulières : la *première,* qui s'applique aux verbes terminés à l'infinitif en *er;* la *seconde,* à ceux en *ir;* la *troisième,* à ceux en *oir,* et la *quatrième,* à ceux en *re.*

Certains temps du verbe se conjuguent en se combinant avec le verbe *avoir,* qui pour cette raison est appelé *verbe auxiliaire.* Les temps ainsi formés sont des *temps composés.*

Quand le verbe indique une action, il peut être employé à la *voix active* ou à la *voix passive.* Le verbe est à la voix active quand la personne ou la chose font l'action; à la voix passive s'ils la subissent. La voix passive d'un verbe s'obtient en plaçant le participe passé de ce verbe à la suite du verbe *être*, qui prend alors le nom de verbe *auxiliaire.*

Pour conjuguer un verbe, on détermine son *radical,* ce qui se fait en retranchant la terminaison de l'infinitif : *aim* est le radical d'*aimer*; *fin*, celui de *finir*, etc.

Verbes auxiliaires.

AVOIR

INDICATIF

PRÉSENT

J'ai.
Tu as.
Il *ou* elle a.
Nous avons.
Vous avez.
Ils *ou* elles ont.

IMPARFAIT

J'avais.
Tu avais.
Il avait.
Nous avions.
Vous aviez.
Ils avaient.

PASSÉ DÉFINI

J'eus.
Tu eus.
Il eut.
Nous eûmes.
Vous eûtes.
Ils eurent.

PASSÉ INDÉFINI

J'ai eu.
Tu as eu.
Il a eu.
Nous avons eu.
Vous avez eu.
Ils ont eu.

PASSÉ ANTÉRIEUR

J'eus eu.
Tu eus eu.
Il eut eu.
Nous eûmes eu.
Vous eûtes eu.
Ils eurent eu.

PLUS-QUE-PARFAIT

J'avais eu.
Tu avais eu.
Il avait eu.
Nous avions eu.
Vous aviez eu.
Ils avaient eu.

FUTUR

J'aurai.
Tu auras.
Il aura.
Nous aurons.
Vous aurez.
Ils auront.

FUTUR ANTÉRIEUR

J'aurai eu.
Tu auras eu.
Il aura eu.
Nous aurons eu.
Vous aurez eu.
Ils auront eu.

CONDITIONNEL

PRÉSENT

J'aurais.
Tu aurais.
Il aurait.
Nous aurions.
Vous auriez.
Ils auraient.

PASSÉ (1re *forme*)

J'aurais eu.
Tu aurais eu.
Il aurait eu.
Nous aurions eu.
Vous auriez eu.
Ils auraient eu.

PASSÉ (2e *forme*)

J'eusse eu.
Tu eusses eu.
Il eût eu.
Nous eussions eu.
Vous eussiez eu.
Ils eussent eu.

IMPÉRATIF

PRÉSENT

Aie.
Ayons.
Ayez.

SUBJONCTIF

PRÉSENT

Que j'aie.
Que tu aies.
Qu'il ait.
Que nous ayons.
Que vous ayez.
Qu'ils aient.

IMPARFAIT

Que j'eusse.
Que tu eusses.
Qu'il eût.
Que nous eussions.
Que vous eussiez.
Qu'ils eussent.

PASSÉ

Que j'aie eu.
Que tu aies eu.
Qu'il ait eu.
Que nous ayons eu.
Que vous ayez eu.
Qu'ils aient eu.

PLUS-QUE-PARFAIT

Que j'eusse eu.
Que tu eusses eu.
Qu'il eût eu.
Que nous eussions eu.
Que vous eussiez eu.
Qu'ils eussent eu.

INFINITIF

PRÉSENT

Avoir.

PASSÉ

Avoir eu.

PARTICIPE PRÉSENT

Ayant.

PARTICIPE PASSÉ

Eu, ayant eu.

Verbes auxiliaires (*suite*).

ÊTRE

INDICATIF

PRÉSENT

Je suis.
Tu es.
Il *ou* elle est.
Nous sommes.
Vous êtes.
Ils *ou* elles sont.

IMPARFAIT

J'étais.
Tu étais.
Il était.
Nous étions.
Vous étiez.
Ils étaient.

PASSÉ DÉFINI

Je fus.
Tu fus.
Il fut.
Nous fûmes.
Vous fûtes.
Ils furent.

PASSÉ INDÉFINI

J'ai été.
Tu as été.
Il a été.
Nous avons été.
Vous avez été.
Ils ont été.

PASSÉ ANTÉRIEUR

J'eus été.
Tu eus été.
Il eut été.
Nous eûmes été.
Vous eûtes été.
Ils eurent été.

PLUS-QUE-PARFAIT

J'avais été.
Tu avais été.
Il avait été.
Nous avions été.
Vous aviez été.
Ils avaient été.

FUTUR

Je serai.
Tu seras.
Il sera
Nous serons.
Vous serez.
Ils seront.

FUTUR ANTÉRIEUR

J'aurai été.
Tu auras été.
Il aura été.
Nous aurons été.
Vous aurez été.
Ils auront été.

CONDITIONNEL

PRÉSENT

Je serais.
Tu serais.
Il serait.
Nous serions.
Vous seriez.
Ils seraient.

PASSÉ (*1re forme*)

J'aurais été.
Tu aurais été.
Il aurait été.
Nous aurions été.
Vous auriez été.
Ils auraient été.

PASSÉ (*2e forme*)

J'eusse été.
Tu eusses été.
Il eût été.
Nous eussions été.
Vous eussiez été.
Ils eussent été.

IMPÉRATIF

PRÉSENT

Sois.
Soyons.
Soyez.

SUBJONCTIF

PRÉSENT

Que je sois.
Que tu sois.
Qu'il soit.
Que nous soyons.
Que vous soyez.
Qu'ils soient.

IMPARFAIT

Que je fusse.
Que tu fusses.
Qu'il fût.
Que nous fussions.
Que vous fussiez.
Qu'ils fussent.

PASSÉ

Que j'aie été.
Que tu aies été.
Qu'il ait été
Que nous ayons été.
Que vous ayez été.
Qu'ils aient été.

PLUS-QUE-PARFAIT

Que j'eusse été.
Que tu eusses été.
Qu'il eût été.
Que n. eussions été.
Que v. eussiez été.
Qu'ils eussent été.

INFINITIF

PRÉSENT

Être.

PASSÉ

Avoir été.

PARTICIPE PRÉSENT

Étant.

PARTICIPE PASSÉ

Été, ayant été.

Tableau de la conjugaison des verbes à la voix active.

PREMIÈRE CONJUGAISON

INDICATIF

PRÉSENT

J'aim *e*.
Tu aim *es*.
Il *ou* elle aim *e*.
Nous aim *ons*.
Vous aim *ez*.
Ils *ou* elles aim *ent*.

IMPARFAIT

J'aim *ais*.
Tu aim *ais*.
Il aim *ait*.
Nous aim *ions*.
Vous aim *iez*.
Ils aim *aient*.

PASSÉ DÉFINI

J'aim *ai*.
Tu aim *as*.
Il aim *a*.
Nous aim *âmes*.
Vous aim *âtes*.
Ils aim *èrent*.

PASSÉ INDÉFINI

J'ai aim *é*.
Tu as aim *é*.
Il a aim *é*.
Nous avons aim *é*.
Vous avez aim *é*.
Ils ont aim *é*.

PASSÉ ANTÉRIEUR

J'eus aim *é*.
Tu eus aim *é*.
Il eut aim *é*.
Nous eûmes aim *é*.
Vous eûtes aim *é*.
Ils eurent aim *é*.

PLUS-QUE-PARFAIT

J'avais aim *é*.
Tu avais aim *é*.
Il avait aim *é*.
Nous avions aim *é*.
Vous aviez aim *é*.
Ils avaient aim *é*.

FUTUR

J'aim *erai*.
Tu aim *eras*.
Il aim *era*.
Nous aim *erons*.
Vous aim *erez*.
Ils aim *eront*.

FUTUR ANTÉRIEUR

J'aurai aim *é*.
Tu auras aim *é*.
Il aura aim *é*.
Nous aurons aim *é*.
Vous aurez aim *é*.
Ils auront aim *é*.

CONDITIONNEL

PRÉSENT

J'aim *erais*.
Tu aim *erais*.
Il aim *erait*.
Nous aim *erions*.
Vous aim *eriez*.
Ils aim *eraient*.

PASSÉ (*1re forme*)

J'aurais aim *é*.
Tu aurais aim *é*.
Il aurait aim *é*.
Nous aurions aim *é*.
Vous auriez aim *é*.
Ils auraient aim *é*.

PASSÉ (*2e forme*)

J'eusse aim *é*.
Tu eusses aim *é*.
Il eût aim *é*.
Nous eussions aim *é*.
Vous eussiez aim *é*.
Ils eussent aim *é*.

IMPÉRATIF

PRÉSENT

Aim *e*.
Aim *ons*.
Aim *ez*.

SUBJONCTIF

PRÉSENT

Que j'aim *e*.
Que tu aim *es*.
Qu'il aim *e*.
Que nous aim *ions*.
Que vous aim *iez*.
Qu'ils aim *ent*.

IMPARFAIT

Que j'aim *asse*.
Que tu aim *asses*.
Qu'il aim *ât*.
Que nous aim *assions*.
Que vous aim *assiez*.
Qu'ils aim *assent*.

PASSÉ

Que j'aie aim *é*.
Que tu aies aim *é*.
Qu'il ait aim *é*.
Que nous ayons aim *é*.
Que vous ayez aim *é*.
Qu'ils aient aim *é*.

PLUS-QUE-PARFAIT

Que j'eusse aim *é*.
Que tu eusses aim *é*.
Qu'il eût aim *é*.
Que n. eussions aim *é*
Que v. eussiez aim *é*.
Qu'ils eussent aim *é*.

INFINITIF

PRÉSENT

Aim *er*.

PASSÉ

Avoir aim *é*.

PARTICIPE PRÉSENT

Aim *ant*.

PARTICIPE PASSÉ

Aim *é*.
Aim *ée*.
Ayant aim *é*.

DEUXIÈME CONJUGAISON

INDICATIF

PRÉSENT

Je fin *is*.
Tu fin *is*.
Il fin *it*.
Nous fin *issons*.
Vous fin *issez*.
Ils fin *issent*.

IMPARFAIT

Je fin *issais*.
Tu fin *issais*.
Il fin *issait*.
Nous fin *issions*.
Vous fin *issiez*.
Ils fin *issaient*.

PASSÉ DÉFINI

Je fin *is*.
Tu fin *is*.
Il fin *it*.
Nous fin *îmes*.
Vous fin *îtes*.
Ils fin *irent*.

PASSÉ INDÉFINI

J'ai fin *i*.
Tu as fin *i*.
Il a fin *i*.
Nous avons fin *i*.
Vous avez fin *i*.
Ils ont fin *i*.

PASSÉ ANTÉRIEUR

J'eus fin *i*.
Tu eus fin *i*.
Il eut fin *i*.
Nous eûmes fin *i*.
Vous eûtes fin *i*.
Ils eurent fin *i*.

PLUS-QUE-PARFAIT

J'avais fin *i*.
Tu avais fin *i*.
Il avait fin *i*.
Nous avions fin *i*.
Vous aviez fin *i*.
Ils avaient fin *i*.

FUTUR

Je fin *irai*.
Tu fin *iras*.
Il fin *ira*.
Nous fin *irons*.
Vous fin *irez*.
Ils fin *iront*.

FUTUR ANTÉRIEUR

J'aurai fin *i*.
Tu auras fin *i*.
Il aura fin *i*.
Nous aurons fin *i*.
Vous aurez fin *i*.
Ils auront fin *i*.

CONDITIONNEL

PRÉSENT

Je fin *irais*.
Tu fin *irais*.
Il fin *irait*.
Nous fin *irions*.
Vous fin *iriez*.
Ils fin *iraient*.

PASSÉ (*1re forme*)

J'aurais fin *i*.
Tu aurais fin *i*.
Il aurait fin *i*.
Nous aurions fin *i*.
Vous auriez fin *i*.
Ils auraient fin *i*.

PASSÉ (*2e forme*)

J'eusse fin *i*.
Tu eusses fin *i*.
Il eût fin *i*.
Nous eussions fin *i*.
Vous eussiez fin *i*.
Ils eussent fin *i*.

IMPÉRATIF

PRÉSENT

Fin *is*.
Fin *issons*.
Fin *issez*.

SUBJONCTIF

PRÉSENT

Que je fin *isse*.
Que tu fin *isses*.
Qu'il fin *isse*.
Que nous fin *issions*.
Que vous fin *issiez*.
Qu'ils fin *issent*.

IMPARFAIT

Que je fin *isse*.
Que tu fin *isses*.
Qu'il fin *ît*.
Que nous fin *issions*.
Que vous fin *issiez*.
Qu'ils fin *issent*.

PASSÉ

Que j'aie fin *i*.
Que tu aies fin *i*.
Qu'il ait fin *i*.
Que nous ayons fin *i*.
Que vous ayez fin *i*.
Qu'ils aient fin *i*.

PLUS-QUE-PARFAIT

Que j'eusse fin *i*.
Que tu eusses fin *i*.
Qu'il eût fin *i*.
Que n. eussions fin *i*.
Que vous eussiez fin *i*.
Qu'ils eussent fin *i*.

INFINITIF

PRÉSENT

Fin *ir*.

PASSÉ

Avoir fin *i*.

PARTICIPE PRÉSENT

Fin *issant*.

PARTICIPE PASSÉ

Fin *i*.
Fin *ie*.
Ayant fin *i*.

TROISIÈME CONJUGAISON

INDICATIF

PRÉSENT

Je reç *ois*.
Tu reç *ois*.
Il reç *oit*.
Nous recev *ons*.
Vous recev *ez*.
Ils reç *oivent*.

IMPARFAIT

Je recev *ais*.
Tu recev *ais*.
Il recev *ait*.
Nous recev *ions*.
Vous recev *iez*.
Ils recev *aient*.

PASSÉ DÉFINI

Je reç *us*.
Tu reç *us*.
Il reç *ut*.
Nous reç *ûmes*.
Vous reç *ûtes*.
Ils reç *urent*.

PASSÉ INDÉFINI

J'ai reç *u*.
Tu as reç *u*.
Il a reç *u*.
Nous avons reç *u*.
Vous avez reç *u*.
Ils ont reç *u*.

PASSÉ ANTÉRIEUR

J'eus reç *u*.
Tu eus reç *u*.
Il eut reç *u*.
Nous eûmes reç *u*.
Vous eûtes reç *u*.
Ils eurent reç *u*.

PLUS-QUE-PARFAIT

J'avais reç *u*.
Tu avais reç *u*.
Il avait reç *u*.
Nous avions reç *u*.
Vous aviez reç *u*.
Ils avaient reç *u*.

FUTUR

Je recev *rai*.
Tu recev *ras*.
Il recev *ra*.
Nous recev *rons*.
Vous recev *rez*.
Ils recev *ront*.

FUTUR ANTÉRIEUR

J'aurai reç *u*.
Tu auras reç *u*.
Il aura reç *u*.
Nous aurons reç *u*.
Vous aurez reç *u*.
Ils auront reç *u*.

CONDITIONNEL

PRÉSENT

Je recev *rais*.
Tu recev *rais*.
Il recev *rait*.
Nous recev *rions*.
Vous recev *riez*.
Ils recev *raient*.

PASSÉ (*1re forme*)

J'aurais reç *u*.
Tu aurais reç *u*.
Il aurait reç *u*.
Nous aurions reç *u*.
Vous auriez reç *u*.
Ils auraient reç *u*.

PASSÉ (*2e forme*)

J'eusse reç *u*.
Tu eusses reç *u*.
Il eût reç *u*.
Nous eussions reç *u*.
Vous eussiez reç *u*.
Ils eussent reç *u*.

IMPÉRATIF

PRÉSENT

Reç *ois*.
Recev *ons*.
Recev *ez*.

SUBJONCTIF

PRÉSENT

Que je reç *oive*.
Que tu reç *oives*.
Qu'il reç *oive*.
Que nous recev *ions*.
Que vous recev *iez*.
Qu'ils reç *oivent*.

IMPARFAIT

Que je reç *usse*.
Que tu reç *usses*.
Qu'il reç *ût*.
Que nous reç *ussions*.
Que vous reç *ussiez*.
Qu'ils reç *ussent*.

PASSÉ

Que j'aie reç *u*.
Que tu aies reç *u*.
Qu'il ait reç *u*.
Que nous ayons reç *u*.
Que vous ayez reç *u*.
Qu'ils aient reç *u*.

PLUS-QUE-PARFAIT

Que j'eusse reç *u*.
Que tu eusses reç *u*.
Qu'il eût reç *u*.
Que n. eussions reç *u*.
Que vous eussiez reç *u*.
Qu'ils eussent reç *u*.

INFINITIF

PRÉSENT

Recev *oir*.

PASSÉ

Avoir reç *u*.

PARTICIPE PRÉSENT

Recev*ant*.

PARTICIPE PASSÉ

Reç *u*.
Reç *ue*.
Ayant reç *u*.

QUATRIÈME CONJUGAISON

INDICATIF

PRÉSENT

Je rend *s*.
Tu rend *s*.
Il rend.
Nous rend *ons*.
Vous rend *ez*.
Ils rend *ent*.

IMPARFAIT

Je rend *ais*.
Tu rend *ais*.
Il rend *ait*.
Nous rend *ions*.
Vous rend *iez*.
Ils rend *aient*.

PASSÉ DÉFINI

Je rend *is*.
Tu rend *is*.
Il rend *it*.
Nous rend *îmes*.
Vous rend *îtes*.
Ils rend *irent*.

PASSÉ INDÉFINI

J'ai rend *u*.
Tu as rend *u*.
Il a rend *u*.
Nous avons rend *u*.
Vous avez rend *u*.
Ils ont rend *u*.

PASSÉ ANTÉRIEUR

J'eus rend *u*.
Tu eus rend *u*.
Il eut rend *u*.
Nous eûmes rend *u*.
Vous eûtes rend *u*.
Ils eurent rend *u*.

PLUS-QUE-PARFAIT

J'avais rend *u*.
Tu avais rend *u*.
Il avait rend *u*.
Nous avions rend *u*.
Vous aviez rend *u*.
Ils avaient rend *u*.

FUTUR

Je rend *rai*.
Tu rend *ras*.
Il rend *ra*.
Nous rend *rons*.
Vous rend *rez*.
Ils rend *ront*.

FUTUR ANTÉRIEUR

J'aurai rend *u*.
Tu auras rend *u*.
Il aura rend *u*.
Nous aurons rend *u*.
Vous aurez rend *u*.
Ils auront rend *u*.

CONDITIONNEL

PRÉSENT

Je rend *rais*.
Tu rend *rais*.
Il rend *rait*.
Nous rend *rions*.
Vous rend *riez*.
Ils rend *raient*.

PASSÉ (*1re forme*)

J'aurais rend *u*.
Tu aurais rend *u*.
Il aurait rend *u*.
Nous aurions rend *u*.
Vous auriez rend *u*.
Ils auraient rend *u*.

PASSÉ (*2e forme*)

J'eusse rend *u*.
Tu eusses rend *u*.
Il eût rend *u*.
Nous eussions rend *u*.
Vous eussiez rend *u*.
Ils eussent rend *u*.

IMPÉRATIF

PRÉSENT

Rend *s*.
Rend *ons*.
Rend *ez*.

SUBJONCTIF

PRÉSENT

Que je rend *e*.
Que tu rend *es*.
Qu'il rend *e*.
Que nous rend *ions*.
Que vous rend *iez*.
Qu'ils rend *ent*.

IMPARFAIT

Que je rend *isse*.
Que tu rend *isses*.
Qu'il rend *ît*.
Que nous rend *issions*.
Que vous rend *issiez*.
Qu'ils rend *issent*.

PASSÉ

Que j'aie rend *u*.
Que tu aies rend *u*.
Qu'il ait rend *u*.
Que n. ayons rend *u*.
Que vous ayez rend *u*.
Qu'ils aient rend *u*.

PLUS-QUE-PARFAIT

Que j'eusse rend *u*.
Que tu eusses rend *u*.
Qu'il eût rend *u*.
Que n. eussions rend *u*.
Que v. eussiez rend *u*.
Qu'ils eussent rend *u*.

INFINITIF

PRÉSENT

Rend *re*.

PASSÉ

Avoir rend *u*.

PARTICIPE PRÉSENT

Rend *ant*.

PARTICIPE PASSÉ

Rend *u*.
Rend *ue*.
Ayant rend *u*.

Observations sur la conjugaison.

1° Bien que le participe soit une partie du discours distincte des autres, il est d'usage de le faire figurer dans le tableau de la conjugaison du verbe.

2° Un assez grand nombre de verbes ne prennent pas exactement toutes les terminaisons indiquées dans le tableau de la conjugaison à laquelle ils appartiennent; d'autres subissent des modifications plus ou moins profondes dans leur radical. Tous ces verbes sont dits *irréguliers.*

Verbes pronominaux.

Ces verbes se conjuguent à la fois avec deux pronoms : l'un désignant la personne qui fait l'action; l'autre, celle qui la subit. Le premier pronom conserve la forme déjà indiquée; quant à l'autre pronom, il prend les formes *me, te, se, nous, vous, se.* Exemple : *Je me repose, tu te reposes, il se repose, nous nous reposons, vous vous reposez, ils se reposent.*

Conjugaison interrogative.

Lorsqu'on se sert d'un verbe pour interroger, le pronom unique ou le premier des deux pronoms se place après le verbe. Exemple : *Entends-tu? Te reposes-tu?* Un trait d'union lie le pronom au verbe dans ce cas.

Du participe.

Le *participe* est une sorte d'adjectif tiré directement du verbe. Il s'emploie tantôt avec la valeur d'un adjectif, tantôt avec celle d'un verbe.

Le *participe présent* employé comme verbe est invariable ; dans le cas contraire il suit les règles de l'adjectif qualificatif.

Le participe passé n'indique pas toujours le temps passé, lorsqu'il sert à former le temps d'un verbe, si ce verbe est au passif. Il est souvent invariable quand il est accompagné du verbe *avoir;* mais, comme adjectif, il s'accorde toujours avec le substantif auquel il serapporte.

De l'adverbe.

L'*adverbe* est un mot invariable ; il sert le plus souvent à qualifier l'action ou l'état indiqués par le verbe, et prend alors le nom d'adverbe de *manière*. L'adverbe de manière est très souvent formé d'un adjectif féminin auquel on ajoute la terminaison *ment*. Exemple : il parle *correctement ;* il marche *lentement*. L'adverbe de manière peut également modifier un adjectif : un pain *entièrement* cuit.

Il y a en outre des adverbes de *temps :* AUJOURD'HUI, HIER ; de *lieu :* ICI, LA ; de *quantité :* PEU, BEAUCOUP ; d'*ordre :* PREMIÈREMENT ; de *comparaison :* MIEUX, MOINS ; d'*affirmation :* OUI, CERTAINEMENT ; de *négation :* NON, NE PAS.

L'adverbe peut se joindre à d'autres mots pour former une *locution adverbiale :* AU-DESSUS, TOUT A FAIT, POUR AINSI DIRE.

De la préposition.

La *préposition* est un mot invariable ; elle est toujours suivie d'un nom ou d'un verbe à l'infinitif qu'elle met en rapport avec un autre mot. Exemple :

Il monte A *cheval; il refuse* DE *marcher; le cahier* DE *l'élève.*

Les principales prépositions sont : A, APRÈS, AVANT, AVEC, CHEZ, CONTRE, DANS, DE, DEPUIS, DEVANT, DERRIÈRE, ENTRE, HORS, PAR, POUR, SANS, SELON, SOUS, SUR.

Plusieurs mots peuvent être réunis pour former une locution prépositive : LE LONG DE, EN DÉPIT DE, etc.

De la conjonction.

La *conjonction* est le mot invariable qui met en rapport deux propositions ou deux parties semblables d'une proposition.

Les principales conjonctions sont : ET, OU, NI, CAR, MAIS, OR, DONC, CEPENDANT, SI, COMME, QUAND, QUE, LORSQUE, PUISQUE, etc.

Les locutions conjonctives sont presque toutes terminées par *que* : AFIN QUE, AVANT QUE, PARCE QUE, etc.

De l'interjection.

Les principales interjections sont : AH ! HÉLAS ! OH ! HOLA ! HÉ ! CHUT ! Elles sont invariables.

De la proposition.

L'ensemble des mots nécessaires à l'énoncé d'un jugement s'appelle *phrase* ou *proposition.*

Trois termes sont indispensables pour former une proposition : le *sujet,* le *verbe* et l'*attribut.* Exemple : *La terre est sphérique. La terre,* sujet ; *est,* verbe ; *sphérique,* attribut. Dans la façon dite *logique* de décomposer la proposition, on considère qu'il n'y a qu'un seul verbe, le verbe *être.* Les trois éléments peuvent se trouver réunis en deux mots. Exemple : *je mange,* qui équivaut à *je suis mangeant,* — ou même en un seul mot, verbe à l'impératif : *dors,* qui équivaut à : *toi, sois dormant.*

Si l'on se place au point de vue purement grammatical, l'analyse de la proposition : *La terre est sphérique,* donnera les mêmes éléments que l'analyse logique ; mais il n'en sera plus de même lorsque la proposition renfermera un verbe attributif. Dans ce cas, la proposition se décomposera dans les éléments suivants : *sujet, verbe,* et le plus souvent un ou plusieurs *compléments. Le laboureur dort* renferme un sujet, *le laboureur,* et un verbe, *dort.* Dans *le laboureur conduit sa charrue,* il y a, outre le sujet *le laboureur* et le verbe *conduit,* un complément, *sa charrue.*

On reconnaît qu'un mot est le sujet grammatical d'une proposition quand il répond à la question *qui* ou *quoi* faite devant le verbe.

On distingue cinq sortes de compléments : le *complément déterminatif,* le *complément explicatif,* le *complément direct,* le *complément indirect* et le *complément circonstanciel.*

Le complément *déterminatif* s'ajoute à un nom pour en circonscrire la signification. Exemple : *la maison de l'architecte ; l'architecte* est le complément déterminatif de *la maison.*

Le complément *explicatif* est formé par un ou plusieurs mots qui répètent sous une autre forme et en la développant une idée déjà émise. Exemple : *J'ai vu votre fils, le marin. Le marin* est le complément explicatif de *votre fils.*

Le complément *direct* est le mot sur lequel s'exerce directement, sans l'intermédiaire d'une préposition, l'action exprimée par le verbe. Exemple : *Le chasseur a tué un lapin.* Le mot *lapin* est le complément direct du verbe *a tué.* Le complément direct répond à la question *qui* ou *quoi* faite après le verbe.

Le complément *indirect* est le mot qui reçoit l'action indiquée par le verbe au moyen d'une préposition. Il répond à l'une des questions *à qui, à quoi; de qui, de quoi; par qui, par quoi; pour qui, pour quoi,* faites après le verbe. Exemple : *J'ai donné un livre à mon frère; mon frère* est le complément indirect de *j'ai donné.*

Le complément *circonstanciel* indique quand ou comment l'action s'est faite. Il répond à l'une des questions : *où, quand, comment, pourquoi,* etc. Exemple : *J'ai lu toute la journée; toute la journée* est le complément circonstanciel.

En général, l'ordre suivi dans une proposition est celui-ci : 1° le sujet; 2° le verbe; 3° le complément direct, et 4° le complément indirect. Quant au complément circonstanciel, il se place, suivant sa longueur ou sa nature, au commencement, à l'intérieur ou à la fin de la proposition. Cet ordre n'est pas toujours observé; les compléments direct ou indirect exprimés par des pronoms se placent avant le verbe. Exemple : *je le verrai; je le lui donnerai.* Quand on veut attirer l'attention d'une manière toute spéciale sur l'un des termes de la proposition, il est permis de lui donner la première place, même si normalement il devait occuper la dernière. On dira par exemple : *Aux petits des oiseaux il donne la pâture,* au lieu de dire : *Il donne la pâture aux petits des oiseaux.* Ces changements de l'ordre des mots, ou *inversions,* sont plus souvent usités dans la poésie que dans la prose.

ARITHMÉTIQUE*

NOTIONS PRÉLIMINAIRES

On appelle *grandeur* ou *quantité* tout ce qui peut être augmenté ou diminué. La longueur d'un mur, la surface d'un champ, etc., sont des grandeurs.

L'*unité* est l'objet dont on se sert pour mesurer une grandeur.

Il y a six unités principales :

1° Le *mètre,* pour la mesure des longueurs;
2° L'*are,* pour la mesure des champs;
3° Le *stère,* pour la mesure du bois;
4° Le *litre,* pour la mesure des liquides et des grains;
5° Le *gramme,* pour les poids;
6° Le *franc,* pour les monnaies.

Un *nombre* est ce qui indique combien une grandeur contient de fois l'unité. Quand on dit *cinq* mètres, *dix* francs, *cinq* et *dix* sont des nombres.

*Nous avons fait, pour ces notions préliminaires, de nombreux emprunts au traité de M. Aubraye (librairie Delagrave), dont la méthode nous a paru claire et simple.

Un nombre *entier* est un nombre composé d'unités entières, comme *cinq* mètres, *deux* heures.

Une *fraction* est un nombre plus petit que l'unité, comme *un demi*-mètre, *un quart* d'heure.

L'*arithmétique* est la science des nombres.

Le *calcul* est l'art d'augmenter et de diminuer les nombres au moyen de diverses opérations.

Le calcul se borne à la pratique des opérations, l'arithmétique y joint la théorie ou explication des procédés.

NUMÉRATION

La *numération* apprend à lire et à écrire tous les nombres.

Les neuf premiers nombres sont :

un, deux, trois, quatre, cinq, six, sept, huit, neuf.

Ils s'écrivent :

1, 2, 3, 4, 5, 6, 7, 8, 9.

On les nomme *unités simples.*

Après *neuf* vient le nombre *dix* ou une *dizaine.*

Une dizaine vaut *dix* unités, deux dizaines font *vingt,* trois dizaines font *trente,* quatre dizaines font *quarante,* cinq dizaines font *cinquante,* six dizaines font *soixante,* sept dizaines font *soixante-dix,* huit dizaines font *quatre-vingts,* neuf dizaines font *quatre-vingt-dix,* et dix dizaines font *cent.*

Depuis *dix* jusqu'à *cent,* les nombres se composant de *dizaines* et d'*unités,* on les écrit avec *deux* chiffres : un pour les dizaines, l'autre pour les unités. Le chiffre des dizaines est à gauche du chiffre des unités.

Ainsi :

dix s'écrit	**10**	**quarante** s'écrit	**40**	**soixante-dix** s'écrit	**70**
onze	11	quarante et un	41	soixante-onze	71
douze	12	quarante-deux	42	soixante-douze	72
treize	13	quarante-trois	43	soixante-treize	73
quatorze	14	quarante-quatre	44	soixante-quatorze	74
quinze	15	quarante-cinq	45	soixante-quinze	75
seize	16	quarante-six	46	soixante-seize	76
dix-sept	17	quarante-sept	47	soixante-dix-sept	77
dix-huit	18	quarante-huit	48	soixante-dix-huit	78
dix-neuf	19	quarante-neuf	49	soixante-dix-neuf	79
vingt	**20**	**cinquante**	**50**	**quatre-vingts**	**80**
vingt et un	21	cinquante et un	51	quatre-vingt-un	81
vingt-deux	22	cinquante-deux	52	quatre-vingt-deux	82
vingt-trois	23	cinquante-trois	53	quatre-vingt-trois	83
vingt-quatre	24	cinquante-quatre	54	quatre-vingt-quatre	84
vingt-cinq	25	cinquante-cinq	55	quatre-vingt-cinq	85
vingt-six	26	cinquante-six	56	quatre-vingt-six	86
vingt-sept	27	cinquante-sept	57	quatre-vingt-sept	87
vingt-huit	28	cinquante-huit	58	quatre-vingt-huit	88
vingt-neuf	29	cinquante-neuf	59	quatre-vingt-neuf	89
trente	**30**	**soixante**	**60**	**quatre-vingt-dix**	**90**
trente et un	31	soixante et un	61	quatre-vingt-onze	91
trente-deux	32	soixante-deux	62	quatre-vingt-douze	92
trente-trois	33	soixante-trois	63	quatre-vingt-treize	93
trente-quatre	34	soixante-quatre	64	quatre-vingt-quatorze	94
trente-cinq	35	soixante-cinq	65	quatre-vingt-quinze	95
trente-six	36	soixante-six	66	quatre-vingt-seize	96
trente-sept	37	soixante-sept	67	quatre-vingt-dix-sept	97
trente-huit	38	soixante-huit	68	quatre-vingt-dix-huit	98
trente-neuf	39	soixante-neuf	69	quatre-vingt-dix-neuf	99

On voit que dans les nombres 10, 20, 30, 40, etc., le *zéro* (0) sert à conserver aux chiffres 1, 2, 3, etc., le rang de dizaines.

Après 99 vient le nombre *cent* ou une *centaine.*

Une centaine vaut *cent* unités, deux centaines font *deux cents,* trois centaines font *trois cents,* quatre centaines font *quatre cents,* cinq centaines font *cinq cents...,* dix centaines font *mille.*

Depuis cent jusqu'à *mille,* les nombres se composant de *centaines,* de *dizaines* et d'*unités,* on les écrit avec trois chiffres : un pour les *centaines*, un pour les *dizaines*, un pour les *unités*.

(Les centaines se mettent à gauche des dizaines.)

100	**200**	**300**	**400**	**500**	**600**	**700**	**800**	**900**
101	202	301	404	506	603	705	809	908
102	207	305	406	508	604	706	817	909
103	209	307	409	510	606	710	819	911
105	210	312	410	515	610	713	820	912
109	215	317	414	519	611	714	822	913
110	216	322	416	520	614	715	825	915
111	218	333	419	522	615	716	830	916
112	225	340	420	531	618	722	838	917
114	240	350	430	554	620	725	841	919
119	250	355	436	565	640	747	872	937
120	265	361	440	569	648	748	873	939
130	270	363	450	571	652	750	875	942
145	271	368	456	573	661	760	878	950
160	276	370	460	578	666	766	879	959
161	277	372	463	580	670	777	881	960
164	280	374	468	582	676	780	885	965
169	283	375	470	585	677	782	887	969
170	287	377	473	587	679	787	888	970
171	290	379	475	589	682	790	890	973
179	291	380	480	591	683	792	892	975
180	293	384	486	593	685	793	894	979
184	294	390	489	595	689	795	895	980
190	296	393	492	596	695	796	896	990
197	298	395	497	598	696	797	897	991
198	299	397	499	599	697	799	898	999

On voit que dans les nombres 100, 200, 300, etc., les

zéros servent à conserver aux chiffres 1, 2, 3, etc., le rang de centaines.

Après 999 vient le nombre *mille*, qui s'écrit ainsi :	1 000
Mille fois mille font *un million :*	1 000 000
Mille millions font *un billion* ou *un milliard :*	1 000 000 000
Mille billions font *un trillion :*	1 000 000 000 000

Pour lire et écrire les nombres entiers plus grands que *mille*, on a recours aux règles suivantes :

Pour lire un nombre entier, on le partage d'abord en TRANCHES *de trois chiffres chacune, à partir de la droite; la tranche à gauche peut n'avoir qu'un ou deux chiffres.*

On dit ensuite, à partir de la droite : tranche des *unités*, tranche des *mille*, des *millions*, des *billions*, etc.

Puis, commençant par la gauche, on lit chaque tranche comme si elle était seule, et on lui donne le nom qui lui convient.

Pour écrire en chiffres un nombre entier, on écrit, en allant de gauche à droite, les différentes TRANCHES *qui composent ce nombre, en commençant par les plus élevées et en ayant soin de remplacer par des* ZÉROS *les tranches ou les ordres d'unités qui manquent.*

Rendre un nombre 10, 100, 1 000... fois plus grand.

NOMBRES ENTIERS. — *On rend un nombre entier* 10 *fois plus grand en écrivant* 1 *zéro sur sa droite,* 100 *fois en écrivant* 2 *zéros, etc.**.

Rendre 100 fois plus grand le nombre 15.
J'écris 2 zéros à sa droite, ce qui donne 1500.

* Autant de zéros qu'il y en a dans 10, 100, 1 000, etc.

Explication. — J'avais précédemment 15 unités, j'ai maintenant 15 centaines; or les centaines sont 100 fois plus grandes que les unités, donc le nombre 15 a été rendu 100 fois plus grand.

Nombres décimaux. — *On rend un nombre décimal* 10 *fois plus grand en déplaçant la virgule de* 1 *rang vers la droite,* 100 *fois en la déplaçant de* 2 *rangs, etc.*

Rendre 10 fois plus grand le nombre 3,45
Je déplace d'un rang la virgule vers la droite : 34,5.

J'avais précédemment 345 centièmes, j'ai maintenant 345 dixièmes; or les dixièmes sont dix fois plus grands que les centièmes, donc le nombre 3,45 a été rendu dix fois plus grand.

Rendre un nombre 10, 100, 1 000... fois plus petit.

Nombres entiers. — *On rend un nombre entier* 10 *fois plus petit en séparant* 1 *chiffre par une virgule,* 100 *fois en séparant* 2 *chiffres, etc.*

Rendre 100 fois plus petit le nombre 425
Je sépare 2 chiffres sur sa droite par une virgule : 4,25

J'avais précédemment 425 unités, j'ai maintenant 425 centièmes; or les centièmes sont 100 fois plus petits que les unités, donc le nombre 425 est rendu 100 fois plus petit.

Nombres décimaux. — *On rend un nombre décimal* 10 *fois plus petit en déplaçant la virgule de* 1 *rang vers la gauche,* 100 *fois en la déplaçant de* 2 *rangs, etc.*

Rendre 1 000 fois plus petit le nombre 3 456,2.
Je déplace la virgule de 3 rangs, et j'ai 3,4562.

J'avais précédemment 34 562 dixièmes, j'ai maintenant 34 562 dix-millièmes; or les dix-millièmes sont 1 000 fois plus petits que les dixièmes, donc le nombre 3 456,2 est rendu 1 000 fois plus petit.

Remarque. — *On ne change pas la valeur d'un nombre décimal en écrivant ou en supprimant un ou plusieurs zéros à droite de la partie décimale.*

Soit 3,45; si j'écris deux zéros à droite de la partie décimale 45, j'obtiens 3,4500, nombre qui est égal au premier.

En effet, la virgule étant toujours à la même place, il y a dans le 2e nombre 3 unités 4 dixièmes 5 centièmes, absolument comme dans le 1er. — Ou bien : s'il y a dans le 2e nombre 100 fois plus de parties que dans le 1er, ces parties (des dix-millièmes) sont 100 fois plus petites que les 1res (des centièmes).

Décimales.

On appelle *décimales* ou *fractions décimales* des parties 10 fois, 100 fois, 1 000 fois, etc., plus petites que l'*unité*, et de dix en dix fois plus petites les unes que les autres.

Les parties 10 fois plus petites que l'unité se nomment *dixièmes*. On les place au 1er rang à droite des unités, dont on les sépare par une virgule.

Les parties 100 fois plus petites que l'unité se nomment *centièmes*. On les place au 2e rang à droite des unités.

Les parties 1,000 fois plus petites que l'unité se nomment *millièmes*. On les met au 3e rang à droite des unités.

Après les millièmes viennent les *dix-millièmes*, puis les *cent-millièmes*, les *millioniémes*, les *dix-millioniémes*, les *cent-millioniémes*, les *billioniémes*, etc.

Il ne faut pas confondre les *dixièmes* avec les *dizaines* : un *dixième* est dix fois plus petit que l'unité, mais une *dizaine* vaut dix unités. — De même un *centième* est cent fois plus petit que l'unité, et une *centaine* vaut 100 unités.

On appelle *nombre décimal* un nombre composé d'unités entières et d'une fraction décimale, comme 3 unités 5 dixièmes, 9 unités 10 centièmes.

Pour lire un nombre décimal, on énonce d'abord la

partie entière (à gauche de la virgule), puis on lit la partie décimale (à droite de la virgule) comme si c'était un nombre entier, et on lui donne le nom de la dernière subdivision de l'unité.

Pour trouver ce nom on dit, à partir de la virgule : *dixièmes, centièmes, millièmes, dix-millièmes, cent-millièmes, millionièmes,* etc.

Pour écrire un nombre décimal, on écrit d'abord les entiers, à droite desquels on met une virgule ; on écrit ensuite la fraction décimale en ayant soin de placer son dernier chiffre au rang de la plus petite subdivision d'unité donnée.

Les dixièmes se mettent au premier rang à droite de la virgule, les centièmes au second rang, les millièmes au troisième, etc.

Si la fraction décimale est seule, on remplace la partie entière par un zéro.

OPÉRATIONS FONDAMENTALES DE L'ARITHMÉTIQUE

Les opérations fondamentales de l'arithmétique sont : l'*addition,* la *soustraction,* la *multiplication* et la *division.*

ADDITION

Quand on dit : 4 et 5 font 9, on fait une addition : donc

L'*addition* est une opération par laquelle on *réunit* plusieurs nombres de même espèce en un seul qu'on appelle *somme* ou total.

Soit à additionner 84 281 +* 562 + 80 + 54 201 + 7 033.

* Ce signe + s'énonce *plus;* on le place entre plusieurs nombres à additionner.

RÈGLE. — *Pour additionner plusieurs nombres* on les écrit les uns sous les autres, unités sous unités, dizaines sous dizaines, centaines sous centaines, et l'on tire un trait sous le dernier nombre.

```
       84 281
          562
           80
       54 201
        7 033
      -------
TOTAL 146 157
```

Puis, commençant par le haut, on fait la somme de la première colonne à droite; si cette somme ne surpasse pas 9, on l'écrit telle au-dessous de la première colonne; si elle surpasse 9, on écrit seulement les unités, et on retient les dizaines pour les reporter à la deuxième colonne, sur laquelle on opère comme sur la première, et ainsi des autres jusqu'à la dernière, au-dessous de laquelle on écrit le résultat, tel qu'on le trouve.

Preuve de l'addition.

On appelle *preuve* d'une opération une seconde opération que l'on fait pour s'assurer de l'exactitude de la première.

La preuve de l'addition se fait en recommençant à additionner de bas en haut; si cette opération donne le même total que la première, l'addition est exacte.

Addition des nombres décimaux.

Soit à additionner 14,25 + 2,4 + 0,259 + 748,14 + 76.

Pour additionner plusieurs nombres décimaux, on les écrit les uns sous les autres de manière que les unités de même espèce ou simplement les virgules soient les unes sous les autres.

```
 14,25
  2,4
  0,259
748,14
 76,
-------
841,049
```

Commençant ensuite par la droite, on additionne comme si les nombres étaient entiers, et on place la virgule sous la colonne des virgules.

SOUSTRACTION

Quand on dit 3 ôté de 7 reste 4, on fait une soustraction : donc

La *soustraction* est une opération par laquelle on *retranche* un nombre d'un autre nombre de même espèce. Le résultat de la soustraction se nomme *reste* ou *différence*.

Soit à soustraire 54 290 de 96 392.

De	96 392
J'ôte	54 290
Reste	42 102

Règle. — *Pour faire une soustraction*, on écrit d'abord le plus grand nombre, et au-dessous le plus petit, unités sous unités, dizaines sous dizaines, centaines sous centaines, etc., et l'on tire un trait.

Commençant ensuite par la droite, on ôte chaque chiffre du nombre inférieur de celui qui est au-dessus et l'on écrit le reste au-dessous.

Soit à soustraire 456 724 de 694 816.

De	694 816
J'ôte	456 724
Reste	238 092
Preuve	694 816

Quand un chiffre du nombre inférieur est plus grand que celui qui est au-dessus, on augmente ce dernier de 10, et l'on ajoute 1 au chiffre suivant du nombre inférieur.

En compensant ainsi, la différence reste la même, car les deux nombres ont été augmentés l'un et l'autre d'une même quantité.

Preuve de la soustraction.

Pour faire la preuve de la soustraction, on additionne le reste avec le plus petit nombre ; si la somme est égale au plus grand nombre, l'opération est bien faite.

Soustraction des nombres décimaux.

Soit à soustraire 9,241 de 24,425.

Pour faire la soustraction des nombres décimaux, on écrit d'abord le plus grand nombre, puis au-dessous le plus petit, de manière que les deux virgules soient l'une sous l'autre; ensuite on opère comme dans les nombres entiers, et l'on met la virgule sous la colonne des virgules.

De	24,425
J'ôte	9,241
Reste	15,184
Preuve	24,425

Soit à soustraire 0,475 de 74,8.

Si l'un des nombres a moins de chiffres décimaux que l'autre, on écrit, à la droite de celui qui en a le moins, assez de zéros pour que le nombre des décimales soit le même dans les deux nombres.

De	74,800
J'ôte	0,475
Reste	74,325
Preuve	74,800

MULTIPLICATION

Quand on dit 3 fois 4 font 12, on fait une multiplication : donc

La *multiplication* est une opération par laquelle on *répète* un nombre appelé *multiplicande* autant de fois que l'indique un autre nombre appelé *multiplicateur*.

Le résultat de la multiplication se nomme *produit*.

Le multiplicande et le multiplicateur se nomment *facteurs* du produit.

TABLE DE MULTIPLICATION

[Si les élèves ont été bien exercés suivant les procédés indiqués aux pages précédentes, ils savent ajouter les 10 premiers nombres à eux-mêmes jusqu'à 10 fois, de cette manière : 6 et 6 font 12, et 6 font 18, et 6 font 24, etc.; ils doivent maintenant pouvoir dire : 6, 12, 18, 24, 30, etc., et enfin trouver combien font 3 fois 6, 6 fois 6... 9 fois 6, etc. Dès lors, l'étude de la table de multiplication ne présente aucune difficulté.]

2 fois 2 font 4.
2 fois 3 font 6.
2 fois 4 font 8.
2 fois 5 font 10.
2 fois 6 font 12.
2 fois 7 font 14.
2 fois 8 font 16.
2 fois 9 font 18.
2 fois 10 font 20.

---

3 fois 3 font 9.
3 fois 4 font 12.
3 fois 5 font 15.
3 fois 6 font 18.
3 fois 7 font 21.
3 fois 8 font 24.
3 fois 9 font 27.
3 fois 10 font 30.

---

4 fois 4 font 16.
4 fois 5 font 20.
4 fois 6 font 24.
4 fois 7 font 28.
4 fois 8 font 32.
4 fois 9 font 36.
4 fois 10 font 40.

---

5 fois 5 font 25.
5 fois 6 font 30.
5 fois 7 font 35.
5 fois 8 font 40.
5 fois 9 font 45.
5 fois 10 font 50.

---

6 fois 6 font 36.
6 fois 7 font 42.
6 fois 8 font 48.
6 fois 9 font 54.
6 fois 10 font 60.

---

7 fois 7 font 49.
7 fois 8 font 56.
7 fois 9 font 63.
7 fois 10 font 70.

---

8 fois 8 font 64.
8 fois 9 font 72.
8 fois 10 font 80.

---

9 fois 9 font 81.
9 fois 10 font 90.

---

10 fois 10 font 100.

La multiplication peut présenter deux cas.

1er Cas. — Le multiplicateur n'ayant qu'un seul chiffre, comme 728 fr. ×* 6.

Règle. — *Pour faire la multiplication quand le multiplicateur n'a qu'un seul chiffre,* on écrit le multiplicande, au-dessous le multiplicateur, et l'on tire un trait.

Multiplicande	728
Multiplicateur	6
Produit	4 368

Ensuite, commençant par la droite, on multiplie les unités, dizaines, centaines, etc., du multiplicande par le multiplicateur; si le produit ne surpasse pas 9, on l'écrit tel à son rang; s'il surpasse 9, on écrit seulement les unités, et l'on retient les dizaines pour les ajouter au produit suivant, et ainsi de suite jusqu'au dernier produit, qu'on écrit tel qu'on le trouve.

Explication. — En opérant ainsi, on obtient bien le produit cherché, 6 fois 728, car on a répété 6 fois les unités, 6 fois les dizaines, 6 fois les centaines, c'est-à-dire toutes les parties de 728, exactement comme si l'on eût écrit ce nombre 6 fois l'une au-dessous de l'autre et qu'on eût additionné. La multiplication n'est qu'une addition abrégée.

2e Cas. — Le multiplicateur ayant plusieurs chiffres, comme 8 765 fr. × 543.

Règle. — *Pour faire la multiplication quand le multiplicateur a plusieurs chiffres,* on écrit le multiplicande, au-dessous le multiplicateur, et on tire un trait.

```
    8 765
      543
---------
   26 295
  350 60
4 382 5
---------
4 759 395
```

Puis, commençant par la droite, on multiplie tout le multiplicande par chaque chiffre du multiplicateur, en ayant soin de poser le premier chiffre de chaque produit partiel au même rang que le chiffre qui sert de multiplicateur.

* Ce signe × s'énonce *multiplié par.*

Ensuite on additionne tous les produits partiels, et le total est le produit demandé.

EXPLICATION. — Dans la multiplication ci-dessus, je dois répéter le multiplicande 543 fois ; pour y arriver, je le répète d'abord 3 fois, puis 40 fois, puis 500 fois, ce qui fera *cinq cent quarante-trois fois.* 1° En répétant le multiplicande 3 fois, j'obtiens 26 295. — 2° Pour le répéter 40 fois, je le répète d'abord 4 fois, puis le produit 10 fois, ce qui fait 10 fois 4 fois ou 40 fois ; c'est en vue de cette multiplication par 10 que je laisse la place d'un zéro ; j'obtiens 35 060 dizaines. — 3° Pour répéter le multiplicande 500 fois, je le répète d'abord 5 fois, puis le produit 100 fois, ce qui fait bien 100 fois 5 fois ou 500 fois ; c'est en vue de cette multiplication par 100 que je laisse la place de deux zéros ; j'obtiens 43 825 centaines. Faisant la somme, j'ai donc 543 fois le multiplicande, et le produit cherché est 4 759 395 francs.

Preuve de la multiplication.

Pour faire la preuve d'une multiplication, on recommence l'opération en changeant l'ordre des facteurs. Si les opérations sont bien faites, elles donnent le même produit.

Multiplication des nombres décimaux.

Soit à multiplier 4,25 par 3,7.

On fait la multiplication des nombres décimaux sans faire attention aux virgules, et, quand l'opération est faite, on sépare sur la droite du produit autant de chiffres décimaux qu'il y en a dans les deux facteurs.

```
 4,25
  3,7
------
 2975
1275
------
15,725
```

EXPLICATION. — En supprimant la virgule du multiplicande, je le rends 100 fois plus grand ; en supprimant celle du multiplicateur, je le rends 10 fois plus grand ; le produit est donc rendu 100 fois 10 fois ou 1 000 fois trop grand ; je le ramène à sa juste valeur en séparant 3 chiffres sur sa droite.

Soit à multiplier 0,504 par 0,025.

Si le produit n'avait pas autant de chiffres qu'il y a de décimales dans les deux facteurs, on écrirait à gauche assez de zéros pour que l'on pût séparer le nombre de décimales voulu.

```
    0,504
    0,025
  -------
     2520
    1008
  -------
 0,012600
```

DIVISION

Quand je dis en 8 combien de fois 4, il y est deux, je fais une division; donc

La *division* est une opération par laquelle on cherche combien de fois un nombre appelé *dividende* en contient un autre appelé *diviseur*.

Le résultat de la division se nomme *quotient*.

La division des nombres entiers présente deux cas.

1er Cas. — Le diviseur n'ayant qu'un seul chiffre.

Soit à diviser 873 par 3 *.

Pour diviser un nombre par 2, 3, 4..., on prend la moitié, le tiers, le quart... de ce nombre**.

$\frac{873}{3} = 291$***

Dans l'exemple ci-dessus, on dit : le tiers de 8 est 2 pour 6; reste 2 centaines qui font 20 dizaines, plus les 7 dizaines du nombre font 27 dizaines dont le tiers est 9; enfin le tiers de 3 unités est 1 unité. Le quotient est donc 291, puisqu'il exprime le tiers de chacune des parties du dividende.

Au lieu de 873, si l'on avait eu à diviser 1 873, on aurait commencé par prendre le tiers de 18.

2e Cas. — Le diviseur ayant plusieurs chiffres.

* Pour indiquer une division, on place le dividende au-dessus d'un trait horizontal et le diviseur au-dessous $\frac{873}{3}$; ou bien on place deux points entre le dividende et le diviseur, 873 : 3.

** Quand un objet ou un nombre est divisé en 2 parties, chaque partie en est la moitié; s'il est divisé en 3 parties, chaque partie en est le tiers.

*** Le signe = s'énonce *égale*.

Soit à diviser 3 968 par 32.

Règle. — *Pour faire une division,* on écrit le dividende, et, à sa droite, le diviseur, en les séparant par un trait vertical; puis on souligne le diviseur, au-dessous duquel on devra écrire les chiffres du quotient.

3968	32
76	124
128	
00	

On prend ensuite sur la gauche du dividende assez de chiffres pour contenir le diviseur; — on cherche combien ce premier dividende partiel contient de fois le diviseur, et on écrit le chiffre au quotient; — on multiplie le diviseur par ce chiffre et on retranche le produit du premier dividende partiel; — on obtient ainsi un premier reste, à droite duquel on abaisse le chiffre suivant du dividende, ce qui donne un second dividende partiel, sur lequel on opère comme sur le premier, et l'on continue ainsi jusqu'à ce que tous les chiffres du dividende aient été abaissés.

Explication. — Diviser 3 968 par 32, c'est chercher combien de fois les différentes parties du dividende (mille, centaines, dizaines, unités) contiennent le diviseur. Or 3 968 se compose de 3 *mille* + 9 *centaines* + 6 *dizaines* + 8 *unités*. Le chiffre des mille, 3, ne contenant pas 32, je le joins aux 9 centaines, ce qui donne 39 centaines, et je dis : 39 unités contiendraient 32 *une fois*, donc 39 centaines (c'est-à-dire 100 fois plus que 39 unités) contiennent 32 *une centaine* de fois, et il reste 7 centaines. Ces 7 centaines ajoutées aux 6 dizaines qui suivent donnent 76 dizaines : 76 dizaines contiennent 32 *deux dizaines* de fois, et il reste 12 dizaines qui, ajoutées aux 8 suivantes, donnent 128 unités, lesquelles contiennent 32 *quatre fois* exactement. Le quotient est donc 1 centaine + 2 dizaines + 4 unités, c'est-à-dire 124.

Manière d'opérer quand la division donne un reste.

Si la division donne un reste, on place une virgule au quotient; puis on écrit un zéro à droite du reste, que l'on convertit ainsi en dixièmes qui, divisés par le diviseur, donnent un chiffre de *dixièmes,* que l'on place au quotient. S'il y a encore un reste, en écrivant à sa droite un nouveau zéro, on obtient les *centièmes* du quotient, et ainsi de suite pour les *millièmes,* les *dix-millièmes,* etc.

Manière d'opérer quand le dividende est plus petit que le diviseur.

Pour faire la division lorsque le dividende est plus petit que le diviseur, on opère sur le dividende comme sur le reste d'une division pour obtenir des *dixièmes,* des *centièmes,* etc.

Ou bien :

On écrit à la droite du dividende autant de zéros que l'on veut avoir de chiffres décimaux au quotient, puis on opère comme pour les nombres entiers, et, quand l'opération est terminée, on sépare sur la droite du quotient autant de chiffres décimaux qu'on a écrit de zéros au dividende.

Explication. — Si, par exemple, on écrit 3 zéros à la droite du nombre, on le convertira en millièmes; par suite, le quotient sera exprimé en millièmes, et c'est pour cela que l'on sépare trois chiffres.

Preuve de la division.

Pour faire la preuve de la division, on multiplie le diviseur par le quotient; on ajoute le reste, quand il y en a un, et l'on doit retrouver le dividende si l'opération est bien faite.

En effet, le diviseur et le quotient sont les facteurs du dividende.

Division des nombres décimaux.

Soit à diviser 253,75 par 7,25.

Pour faire la division des nombres décimaux,

1° Lorsque le nombre de chiffres décimaux est le même dans le dividende et le diviseur, on supprime la virgule dans les deux nombres et l'on divise comme dans les nombres entiers.

```
253 75 : 7,25

253 75 | 7 25
 36 25 |------
  0 00 | 35
```

Soit à diviser 74,5 par 0,25.

2° Lorsque le dividende et le diviseur n'ont pas le même nombre de chiffres décimaux, on écrit à la droite de celui qui en a le moins assez de zéros pour qu'il en ait autant que l'autre ; alors on supprime la virgule et l'on opère comme dans les nombres entiers.

```
74  5 : 0,25

74 50 | 0 25
24 5  |------
 2 00 | 298
   00 |
```

SYSTÈME MÉTRIQUE

Notions préliminaires.

Le *système métrique* est un ensemble de mesures basées sur le *mètre*.

On l'appelle système *légal*, parce qu'il est seul autorisé par la loi.

Il y a six unités ou mesures principales :

1° Le MÈTRE, pour les *longueurs;*

2° L'ARE et le MÈTRE CARRÉ, pour les *surfaces;*

3° Le STÈRE ou le MÈTRE CUBE, pour les *volumes ;*

4° Le LITRE, pour les *contenances;*

5° Le GRAMME, pour les *poids;*

6° Le FRANC, pour les *monnaies*.

Pour indiquer les mesures de 10 en 10 fois plus grandes que l'unité, on emploie les mots suivants, tirés du grec :

DÉCA, qui signifie *dix;*

Hecto,	*cent;*
Kilo,	*mille;*
Myria,	*dix mille.*

Pour indiquer les mesures de 10 en 10 fois plus petites, on se sert des mots suivants, tirés du latin :

Déci, qui signifie	*dixième;*
Centi,	*centième;*
Milli,	*millième.*

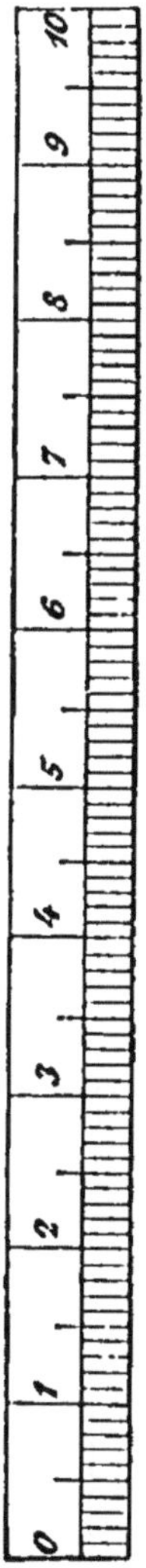

MESURES DE LONGUEUR

L'unité des mesures de longueur est le *mètre.*

Le *mètre* est une règle dont on se sert pour mesurer les longueurs.

Cette règle est égale à la dix-millionième partie du quart de la circonférence ou du tour de la terre.

Les multiples du mètre sont :

Le myriamètre, Le kilomètre, L'hectomètre, Le décamètre.	Dire la distance d'un lieu à un autre. Mesurer au pas un kilomètre, un hectomètre et un décamètre.

Les sous-multiples du mètre sont :

Le décimètre, Le centimètre, Le millimètre.	Les élèves doivent indiquer exactement la longueur de ces mesures.

Le *myriamètre,* le *kilomètre* et l'*hectomètre* s'emploient pour évaluer les distances sur les routes ; c'est pour cela qu'on les appelle *mesures itinéraires.* Ces mesures sont indiquées par des bornes de pierre ou de bois.

Mesures effectives de longueur.

Les mesures réelles ou effectives de longueur sont au nombre de huit :

1° Le *double décamètre;*
2° Le DÉCAMÈTRE ;
3° Le *demi-décamètre ;*
4° Le *double mètre ;*
5° Le MÈTRE ;
6° Le *demi-mètre ;*
7° Le *double décimètre ;*
8° Le DÉCIMÈTRE. (Voir la figure.)

Montrer ces mesures et les figurer en tout ou en partie, puis trouver la longueur d'une table, d'un mur, etc.

Tracer une ligne de 1, 2, 3, 10, 15, etc. centimètres.

MESURES DE SURFACE OU DE SUPERFICIE

Pour la mesure des champs, l'unité est l'*are*.

Pour la mesure des surfaces ordinaires, l'unité est le *mètre carré*.

1° De l'are.

L'*are* est un carré qui a un décamètre ou dix mètres de côté. Il contient 100 mètres carrés.

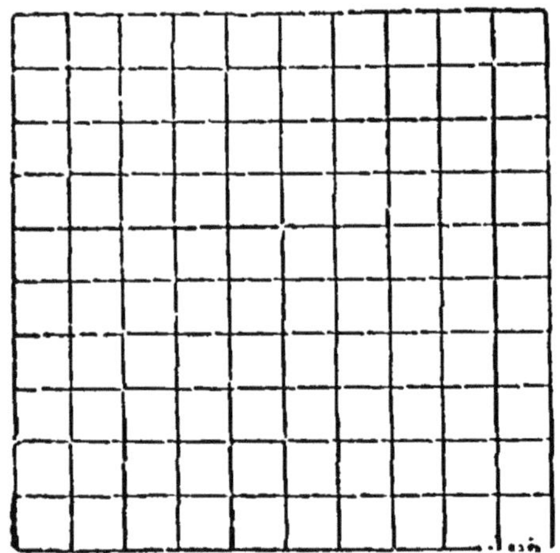

L'are dérive du mètre, puisque chacun de ses côtés a dix mètres de longueur.

Un *carré* est une surface dont les quatre côtés sont égaux et les angles droits.

L'are n'a qu'un multiple :

L'HECTARE, qui vaut 100 ares.

Il n'a qu'un sous-multiple :

Le CENTIARE, qui vaut un mètre carré.

2° Du mètre carré.

Le mètre carré est un carré qui a un mètre de côté.

On peut le représenter par un tableau qui aurait un mètre de long et un mètre de large.

Les multiples du mètre carré sont :

Le *myriamètre carré* (10,000 mètres de côté),
Le *kilomètre carré* (1,000 mètres de côté),
L'*hectomètre carré* (100 mètres de côté),
Le décamètre carré (10 mètres de côté). (Le figurer.)

Le *myriamètre carré,* le *kilomètre carré* et l'*hectomètre carré* s'emploient pour évaluer de très grandes surfaces, comme celles d'un pays, d'une province, d'un département, etc. C'est pour cela qu'on les appelle *mesures topographiques.*

Les sous-multiples du mètre carré sont :

Le *décimètre carré,*
Le *centimètre carré,*
Le *millimètre carré.*

} Montrer et figurer exactement ces mesures.

Le *mètre carré,* le *décimètre carré,* le *centimètre carré* et le *millimètre carré* s'emploient pour mesurer les petites surfaces, telles que la grandeur d'une salle, d'une porte, d'un toit, etc.

MESURES DE VOLUME OU DE SOLIDITÉ

Pour la mesure du bois, l'unité est le *stère.*

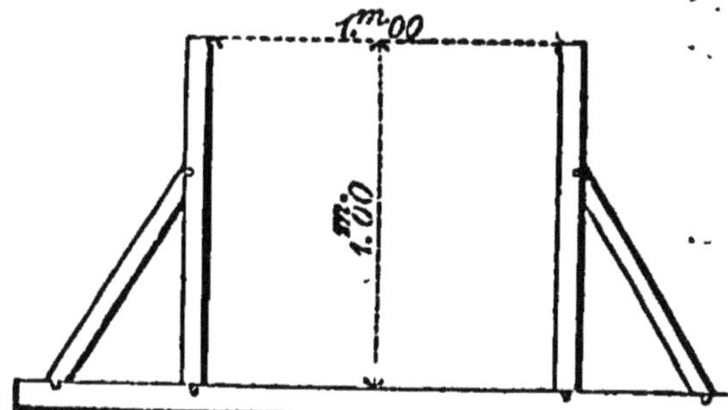

Pour les autres volumes, l'unité est le *mètre cube.*

1° Du stère.

Le *stère* est une mesure qui vaut un mètre cube.

Le stère dérive du mètre, puisqu'il vaut un mètre cube.

2° Du mètre cube.

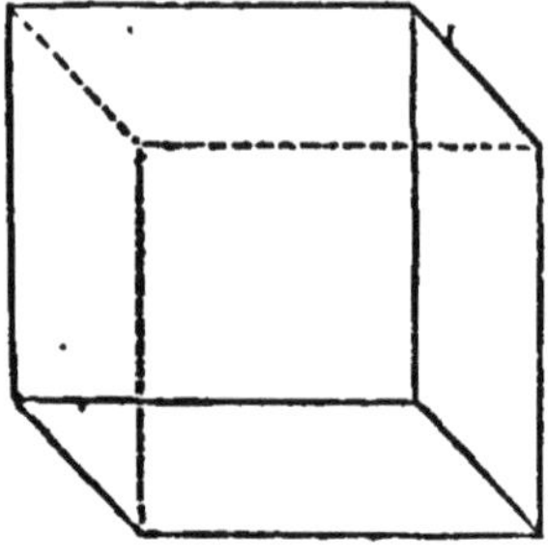

Le *mètre cube* est un cube qui a un mètre de côté.

Le mètre cube n'a pas de multiples.

Les sous-multiples du mètre cube sont :

Le *décimètre cube*,
Le *centimètre cube*,
Le *millimètre cube*.

Montrer et figurer exactement ces mesures.

Le mètre cube et ses sous-multiples servent à mesurer les travaux de maçonnerie, de terrassement; les blocs de pierre, de marbre; les tas de pierre, de fumier, de sable, etc.

MESURES DE CONTENANCE

L'unité des mesures de contenance est le *litre*.

Le *litre* est un vase cylindrique dont la contenance égale un décimètre cube.

Le litre dérive du mètre, puisqu'il contient un *décimètre* cube.

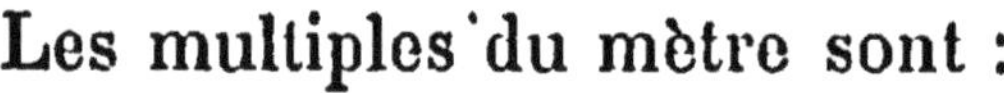

Les multiples du mètre sont :

Le KILOLITRE,
L'HECTOLITRE,
Le DÉCALITRE.

Les sous-multiples du litre sont :

Le DÉCILITRE,
Le CENTILITRE.

POIDS

L'unité de poids est le *gramme.*

Le *gramme* est le poids d'un centimètre cube d'eau pure, à son maximum de densité.

Le gramme dérive du mètre, puisqu'il est le poids d'un centimètre cube d'eau pure.

Les multiples du gramme sont :

Le MYRIAGRAMME,
Le **kilogramme,**
L'HECTOGRAMME,
Le DÉCAGRAMME.

Les sous-multiples du gramme sont :

Le DÉCIGRAMME,
Le CENTIGRAMME,
Le MILLIGRAMME.

Montrer et dessiner tous ces poids. Le kilog. est souvent pris pour unité.

Le *quintal métrique* vaut 100 kilogrammes ;

Le *tonneau de mer* ou la *tonne* vaut 1,000 kilogrammes.

Pour peser on se sert de *balances* et de *poids.*

MONNAIES

L'unité des monnaies est le *franc.*

Le *franc* est une pièce de monnaie d'argent qui pèse *cinq* grammes.

Le franc dérive du mètre, puisqu'il pèse 5 grammes et que le gramme est basé sur le mètre.

Le franc n'a pas de multiples.

Les sous-multiples du franc sont le DÉCIME et le CENTIME.

TABLEAU DES PIÈCES DE MONNAIE

5 en or :					
La pièce de	100 fr.	qui pèse $32^{gr},258$	et qui a	31^{mm}	de diamèt.
	50 fr.	16 ,129		28	
	20 fr.	6 ,451		21	
	10 fr.	3 ,226		19	
	5 fr.	1 ,613		17	
5 en argent :					
La pièce de	5 fr.	qui pèse 25^{gr},	et qui a	37^{mm}	de diamèt.
	2 fr.	10		27	
	1 fr.	5		23	
	0 fr. 50	2 ,5		18	
	0 fr. 20	1		15	
4 en bronze :					
La pièce de	0 fr. 10	qui pèse 10^{gr},	et qui a	30^{mm}	de diamèt.
	0 fr. 05	5		25	
	0 fr. 02	2		20	
	0 fr. 01	1		15	

HISTOIRE NATURELLE

LES ANIMAUX

Les corps que nous voyons autour de nous sont de deux sortes : les uns *vivent*, ce sont les *animaux* et les *plantes;* les autres sont *inorganisés*, comme les *pierres*.

Les *animaux* et les *plantes* naissent, ont une enfance, un âge mûr, une vieillesse, puis ils meurent.

Au contraire, les *pierres* ne meurent pas. Elles n'ont ni enfance ni vieillesse. Elles conservent leur forme pendant des milliers d'années.

Les animaux se distinguent des plantes en ce qu'ils remuent.

Ils ont besoin d'aller chercher au loin leurs aliments, tandis que la plante, fixée au sol, y puise sa nourriture.

La plus grande variété règne chez les animaux aussi bien terrestres que marins ; il en est de grands et de petits, d'utiles et de malfaisants.

On les a divisés en animaux qui ont des os, ou *vertébrés*, et en animaux qui n'ont pas d'os, ou *invertébrés*. L'ensemble des os d'un vertébré s'appelle le *squelette*.

Ainsi le chien, la poule, le serpent, ont des os ; tandis que les mouches, les sauterelles, les abeilles, n'en ont pas.

En général, les animaux dont le corps renferme un squelette sont plus gros que les animaux qui n'en ont pas. Le cheval, le bœuf, le chameau, tous les animaux domestiques ont un squelette ; ce sont des vertébrés.

L'homme, qui, par son intelligence, est supérieur à tous les animaux, fait partie des vertébrés. Il a en effet un crâne, une colonne vertébrale, des côtes et des membres.

Tous les animaux osseux se rapprochent de ce même type. Ils ont tous un crâne et une colonne vertébrale.

Les différentes espèces d'animaux qui vivent sur la terre ont été très bien décrites dans la Bible ; elles l'ont été plus tard par Aristote, le précepteur d'Alexandre, et par le Romain Pline. Parmi les naturalistes modernes. les plus illustres, on cite l'Anglais Darwin, les Français Buffon et Cuvier.

LES VERTÉBRÉS

On distingue quatre familles de vertébrés :

Les *mammifères,* qui ont en général quatre pattes, des poils sur tout le corps, et qui nourrissent leurs petits avec du lait : cheval, âne, lion, tigre, chameau.

Les *oiseaux,* qui ont des plumes, deux pattes et deux ailes : aigle, vautour, poule, cygne, canard, ibis.

Les *reptiles,* qui ont la peau froide, recouverte de fausses écailles et qui vivent sur terre : couleuvre, vipère, crocodile.

Les *poissons* enfin, qui ont la peau froide, le corps couvert d'écailles, et qui vivent dans l'eau, où ils se meuvent au moyen de nageoires : truite, saumon, requin.

L'Homme.

L'homme est un mammifère, mais il est organisé pour marcher avec deux pieds seulement. C'est un *bipède ;* les autres mammifères sont des *quadrupèdes.* Sa supériorité sur eux lui vient surtout de ses mains, dont il peut se servir pour faire des maisons, des vêtements, des armes, des livres.

Sa peau n'est pas couverte de poils épais : aussi ne peut-il résister au froid qu'en portant des vêtements et en dormant la nuit dans des maisons ou dans des grottes ; tandis que les animaux peuvent vivre dehors jour et nuit, grâce à leur fourrure épaisse.

Les Mammifères.

Les mammifères sont très nombreux. L'homme a su en domestiquer un certain nombre : le chien, le cheval, le bœuf, etc.

Les autres continuent à vivre à l'état sauvage, et l'homme les chasse pour s'en nourrir ou se défendre contre eux.

Les mammifères sont les plus intelligents des animaux; ils sentent, comprennent, mais ne parlent pas. L'homme seul peut parler.

L'homme ne doit jamais abuser de sa supériorité sur les animaux pour les faire souffrir. Tout acte de cruauté inutile à leur égard est sévèrement puni en France.

Le Chien.

Parmi les animaux domestiques, le plus intelligent est le chien. Il aime son maître, le suit dans ses voyages ou garde sa maison; il ne fait pas de mal à ceux qui ne le tourmentent pas.

Rien de plus varié que la forme, la taille, les instincts des différentes races *canines*. On connaît des chiens à peine plus gros qu'un rat, tandis que d'autres sont presque aussi gros qu'un âne et peuvent traîner de petites voitures.

Partout le chien vit avec l'homme, aussi bien au pôle, dans les régions les plus froides, qu'au milieu de l'Afrique, où la chaleur est extrême. Partout il est pour l'homme un serviteur, un compagnon et un ami.

Le chien de berger garde les moutons et les défend contre les loups, les chacals et les voleurs.

Le chien de chasse découvre pour son maître les lièvres, les cerfs ou les oiseaux.

Le chien de garde enfin veille à la porte de la maison et la protège contre les voleurs.

Le chien ne vit pas très longtemps; il est déjà vieux à l'âge de dix ans.

Les chiennes mettent bas de cinq à huit petits qui tettent leur mère avant d'avoir les yeux ouverts : celle-ci veille sur eux avec une grande tendresse.

Chiens de différentes races.

Famille du Chien.

On donne le nom de *familles* aux groupes d'animaux ayant entre eux de grands points de ressemblance.

Les loups et les chacals ressemblent beaucoup au chien ; mais le chien aboie, tandis que le loup et le chacal hurlent et n'aboient pas. Le chacal ne s'apprivoise pas. L'hyène et le renard sont encore de la famille du chien.

Le Cheval.

Le cheval, moins intelligent que le chien, rend cependant beaucoup de services aux hommes. Il peut traîner de lourds fardeaux et courir avec une très grande vitesse.

Cheval.

Le cheval connaît son maître, à tel point que certains chevaux ardents ne se laissent pas approcher par les étrangers.

De nombreuses troupes de chevaux sauvages vivent en liberté dans les grandes plaines de l'Amérique.

Il ne faut jamais maltraiter un cheval ni lui faire porter de trop lourds fardeaux. Les jeunes chevaux ne doivent pas être attelés avant l'âge de deux ans.

L'Ane.

L'âne ressemble au cheval; mais il a de plus longues oreilles, il est en général plus petit, et il n'a pas ses allures rapides. Jeune, il est gai et doux; mais les coups dont on le frappe le rendent entêté et paresseux.

L'âne est très sobre et se nourrit de peu. Malgré sa petite taille, il peut porter de lourds fardeaux et marcher longtemps.

Ane.

Les chevaux, les ânes et les zèbres se nourrissent d'herbe, et ont le pied terminé par une seule corne.

Le Bœuf.

Le bœuf n'est pas un animal de course, comme le cheval, mais une bête robuste qu'on utilise pour le labour et les lourds charrois. On donne le nom de *taureaux* aux individus de la famille du bœuf que l'on réserve pour la reproduction.

La femelle du taureau s'appelle là *vache*, et son petit le *veau*. Quand la vache a eu un veau, elle a dans ses mamelles une grande quantité de lait, dont l'homme se sert pour sa nourriture et pour fabriquer du beurre et du fromage.

Vache.

Tous les mammifères ont du lait; mais c'est celui de la vache qui est le meilleur et le plus abondant.

La chair du bœuf est excellente et tient une grande place dans l'alimentation de l'homme.

Le Mouton.

Le mouton est un animal doux et timide. Sa chair,

Mouton.

comme celle du bœuf et du porc, sert de nourriture à l'homme.

Sa peau est garnie de poils qui forment ce qu'on appelle la laine.

De tout temps les hommes ont employé la laine du mouton pour se faire des vêtements. Autrefois on s'habillait simplement avec la peau garnie de poils, tandis que maintenant on tond les moutons, et la laine lavée et blanchie sert au tissage des étoffes.

Les moutons, comme les chevaux, les ânes, les bœufs, sont des *herbivores,* c'est-à-dire qu'ils se nourrissent en paissant l'herbe des champs.

Le Cerf et la Chèvre.

Les cerfs, comme les moutons et les bœufs, ont le pied fourchu, c'est-à-dire formé de deux cornes.

Cerf.

On n'a pas encore pu les réduire à l'état domestique. Ils courent très vite et échappent facilement à l'homme.

Les chèvres ressemblent aux cerfs; ce sont aussi

des herbivores; elles sont capricieuses, sautent avec beaucoup d'agilité sur les rochers, et portent au front de grandes cornes au moyen desquelles elles peuvent se défendre.

Généralement, les chèvres habitent les pays montagneux. Les cerfs habitent les forêts.

Le Renne.

Les habitants des régions polaires n'ont ni bœufs, ni moutons, ni chevaux; ils attellent à leurs traî-

Renne.

neaux le renne, animal assez semblable au cerf, dont la chair les nourrit et dont la peau leur sert de vêtement.

Le Chameau.

Le chameau est, comme le cheval, un herbivore. C'est un des animaux les plus utiles de la création. Comme il supporte aisément la soif et la faim, il est, par excellence, la bête de somme du désert. Les conducteurs de chameaux leur apprennent à s'agenouiller pour recevoir des fardeaux sur leur bosse. On connaît deux espèces de chameaux : le chameau d'Afri-

Chameau et Dromadaire.

que, qui a une bosse et se nomme aussi *dromadaire*, et le chameau d'Asie, qui en a deux.

Le dromadaire est le chameau de course.

Les Félins.

Le chat est habitué à vivre dans les maisons; mais il est toujours plus sauvage que le chien.

Le chat appartient à la même famille que le lion, le tigre et la panthère. Ces grands quadrupèdes, extrêmement méchants, enlèvent les moutons pour les manger, et quelquefois aussi attaquent l'homme quand ils n'ont pas d'autre proie.

Tous ces grands quadrupèdes carnassiers ont des dents très pointues et des griffes aiguës. Les dents du

Tigre royal.

chat, du lion, du tigre, leur servent à mordre leur victime et à déchirer ses chairs.

Lion.

Au contraire, les herbivores ont des dents plates, rondes, faites pour broyer, et des pieds sans griffes.

L'Ours.

Les ours sont des animaux à la fois herbivores et carnivores. Dans les montagnes des régions tempérées et des régions chaudes, l'ours est brun ou noir; mais dans les pays froids et sur les rivages des mers où il

Ours noir.

y a toujours de la glace, les ours sont blancs, comme la neige qui couvre le sol.

Le Porc.

Le porc domestique est élevé par l'homme dans des étables. A l'état sauvage, il a de grandes dents appelées défenses, qui lui servent à creuser le sol : c'est le sanglier, qui habite les forêts.

L'Éléphant.

L'éléphant est le plus gros des quadrupèdes. C'est un animal intelligent, doux et bon, qui n'attaque jamais l'homme. Il a un nez très long qui descend presque jusqu'à terre et qu'on appelle trompe. En enroulant cette trompe autour d'un gros arbre, l'éléphant peut le déraciner; il s'en sert pour arracher les plantes et les herbes qui forment sa nourriture.

Les éléphants vivent en troupes; ces troupes, souvent fort nombreuses, sont commandées par le plus vieux, qui joue le rôle d'un véritable patriarche ; les petits éléphants accompagnent leur mère. Cet animal peut vivre très vieux ; il faut dix à quinze ans pour qu'il ait toute sa taille.

Outre la trompe, l'éléphant a encore deux immenses dents en ivoire appelées défenses, avec lesquelles il peut fouiller le sol : c'est pour se les procurer que l'on fait la chasse aux éléphants.

Éléphant.

On peut apprivoiser des éléphants quand on les prend tout petits. Ils connaissent leur maître, obéissent à ses volontés et même comprennent sa parole. Dans l'Inde, les éléphants blancs sont adorés comme des dieux.

On ne trouve d'éléphants qu'en Asie et en Afrique. L'éléphant d'Asie est le plus grand et le plus intelligent des deux.

Les Singes.

Il existe toute une famille de quadrupèdes ressemblant à l'homme plus que tous les autres animaux et ayant presque une figure humaine ; ce sont les singes. Leurs dents sont pareilles à celles de l'homme. Quant à leur nourriture, elle se compose de fruits et de plantes. Formant en général des troupes nombreuses, ils vivent perchés au haut des arbres, au milieu desquels ils sautent avec une extrême agilité.

Ils sont très intelligents, plus intelligents même que les éléphants et les chiens.

Ils se servent de leurs pieds avec autant d'adresse que de leurs mains. Aussi les a-t-on appelés quelquefois *quadrumanes*, c'est-à-dire ayant quatre mains.

Chimpanzé.

Ils ne vivent que dans des régions chaudes et ne peuvent pas supporter le froid.

Les variétés de singes sont extrêmement nombreuses. On trouve en Afrique des singes aussi grands que l'homme et plus forts que lui : le chimpanzé, le gorille ; d'autres singes au contraire sont aussi petits que de petits rats.

Les singes peuvent se servir d'un bâton pour marcher et pour se battre contre d'autres animaux. Ils se construisent des cabanes ; mais ils ne savent ni faire du feu ni parler.

Mammifères divers.

Les *rongeurs* se nourrissent de grains et d'herbe : lapins, lièvres, écureuils, rats.

Rhinocéros.

D'autres quadrupèdes sont curieux par leur grosseur et leur forme : les hippopotames, les girafes, les rhinocéros, les kanguroos.

Les Chauves-Souris.

Certains mammifères peuvent voler ou nager ; mais

il ne faut pas les prendre pour des oiseaux ou des poissons.

Les chauves-souris sont des mammifères, car elles allaitent leurs petits et n'ont ni bec ni plumes comme les oiseaux; leurs pattes de devant sont transformées en longs bras pourvus de membranes; en agitant ces membranes, la chauve-souris peut voler.

Chauve-souris.

Les espèces de chauves-souris sont nombreuses; il en est de très grandes et de très petites. Malgré l'opinion populaire, même les plus grosses chauves-souris sont inoffensives.

Les Baleines et les Phoques.

Les baleines et les phoques, bien que vivant dans l'eau, ne sont pas des poissons.

Pour les phoques, la chose est bien évidente : car ces animaux passent une partie de leur vie hors de l'eau. Quant aux baleines, leur organisation intérieure ressemble beaucoup à celles des autres mammifères.

Phoque..

D'une part, elles sont dans l'obligation de venir respirer à la surface de l'eau; de l'autre, leur squelette diffère fort peu de celui des mammifères terrestres.

Leurs quatre membres sont devenus très petits; les deux premiers ont pris la forme de nageoires, les deux membres postérieurs ne percent même pas la peau. Enfin les baleines allaitent leurs petits, et leur corps est couvert de poils et non d'écailles.

Les baleines sont de très gros animaux, les plus gros de ceux qui vivent actuellement. On a pris des baleines qui pesaient mille fois autant qu'un cheval. Elles vivent en général dans les mers du nord où il y a beaucoup de glaces, et on les chasse pour recueillir l'huile que contient leur corps.

Les Oiseaux.

Les oiseaux n'ont pas de dents; ils ont un bec pointu, dur comme de la corne, qui leur sert pour se défendre et prendre leur nourriture.

Ils ont deux pattes qui sont quelquefois très longues, et deux ailes garnies de plumes qui leur servent à voler. Le vol des oiseaux est parfois extrêmement rapide. Ainsi les pigeons, les hirondelles et les mouettes vont vingt fois plus vite qu'un homme. Autrement dit, s'il faut vingt jours à un homme pour aller de Paris à Marseille, une hirondelle fera ce chemin en un jour.

Aigle royal.

Il existe plusieurs familles d'oiseaux.

1° Les *rapaces*, oiseaux de proie ou carnassiers, qui ont un bec très crochu et très fort, avec lequel ils peuvent tuer des lièvres et même des gazelles. Ils ont des griffes puissantes qu'on nomme *serres*, et enlèvent entre ces griffes les animaux qu'ils ont surpris.

Les uns sont *diurnes* et volent pendant le jour, comme l'aigle, le vautour, le faucon, l'émouchet. Les autres sont *nocturnes* et volent pendant la nuit. Ces derniers ont beaucoup de plumes sur le corps ; aussi ne font-ils pas de bruit en volant. Leurs yeux sont très gros, car ils doivent voir clair dans l'obscurité : ce sont les hiboux et les chouettes.

Chouette.

2° Les *palmipèdes,* qui vivent sur l'eau et ont les doigts palmés, c'est-à-dire réunis par une membrane. Les uns sont d'excellents nageurs : les canards, les

Canard.

Albatros.

cygnes. D'autres, comme les albatros, les goélands, volent admirablement : ils ne craignent pas de voyager loin des côtes par les plus grands vents ; ils volent au-dessus des vagues et se nourrissent de poissons qu'ils vont adroitement saisir à la surface de l'eau.

En Chine, certains oiseaux, comme les cormorans,

ont été dressés à pêcher pour leur maître, de même qu'en Europe on a habitué des oiseaux de proie, comme le faucon, à chasser et à rapporter le gibier. Dans les mers du nord, il existe un grand nombre de palmipèdes qui, n'étant pas chassés par l'homme, ne sont pas sauvages. On recueille leurs plumes et leurs œufs. Exemples : l'eider qui fournit l'édredon.

Pingouin.

3° Les *perroquets*. Il n'y a de perroquets qu'en Amérique, dans les pays très chauds. On peut leur apprendre à parler ; leur langue ressemble à celle des quadrupèdes. Leurs plumes sont parées de très belles couleurs : vertes, jaunes et rouges.

4° La famille des *échassiers* comprend les oiseaux qui ont de longues pattes nues et peuvent ainsi marcher dans l'eau sans se mouiller le corps. Ils habitent généralement les marais ou les rivages : grues, cigognes, hérons.

Grue.

Autruche.

5° Les *autruches* sont les plus gros parmi les oiseaux ; mais leurs ailes sont trop petites pour leur permettre de voler; elles habitent l'Afrique et les pays chauds. L'autruche d'Australie, plus petite que l'autruche d'Afrique, porte le nom de *casoar*. Leurs œufs sont très gros; un œuf d'autruche est aussi gros que trente œufs de poule. Les autruches sont assez fortes pour traîner de petites voitures.

6° Les *pigeons* peuvent, après avoir été transportés au loin, revenir à leur point de départ. Ainsi un pigeon élevé à Paris et transporté à Marseille revient à Paris quatre fois plus vite que le cheval le plus rapide. En Europe, on élève des pigeons destinés à porter rapidement des dépêches.

Pigeon.

Poule.

Il existe encore beaucoup d'autres familles d'oiseaux : celles des *poules*, des *corbeaux*, des *pies*, des *merles*... Tous ces oiseaux mangent des grains et vivent dans les champs et les forêts.

Les oiseaux vivent quelquefois seuls; le plus souvent, au contraire, en grandes troupes.

Les uns sont *sédentaires* et habitent toujours la même contrée. Tels sont en France les moineaux, les perdrix, etc. D'autres sont *voyageurs*. Parmi ceux-ci, les uns vont en été dans les pays froids; mais quand l'hiver revient, comme ils craignent le froid, ils retournent dans les pays chauds d'où ils sont partis. Ils voyagent alors en grandes troupes, traversent les mers et les déserts sans s'arrêter; les plus vieux dirigent la bande. Les hirondelles, les cailles, les tourterelles, font ainsi de très grands voyages, et, sans jamais se tromper dans leur chemin, vont passer en Afrique la saison froide pour revenir en France au printemps. D'autres au contraire habitent pendant l'été la Hollande et l'Écosse, et viennent passer l'hiver en France; les échassiers sont dans ce cas. Les oiseaux voyageurs sont quelquefois en si grand nombre que le ciel en est obscurci.

Hirondelle et Martinet.

Les oiseaux font des œufs, tandis que les quadrupèdes mettent au monde des petits vivants.

Les mères couvent leurs œufs de manière à les tenir chauds pendant trois ou quatre semaines. Les petits, au sortir de l'œuf, restent dans le nid que le père et la mère ont construit solidement avec beaucoup d'adresse. Chaque oiseau a une manière différente de faire son nid; les uns font des nids très grossiers, comme les moineaux; les autres au contraire les font très élégants et très solides, comme les hirondelles, les fauvettes, les rossignols.

La mère donne à manger à ses petits tant qu'ils ne sont pas en état de voler ou de marcher; elle ne les abandonne jamais et veille sur eux avec une admirable tendresse. Quand un ennemi arrive auprès du

Merle et son nid.

nid, le père et la mère défendent courageusement leurs petits.

Les Reptiles.

Les reptiles pondent des œufs comme les oiseaux, mais des œufs sans coquille, qu'ils ne couvent pas. Leur sang est froid. Leur peau enfin n'est pas couverte de plumes, mais d'écailles, ou plutôt de fausses écailles.

Il y a trois grandes familles de reptiles : les tortues, les serpents et les lézards.

Les *tortues* ont sur le corps une cuirasse épaisse qui leur sert de maison, et d'où ne sortent que les pattes, la tête et la queue. Il existe des tortues de toute taille : les unes sont toutes petites; d'autres au contraire pèsent jusqu'à 800 kilogr. Certaines tortues vivent dans la mer;

Tortue.

mais les tortues de mer sont forcées pour vivre de venir respirer à la surface.

Les tortues ont, comme les oiseaux, un bec en corne, qui est quelquefois très fort.

Les *lézards* et les *crocodiles* forment une autre famille de reptiles; ils n'ont pas de bec comme les tortues, mais des dents pointues et nombreuses. Les lézards vivent dans des trous, tandis que les crocodiles, si communs dans le Nil et les autres grands fleuves d'Afrique, passent leur vie au bord des fleuves ou même dans les rivières; mais ils ont besoin de respirer l'air.

Crocodile.

La peau des crocodiles est tellement épaisse qu'une balle de fusil ne peut pas la traverser. Ils deviennent quelquefois très gros, et alors ils attaquent l'homme et même les bœufs et les chevaux.

Les *serpents* sont des reptiles sans membres; ils s'avancent en rampant sur le sol, ce qui ne les empêche pas d'aller parfois très vite.

Leurs mâchoires sont garnies de dents, et quelquefois dans une de leurs grosses dents est renfermé un poison terrible appelé *venin,* de sorte qu'en mordant ils versent ce poison dans la morsure. Le venin de certaines vipères d'Europe, du serpent à lu-

Vipère.

nettes d'Asie, du crotale ou serpent à sonnettes d'Amérique, est mortel.

D'autres serpents, comme le boa de l'Amérique du Sud, sont très gros; leur corps est aussi large que la cuisse d'un homme. Ceux-là n'ont en général pas de venin.

A côté des reptiles il faut placer des animaux qui leur ressemblent beaucoup, mais qui n'ont pas d'écailles; ce sont des reptiles à peau nue; on leur donne le nom de *batraciens*. Jeunes, les grenouilles vivent dans l'eau ainsi que les poissons; elles ont alors une queue et pas de membres, et respirent dans l'eau comme les poissons; mais plus tard leur queue disparaît, les membres poussent, et elles se mettent à respirer l'air comme les reptiles.

Grenouille.

Les Poissons.

Les *poissons* respirent dans l'eau, ont le sang froid, de vraies écailles sur tout le corps, et pondent des œufs en grande quantité. Ainsi certains poissons peuvent avoir jusqu'à trente mille œufs. Ils se meuvent au moyen de nageoires dont les unes sont paires et représentent les bras et les jambes, tandis que les autres sont impaires et portent les noms de dorsale, caudale, etc., suivant leur place. Les poissons vivent tantôt dans la mer (ce sont les plus nom-

Brochet.

breux), tantôt dans les fleuves et les lacs ; mais les poissons de mer et les poissons de rivière se ressemblent beaucoup.

Les poissons sont très voraces et se mangent entre eux ; ils se livrent au fond de la mer et dans les rivières de véritables batailles. Les plus gros et les plus forts mangent les plus petits et les plus faibles. En général les poissons sont comestibles, et dans certains pays les hommes en font presque exclusivement leur nourriture.

On les pêche de différentes manières, tantôt à la ligne, tantôt avec des filets.

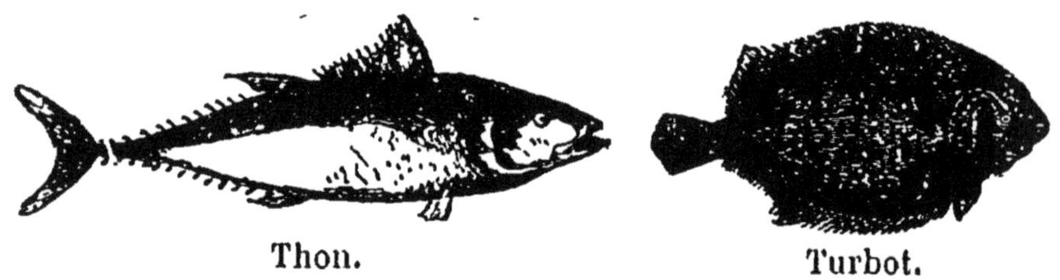

Thon. Turbot.

Quelquefois les poissons voyagent par bandes tellement nombreuses, que lorsqu'une de ces troupes innombrables arrive dans un filet, le filet est brisé.

Les poissons sont de toutes tailles ; il en est de tout petits, mais il en est d'autres, comme les requins, qui pèsent trois ou quatre fois autant qu'un homme. Ceux-là sont extrêmement voraces et s'emparent de l'imprudent qui vient se baigner près d'eux.

Rien n'est plus varié que la forme des poissons ; il y en a dont le corps allongé ressemble à celui d'un serpent, par exemple les anguilles ; d'autres sont tout ronds, comme les maquereaux, les thons, le rouget ; d'autres sont plats, avec les deux yeux d'un seul côté : les soles, les plies, les turbots ; quelques-uns ont des ailes et peuvent voler : les poissons volants; d'autres

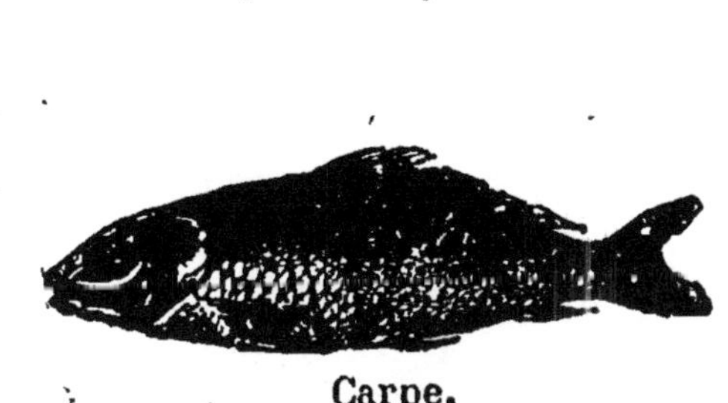

Carpe.

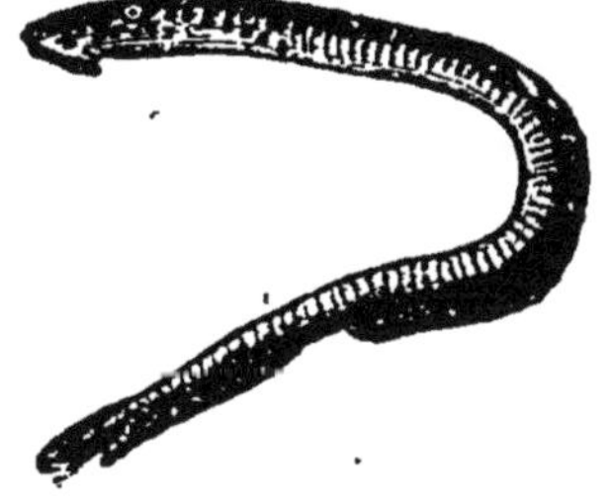

Lamproie.

enfin ont un appareil qui produit de l'électricité : le gymnote de l'Amérique du Sud.

LES INVERTÉBRÉS

La famille des invertébrés est extrêmement nombreuse. Ce sont tous des animaux qui n'ont ni sang ni os. On les divise en plusieurs groupes; mais nous les classerons en deux catégories : les *insectes* et les *mollusques.*

Les *insectes* ont une carapace et trois paires de pattes, comme vous pouvez vous en assurer en regardant un hanneton, une mouche ou une abeille; leur corps est divisé en trois portions : une tête, un thorax et un abdomen.

Tout le corps est recouvert d'une sorte de cuirasse assez dure et cornée. La tête est armée de mâchoires, également cornées, qui peuvent broyer les aliments. En avant de la tête sont deux filaments qu'on appelle des *antennes,* qui servent à toucher, à sentir et à reconnaître les objets.

Les insectes ont des yeux fort gros placés de chaque côté de la tête.

Tous les *insectes* subissent des *métamorphoses*, c'est-à-dire que le même individu est d'abord œuf, puis ver, puis insecte parfait. L'insecte parfait pond une grande quantité d'œufs ; chacun de ces œufs se déve-

Métamorphoses d'un insecte.

loppe et donne naissance à un ver ; puis le ver s'enferme dans une sorte d'étui, d'où il sort au bout d'un certain temps avec des ailes et des pattes.

Ainsi se développent les papillons, les abeilles, les fourmis, les hannetons, les sauterelles, qui sont tous des insectes.

Les papillons, lorsqu'ils sont à l'état de vers, s'appellent *chenilles;* certaines chenilles, le ver à soie par exemple, produisent une substance filamenteuse qu'on appelle la *soie.*

Les insectes mangent les feuilles, les racines, les

TYPES D'INSECTES.

Calosome.

Araignée.

Carabe doré.

branches des arbres. Ils sont si nombreux en certains pays qu'ils détruisent tout sur leur passage et que leur arrivée est un véritable fléau.

Quelques insectes se réunissent en sociétés; ainsi les fourmis vivent toutes ensemble dans des nids

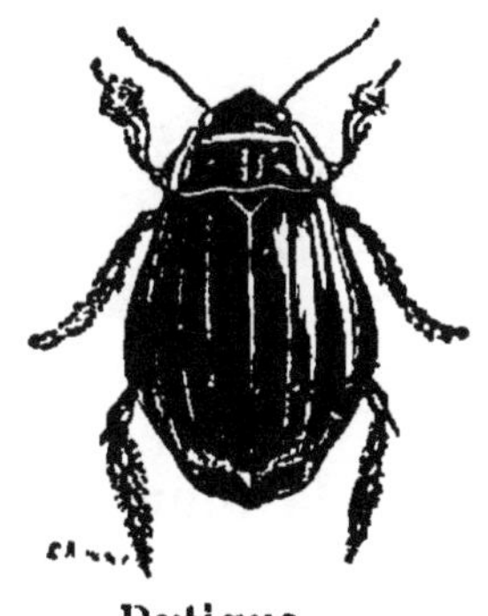
Dytique.

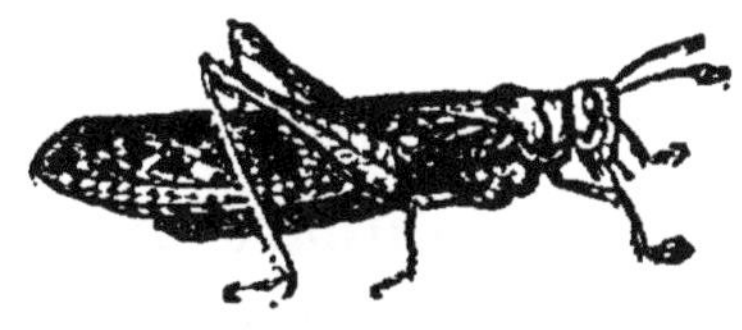
Criquet.

qu'elles construisent; il en est de même des abeilles, quiamassent dans leurs ruches une variété de sucre qu'on appelle *miel.*

Le nombre des insectes est tellement grand qu'on peut à peine en compter les espèces différentes. Ils sont répandus par toute la terre : c'est dans les pays chauds qu'ils ont les plus brillantes couleurs. Il y en a de très petits, mais de très gros; la taille des plus gros papillons ne dépasse pas celle des plus petits oiseaux.

Les *araignées* ont huit pattes, ce qui les distingue des insectes; elles mangent des insectes et ne se nourrissent pas de feuilles comme les chenilles et les hannetons. Elles sont assez habiles pour faire des toiles qu'elles tendent entre les herbes ou les branches des arbres, et dans lesquelles se prennent les petits insectes.

Certaines araignées versent, comme les serpents, un poison dans leurs morsures, et peuvent ainsi faire périr même de gros animaux. Les scorpions, malgré leur forme différente, appartiennent aussi à la famille des araignées.

Crabe.

Les *crustacés* ressemblent beaucoup aux insectes; mais ils ont généralement un plus grand nombre de pattes; leur carapace est très dure; ils vivent dans l'eau, la plupart sur les rivages de la mer. Les écrevisses et les crabes sont des crustacés.

Les autres invertébrés n'ont ni carapace ni pattes. Ce sont des *mollusques*, c'est-à-dire des animaux dont le corps est tout à fait mou. Pour se protéger ils fabriquent autour de leur corps mou une coquille dure comme de la pierre. Il y a quantité de mollusques qui vivent, en général, dans la mer; on compte parmi eux les huîtres qui restent accolées aux roches sous-marines, les moules; les poulpes; mais quelques-uns, comme les limaçons, vivent dans les champs et dans les forêts.

Escargot.

Enfin les *vers* ne sont protégés ni par une carapace ni par une coquille. Il existe beaucoup d'espèces de vers, aussi bien au fond des mers que sur la terre.

Vers de terre.

Tous ces animaux sont extrêmement nombreux; malgré leur petite taille, ils n'en jouent pas moins un rôle important dans la nature.

Partout vivent des animaux : à la surface du sol, au fond de la mer, sur les côtes, dans les rivières, les lacs, les forêts, les champs et les montagnes. Mais il y en a de si petits qu'on ne peut pas les voir sans le secours de certains instruments appelés *microscopes,* qui nous permettent de grossir les objets; tels sont les *infusoires,* qui vivent par milliers dans les eaux croupies.

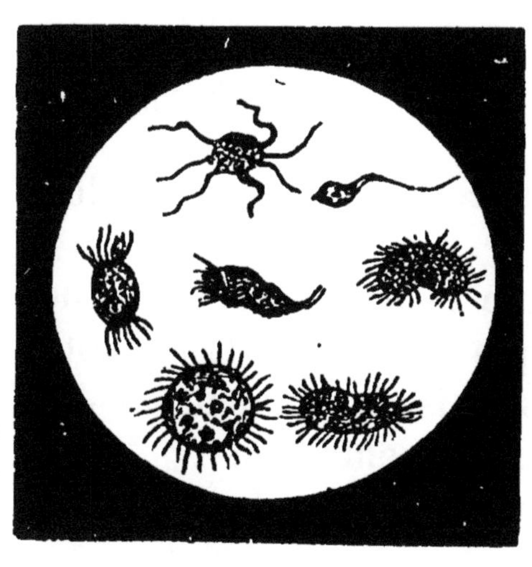

Infusoires.

LES PLANTES

Les plantes sont aussi nombreuses que les animaux. Elles ne se meuvent pas; elles n'ont ni yeux ni oreilles, et cependant elles vivent, c'est-à-dire qu'elles naissent, grandissent, vieillissent et meurent.

Tous les végétaux, bien que de formes très diffé-

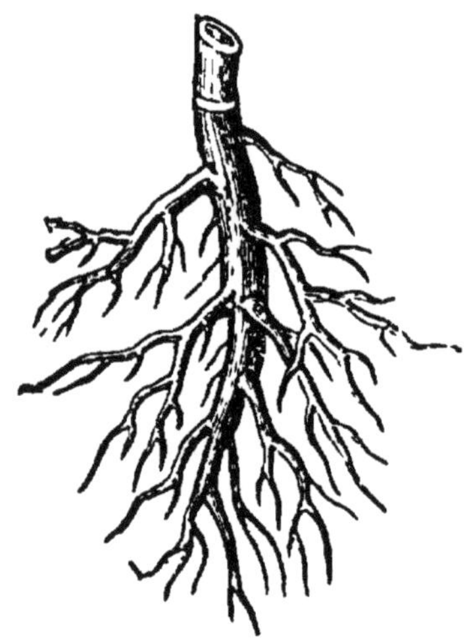

Racine d'arbre.

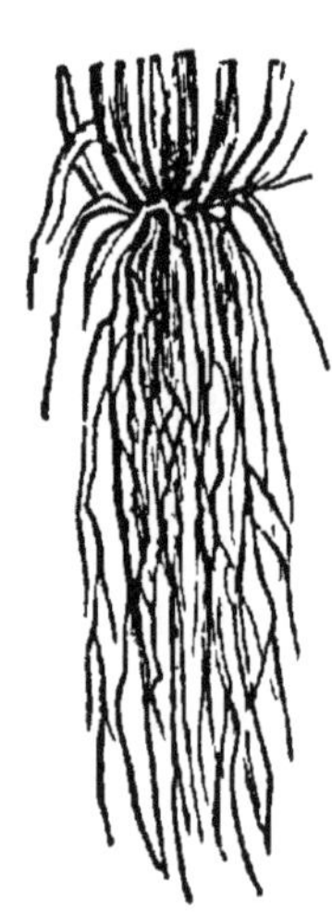

Racine de blé.

rentes, se ressemblent beaucoup entre eux par leur organisation.

Les grands arbres, comme le palmier et le chêne, ont la même constitution que la violette. Les plantes qui ne vivent que quelques mois ressemblent à celles dont la vie dure trois ou quatre cents ans.

Toutes ont une racine, une tige, des feuilles, une fleur et une graine.

La *racine* est la partie de la plante qui plonge dans le sol, car la plante doit se nourrir des sucs de la terre.

Si vous arrachez un arbre ou une herbe, vous verrez qu'il y a bien des formes de racines. Les unes s'enfoncent profondément comme un clou (carotte, betterave); les autres donnent au contraire une infinité de filaments fins comme des cheveux : c'est le cas du blé; d'autres cheminent obliquement sous la terre et souvent à de grandes distances.

Quelques racines, comme celles des carottes et des navets, peuvent servir à notre nourriture : car elles renferment des matières sucrées.

Carotte.

La *tige* fait suite à la racine, et elle est en général d'autant plus grosse et plus élevée que l'arbre est plus vieux. Quand on scie un arbre, comme le chêne ou le tilleul, on aperçoit sur la coupe des cercles concentriques. On peut, en comptant ces cercles, savoir à peu près le nombre d'années qu'a vécu cet arbre.

Coupe d'un tronc d'arbre.

La tige est recouverte d'une sorte de cuirasse appelée *écorce,* qui protège l'arbre contre le froid, la chaleur, le vent, la pluie, les coups; un arbre meurt quand on lui a enlevé toute son écorce. Les petites plantes, dont la tige est très mince, ont aussi une écorce; mais elle est très fine et ne peut se voir sans instruments grossissants.

De la tige partent des branches qui se divisent deux ou trois fois et auxquelles sont attachées des feuilles. Les *feuilles* sont les parties les plus vertes de la plante; elles sont nécessaires à sa vie; quand on arrache les feuilles d'un arbre, il meurt très vite.

Branche de pin.

En automne, beaucoup d'arbres perdent leurs feuilles, qui jaunissent et tombent. Pendant l'hiver les arbres paraissent morts; mais quand le printemps revient, les feuilles repoussent et reverdissent. Certains arbres ne perdent pas leurs feuilles en hiver. Ainsi les pins, les cèdres, les ifs, le lierre, restent verts en hiver et en été.

Enfin beaucoup de plantes, surtout les herbes, comme le blé, meurent à la fin de l'été.

Les Fleurs et les Fruits.

C'est ainsi que pousse la plante; mais il faut qu'elle se reproduise; elle le fait au moyen des fleurs, des fruits et des graines.

Les fleurs apparaissent d'abord comme de petites feuilles; puis ces petites feuilles prennent peu à peu des formes très bizarres et en même temps des couleurs variées.

Au centre de la fleur se trouve un renflement de

la tige, qui contient des graines. On l'a appelé *ovaire*, parce qu'on a comparé, non sans raison, les graines à des œufs ; la plante vient en effet de la graine, comme l'animal vient de l'œuf.

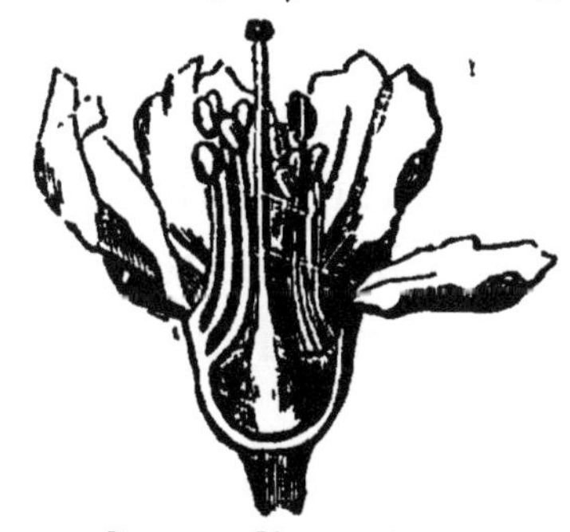

Coupe d'une fleur.

Toutes les graines des plantes qui ont des fleurs sont entourées d'une enveloppe tantôt très dure, tantôt très molle : c'est le *fruit*.

Les hommes se servent pour leur nourriture soit des fruits, soit des graines.

Si l'on prend une amande, on voit qu'elle est formée d'une partie verte charnue ; c'est le fruit. Dans l'intérieur de ce fruit est la graine, enveloppée d'une coque. On ne mange pas le fruit de l'amandier, mais seulement sa graine.

De même dans le blé le grain est enveloppé d'une petite pellicule sèche à peu près inutile. Broyée, cette pellicule donne le *son*, tandis que le grain du blé, broyé sous la meule, se réduit en une poudre fine, la *farine* dont on fait le pain.

Dans la cerise, le fruit est la pulpe charnue, savoureuse, qu'on mange ; la graine est dans le noyau.

Dans la pêche, l'abricot, la datte, c'est le fruit qu'on mange, et le noyau représente la graine avec son enveloppe.

Dans les plantes on mange donc tantôt le fruit, tantôt la graine, tantôt la racine.

Ainsi les carottes, les navets, sont des racines ou des tiges souterraines.

Les oranges, le blé, l'avoine, le riz, les melons, les

pêches, les cerises, les abricots, le raisin, la poire et la pomme sont des fruits.

Les amandes, le café, sont des graines.

Chez les plantes qui vivent à l'état sauvage, la graine tombe avec le fruit qui se pourrit. Elle est bientôt recouverte de terre humide. Alors a lieu la *germination*. La graine verdit, et la plante nouvelle se développe.

Ouvrez une amande, et vous verrez entre les deux parties de cette amande une petite tige qui semble avoir déjà une racine et une tête. Quand l'amande germe, la tige se développe, la racine s'enfonce dans la terre; les deux parties de l'amande représentent les deux premières feuilles de la nouvelle plante. C'est ainsi que se transmet d'âge en âge la vie des arbres et des plantes. La graine donne naissance à un arbre qui aura des fleurs; chaque fleur devient un fruit, c'est-à-dire une graine enveloppée d'une partie charnue, et ainsi de suite.

Les Familles de plantes.

On distingue deux grandes classes de plantes : les plantes vertes et celles qui ne le sont pas. Ces dernières sont les *champignons;* parmi les autres nous n'indiquerons que les principales : les *algues*, les *mousses*, les *arbres verts* ou *conifères*, les *palmiers* et les *graminées*.

Champignon.

Les *champignons* n'ont ni feuilles ni fleurs; ils sont en général des parasites, c'est-à-dire qu'ils vivent aux dépens d'animaux ou de plantes, soit vivants, soit morts.

Il y a des champignons de toute espèce; les uns sont comestibles, comme la morille, la truffe, le cèpe; d'autres sont extrêmement vénéneux, comme certaines variétés d'agaric. Il y en a beaucoup qu'on ne peut voir qu'au microscope. Ces tout petits champignons se reproduisent avec une rapidité extrême, de sorte qu'un seul peut, en moins d'un jour, donner naissance à plus d'un million de petits êtres semblables à lui. Ces êtres microscopiques sont répandus partout, et c'est à leur développement que sont dues beaucoup de maladies de l'homme, des animaux et même des plantes. L'oïdium de la vigne, la rouille du blé, la maladie des pommes de terre, sont dus à des champignons miscroscopiques. Enfin certains champignons, en pénétrant dans notre corps, nous rendent malades. Il faut donc se prémunir contre eux; et comme toutes les poussières que nous touchons en renferment, il est bon, pour éviter les maladies, d'observer toujours une extrême propreté.

Algues.

Les *algues* n'ont ni feuilles, ni fleurs, ni fruits; mais elles ont une couleur verte. Elles sont en général aquatiques; quelques-unes ont des dimensions immenses, et en certains endroits de l'Océan, comme la mer des Sargasses, elles s'étendent à de grandes distances. D'autres algues sont extrêmement petites.

Les *mousses* n'ont ni tiges, ni feuilles, ni fleurs; elles rampent à la surface des vieux troncs d'arbres et des rochers, et semblent n'avoir besoin pour vivre que d'un peu de poussière et d'eau.

Palmier.

Les *palmiers* sont en général de grands arbres au tronc élancé, dépourvu de rameaux et terminé par un bouquet de feuilles. Il existe aussi de petits palmiers. Celui qui porte les dattes ne croît que dans les pays chauds, c'est le dattier des oasis du Sahara; d'ailleurs, presque tous les palmiers ont besoin de chaleur.

Riz.

Au contraire, les *conifères* ou arbres verts peuvent croître même dans les pays très froids. Ils n'ont pas de fleurs bien visibles, comme en ont les cerisiers ou les rosiers; leurs feuilles sont petites et pointues et ne tombent pas en hiver. Le sapin, l'if, le cèdre, sont des arbres verts.

Pour l'homme, la famille la plus importante du règne végétal est celle des

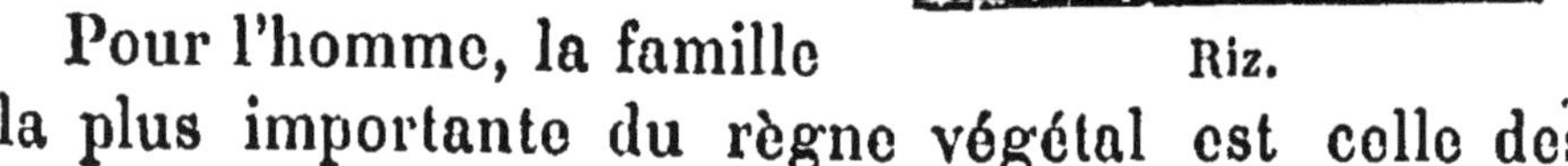

graminées. En effet, les graminées ont un grain qui contient une fécule aussi nutritive pour l'homme que pour les animaux. L'orge, le froment, l'avoine, le maïs, le riz, c'est-à-dire ce qui nourrit presque la totalité des hommes et des animaux, nous sont donnés par des graminées. Ce sont des plantes herbacées annuelles, qu'il faut donc semer chaque année en automne pour obtenir la récolte en été. Elles ont des tiges grêles avec de grandes feuilles qui enveloppent toute la tige, dont l'intérieur est creux. La tige desséchée forme la paille ; par conséquent, les graminées sont utiles, non seulement par leur grain, mais aussi par leur tige.

La Vie des plantes.

Toutes les plantes ont besoin pour vivre de trois éléments : l'air, la terre et l'eau.

Elles ont également besoin de lumière et de chaleur. Sans lumière et sans chaleur les plantes ne grandissent pas et restent pâles, sans couleur verte.

Privée d'air, une plante meurt comme un animal qui ne peut plus respirer. Les plantes ont donc une respiration qui ressemble à celle des animaux, et l'absence d'air les tue plus lentement, mais aussi sûrement qu'elle tue un chat ou un chien.

C'est la terre qui fournit à la plante les matériaux nécessaires à sa vie : pour vivre la plante doit être fixée au sol et puiser par sa racine les parties nutritives contenues dans la terre. Aussi est-il utile, quand un terrain a nourri plusieurs générations de plantes dont les racines ont retiré du sol tout ce qui était nutritif, d'y remettre du fumier. Celui-ci, contenant beaucoup d'éléments nutritifs, permet à la terre épuisée de nourrir de nouvelles générations de plantes.

L'eau est absolument nécessaire, non seulement parce que la plante privée d'eau se dessèche, mais parce que l'eau dissout, en pénétrant dans la terre, les éléments nutritifs qui alimentent la plante.

Ainsi, en résumé, pour qu'une plante vive, il faut à la fois : de l'air, pour que la respiration se fasse; une terre féconde, c'est-à-dire contenant des principes nutritifs; de la pluie, pour que la plante puise ses éléments nutritifs dans le sol; et du soleil, pour qu'il y ait de la lumière et de la chaleur, sans lesquels le végétal ne peut pas vivre.

Remarquez aussi que chaque portion de la plante a un rôle bien déterminé. Les feuilles servent à la respiration, les racines à l'alimentation. Des feuilles à la racine et de la racine aux feuilles circule dans la tige un liquide nutritif qu'on appelle la sève. La *sève* est aux plantes ce que le sang est aux animaux. Coupez transversalement l'écorce d'un arbre, par exemple l'écorce d'un figuier, et vous verrez s'écouler un liquide blanc. Si ce liquide blanc s'écoule en trop grande quantité, l'arbre meurt, comme meurt un animal dont on a retiré tout le sang.

Quant à la fleur, au fruit et à la graine, ce sont, comme on dit, des organes de *reproduction,* qui assurent la vie, non pas de la plante elle-même, mais de son espèce. Il y a donc pour les plantes comme pour les animaux des appareils de nutrition et des appareils de reproduction.

Dans quelques cas on peut reproduire un arbre sans graine : il suffit de prendre une jeune branche, de la planter dans le sol et de l'arroser d'eau ; elle forme ce qu'on appelle une *bouture*. Mais c'est un cas exceptionnel, et la plante vient le plus souvent d'une graine.

On peut aussi, dans certains cas, introduire une jeune branche dans l'entaille d'un vieux tronc ; la jeune branche pousse alors sur ce vieux tronc, et les sèves se mélangent. C'est ce qu'on appelle la *greffe*. On a remarqué que les fruits des arbres greffés sont d'un goût moins âcre que ceux des mêmes arbres à l'état sauvage. Aussi a-t-on greffé beaucoup d'arbres, comme les poiriers, les pêchers, la vigne, etc.

Greffe.

Les animaux ne pourraient pas vivre s'il n'y avait pas de plantes sur la terre, car la plupart d'entre eux se nourrissent de plantes.

Quant à l'homme, il utilise toutes les parties des plantes : le bois pour faire du feu, des maisons, des navires ; le reste pour son alimentation.

LA TERRE

A côté des êtres vivants nous trouvons dans la nature des substances inertes : pierres, sable, terre, eau.

Le sol que nous foulons aux pieds, et dont la profondeur paraît sans fin, est formé de couches successives de pierres, de terre et de sable.

Vous savez que la terre est semblable à une grande boule ronde, à la surface de laquelle habitent les hommes et les animaux; mais vous serez étonnés d'apprendre que le centre de la terre est une grande masse de feu, et que le sol que nous foulons aux pieds, si profond qu'il nous paraisse, n'est qu'une croûte de peu d'épaisseur.

Prenez une orange et comparez l'épaisseur de son écorce à la partie charnue et savoureuse de l'orange: vous aurez une idée de la croûte terrestre, solide et froide, comparée à la partie centrale qui est du feu liquide.

Si l'on pouvait creuser dans la terre un puits assez profond, on arriverait jusqu'au feu central, et par l'orifice du trou on verrait jaillir des ruisseaux de flammes. Un fait de ce genre se passe dans les volcans. Un volcan est un trou qui fait communiquer la surface terrestre avec le feu central et qui vomit par son cratère des flammes et des torrents de pierres liquides et brûlantes.

Autrefois, il y a plusieurs millions de siècles, la terre n'avait pas d'écorce solide; elle n'était qu'une boule de feu; mais cette boule de feu, se refroidissant lentement, a fini par se recouvrir d'une surface solide, formée par des couches successives de pierres d'espèces différentes.

Les Fossiles.

Les premiers animaux se sont montrés alors, et

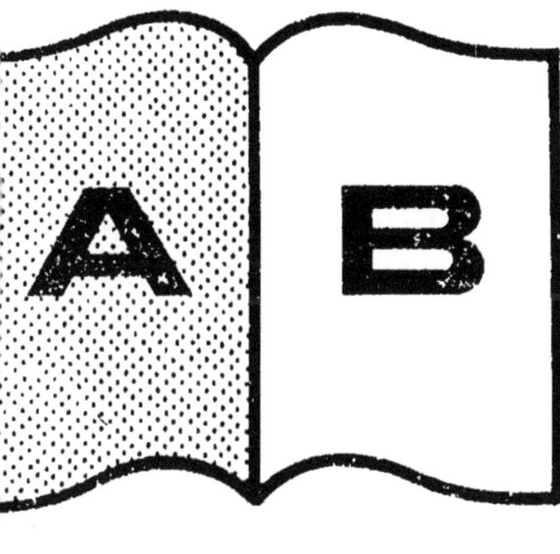

Contraste insuffisant

NF Z 43-120-14

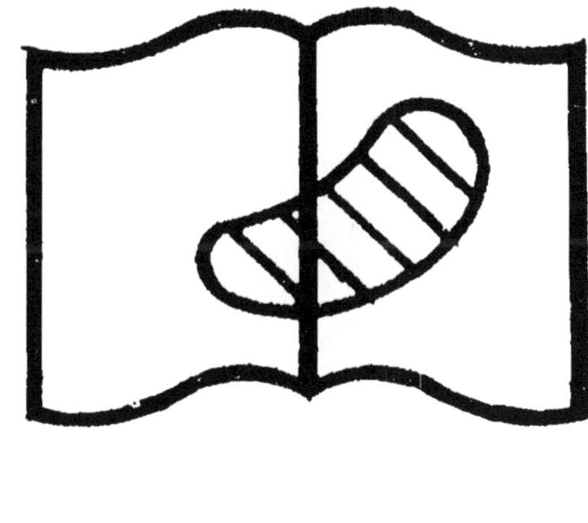

Illisibilité partielle

Valable pour tout ou partie
du document reproduit

leurs débris se retrouvent encore au milieu des couches lentement déposées. Avec le temps ces squelettes sont devenus durs comme la pierre ; quelques-uns remontent peut-être à des milliers de siècles. On les appelle des *fossiles*. Des plantes existaient en même temps que les animaux, car l'on retrouve aussi les empreintes de fossiles végétaux.

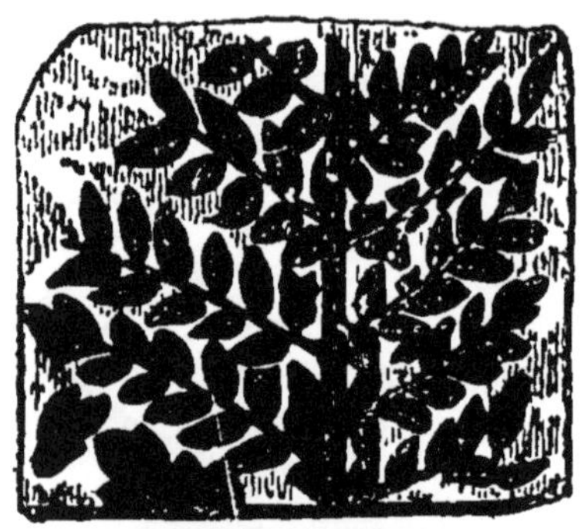

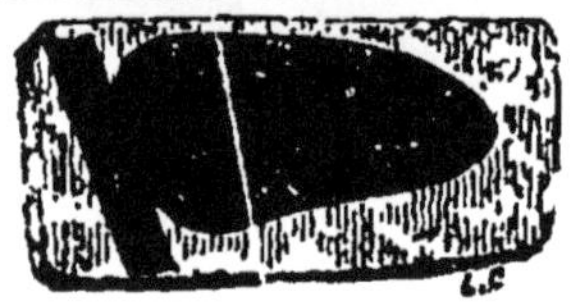

Fossiles de la houille.

Très souvent ces fossiles sont des coquilles d'animaux marins dont l'existence prouve que la mer couvrait jadis les localités où nous les découvrons. La mer occupe maintenant une étendue bien inférieure à celle qu'elle occupait autrefois.

On s'est assuré que beaucoup d'animaux qui existaient jadis ont maintenant complètement disparu. En faisant des fouilles dans la terre, on trouve en effet des fossiles qui ne ressemblent pas aux animaux d'aujourd'hui. De même, beaucoup de nos animaux actuels n'existaient pas autrefois : car on ne retrouve pas leurs squelettes fossiles.

Ainsi, non seulement la forme des mers et des terres a changé complètement, mais en outre les espèces animales qui vivaient alors et qui vivent aujourd'hui ne sont plus les mêmes. Il y avait autrefois sur la terre des animaux étranges qui ont disparu, et dont il ne nous reste que les squelettes fossiles enfouis dans le sol.

Le Charbon de terre.

En quelques pays, les végétaux fossiles constituent des dépôts d'une épaisseur considérable, occupant l'emplacement d'anciennes forêts. Les débris de vé-

Intérieur d'une mine.

gétaux se sont entassés les uns au-dessus des autres, de manière à ne plus former qu'une immense couche, et ils constituent ce qu'on appelle la houille ou le charbon de terre.

Lorsque l'on fait du feu avec du charbon de terre,

c'est comme si l'on faisait du feu avec du bois; seulement, au lieu d'avoir du bois coupé récemment, on a du bois qui s'est amassé il y a des millions d'années à la surface du sol.

Les mines de houille fournissent chaque année à l'industrie d'immenses quantités de charbon pour faire marcher les machines ou pour entretenir le feu. Les mines de houille d'Angleterre sont d'une richesse extrême; la France et l'Allemagne possèdent également des mines, mais leur importance est bien inférieure à celle des mines anglaises.

Les Terrains.

Au-dessus du charbon, et dans le charbon même,

Fossiles.

on retrouve d'autres squelettes fossiles. Quelques-uns sont immenses, car les animaux d'autrefois semblent avoir tous été plus grands que nos animaux d'aujourd'hui ; mais on ne trouve pas dans ces anciens vestiges trace de l'existence de l'homme. Il semble que l'homme n'ait apparu que plus tard.

Voici comment on peut comprendre la formation de la terre. La terre a été d'abord une boule de feu roulant dans l'espace. Mais, cette boule se refroidissant chaque jour, la surface s'est solidifiée; puis l'eau est apparue, et, en même temps que l'eau, des plantes et des animaux. Puis de nouvelles couches ont sans cesse recouvert les anciennes, et les cadavres des animaux et des plantes s'y trouvent conservés.

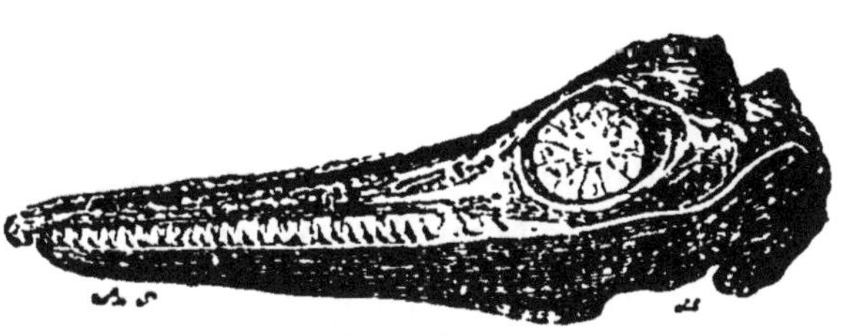

Fossile.

Aussi la forme des continents et des mers est-elle certainement aujourd'hui bien différente de ce qu'elle fut jadis. Ce que nous croyons immuable est en réalité très changeant. Les vents, les pluies, les tempêtes, rongent les montagnes, et les débris de ces montagnes, roulant dans les fleuves, vont s'amasser dans les mers, qu'ils tendent à combler. A l'embouchure des fleuves se déposent des couches de boue et de sables qui forment de nouveaux terrains.

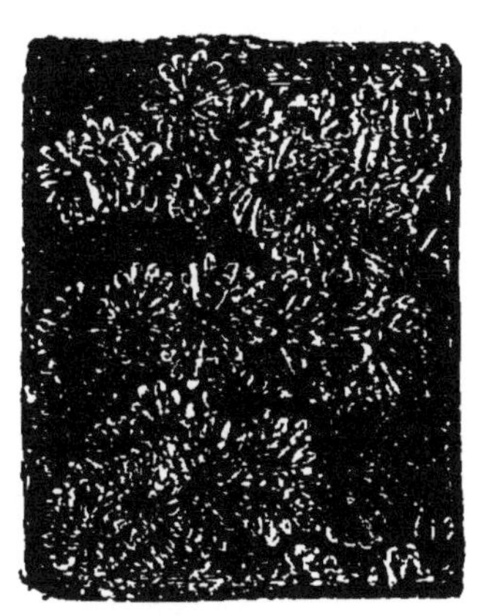

Fossile (plantes).

De même, le feu central qui bouillonne sous l'écorce terrestre tend sans cesse à soulever la mince écorce qui le recouvre, et fait apparaître parfois des montagnes, des volcans, qui changent la forme du globe.

Les terrains très anciens sont formés uniquement de roches dites *éruptives*, provenant du feu central. Ces terrains, remaniés par les eaux, ont été recouverts par d'autres terrains appelés *sédimentaires*, où sont renfermés les fossiles ; plus haut enfin se trouve le terrain tout à fait superficiel, qu'on appelle terre végétale ou terre arable, dans laquelle peuvent pousser les arbres.

Quelquefois, au milieu des terrains anciens et moyens, on aperçoit des traînées d'une nature toute spéciale appelées *filons*. On exploite ces filons pour en tirer du cuivre, du plomb, du fer, de l'argent, de l'or.

PHYSIQUE

La physique est l'étude des corps au point de vue de leurs propriétés générales.

La Pesanteur.

Tous les corps retombent sur le sol lorsqu'ils sont lancés en l'air. C'est une propriété générale et dont l'étude appartient par conséquent à la physique. Tous les corps sont pesants, c'est-à-dire qu'ils tendent tous à tomber, les plus légers comme les plus lourds. S'il n'y avait pas d'air, tous les corps tomberaient également vite, une plume aussi vite qu'un morceau de plomb.

La force qui attire ainsi les corps vers le sol s'appelle la *pesanteur*.

En 1638, Galilée a découvert la pesanteur de l'air, et, quelques années après, Torricelli et Pascal ont montré à leur tour que le poids de la couche d'air qui enveloppe la terre est égal à celui d'une colonne d'eau de dix mètres, ou d'une colonne de mercure, métal très lourd, de soixante-seize centimètres de hauteur.

Quand on gravit une montagne ou que l'on s'élève dans les airs en ballon, on diminue la hauteur de la colonne d'air supérieure et l'on réduit en même temps sa pression.

Le *baromètre* permet de mesurer cette pesanteur de l'air. Il monte quand la pression augmente, et baisse dans le cas contraire. Les variations du baromètre permettent de prévoir le temps. On a remarqué, en effet, que plus l'air est pesant, plus le temps est beau, et qu'en général les pluies et les tempêtes correspondent à une diminution de poids de la colonne d'air située au-dessus de notre tête.

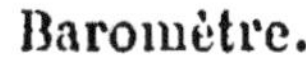

Baromètre.

On appelle *densité* d'un corps le poids de l'unité de volume de ce corps. Tous les corps n'ont pas la même densité. Par exemple, voici quatre boîtes tout à fait semblables ; je laisse la première vide, c'est-à-dire pleine d'air, et je remplis la seconde d'eau, la troisième de plomb, et la quatrième d'or. Les poids seront différents. Ainsi la densité de l'air est moindre que celle de l'eau, celle de l'eau moindre que celle du plomb, celle du plomb moindre que celle de l'or.

Un corps solide plongé dans un liquide tombe au fond quand sa densité est supérieure à celle du liquide ; il surnage dans le cas contraire. Un morceau de plomb jeté dans l'eau s'enfonce, parce que sa densité est plus forte que celle de l'eau. Un morceau de bois surnage, parce que sa densité est plus faible. Un bateau peut être chargé de matériaux jusqu'à ce que le poids total de la coque du navire et des matériaux qu'il porte devienne égal à celui de l'eau déplacée par la coque entière. Une augmentation de charge ferait couler le bateau.

Les Ballons.

L'invention des ballons est de date assez récente. En 1783, un Français, nommé Montgolfier, a imaginé de gonfler des ballons avec de l'air chaud, et ces ballons se sont élevés dans les airs. L'air chaud est en effet plus léger que l'air froid; un ballonqui enest rempli est dans la même situation qu'un bouchon au fond de l'eau : il doit monter pour surnager. Depuis cette époque on a inventé d'autres moyens pour gonfler les ballons, et on les remplit avec un

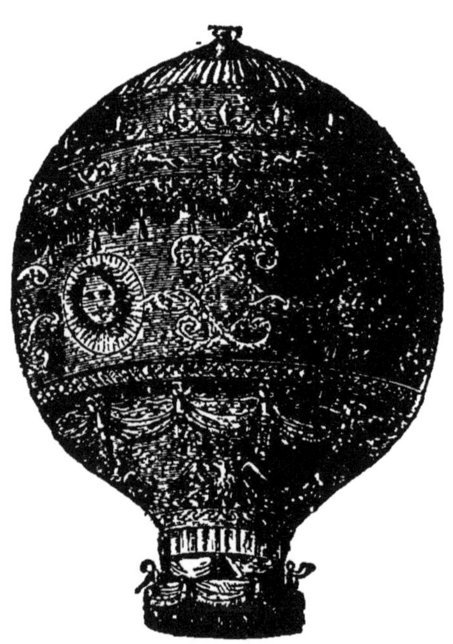

Montgolfière.

gaz plus léger à froid que l'air, le gaz d'éclairage. L'enveloppe du ballon est recouverte d'un filet à larges mailles auquel est suspendue la nacelle, sorte de panier dans lequel des hommes prennent place. Le ballon peut enlever d'autant plus d'hommes qu'il est plus grand ; mais comme il perd toujours du gaz, une ascension en ballon ne peut pas durer beaucoup plus d'un jour. On monte en jetant par-dessus bord du lest, c'est-à-dire des sacs de sable que les voyageurs ont emportés dans la nacelle. On descend en laissant partir du gaz.

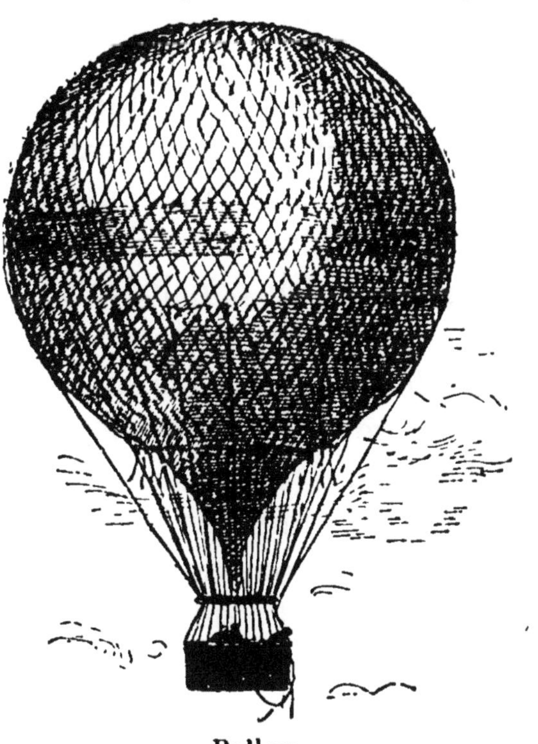

Ballon.

Des aéronautes ont osé s'élever jusqu'à huit mille mètres, c'est-à-dire aussi haut que les plus hautes montagnes ; à cette altitude l'air n'est presque plus respirable, et l'homme s'expose à mourir par privation d'air.

Le problème de la direction des ballons préoccupe depuis très longtemps les savants. Des expériences toutes récentes ont donné des résultats satisfaisants, sans que toutefois la question puisse être considérée comme résolue.

Les oiseaux, bien que plus lourds que l'air, s'élèvent dans l'atmosphère ; ils se servent de leurs ailes comme de rames et peuvent ainsi franchir de grandes distances.

L'Attraction.

La pesanteur, à la surface de la terre, peut s'expliquer par la loi de l'*attraction universelle.*

L'énoncé du principe de l'attraction universelle est le suivant : Toute substance matérielle attire à elle une autre substance matérielle, et cette attraction est d'autant plus forte que la masse de la substance attirante est plus considérable. La terre, dont la masse est immense, attire à elle tous les corps qui sont à sa surface. Une pierre lancée en l'air retombe attirée par la terre, dont la masse est beaucoup plus grande que la sienne.

A leur tour les astres attirent la terre. De toutes ces attractions auxquelles est soumise la terre, la plus forte est celle du soleil. La terre tomberait donc sur le soleil, si elle n'était entraînée autour de lui par un mouvement de rotation.

La lune est attirée par la terre comme la terre est attirée par le soleil : car la lune est plus petite que la terre. Il faudrait plus d'un million de terres pour faire un soleil, et cinquante lunes pour une terre. Attirée par la terre, la lune tourne autour de la terre et accompagne celle-ci pendant sa rotation autour du soleil.

On voit par ces exemples que la pesanteur, c'est-à-dire la force qui entraîne tous les corps vers la surface terrestre, est un cas particulier de l'attraction universelle.

Les grands savants qui ont découvert toutes ces lois sont : Archimède, Galilée, Pascal, Kepler, Newton et Laplace. Archimède, philosophe grec qui vivait en Sicile il y a plus de deux mille ans, a découvert les lois en vertu desquelles les corps surnagent ou s'enfoncent dans l'eau. Galilée a inventé la lunette qui permet d'observer les astres. Pascal, illustre géomètre français, a étonné le monde par la précocité de son intelligence, et démontré, à l'âge de vingt ans, la pesanteur de l'air et l'existence de la pression atmosphérique. Kepler, astronome allemand, a donné les lois de la rotation de la terre autour du soleil et de la lune autour de la terre. Newton, savant anglais, a établi, il y a cent cinquante ans, le principe de l'attraction universelle et de la pesanteur, et enfin il n'y a pas encore tout à fait cent ans que Laplace, astronome français, a conçu le système du monde et des forces physiques de la nature.

La Chaleur.

Vous savez tous ce qu'est la chaleur. Tous les corps possèdent une certaine température : les uns sont chauds, les autres sont froids. La chaleur est la force qui fait passer un corps de l'état de froid à l'état de chaud.

Le premier effet de la chaleur sur les corps est d'augmenter leur volume, autrement dit de les dilater. Une barre de fer chauffée augmente de longueur a mesure qu'on l'échauffe ; de même, si on la refroidit, elle se raccourcit. Les liquides se comportent comme les barres de fer, c'est-à-dire que, si on les chauffe, ils se dilatent; si on les refroidit, ils diminuent de volume.

Enfermons de l'eau dans un long tube de verre, de manière qu'on puisse y noter le niveau de l'eau; en l'échauffant, on verra la colonne monter; en la refroidissant, on la verra descendre. C'est le principe du thermomètre.

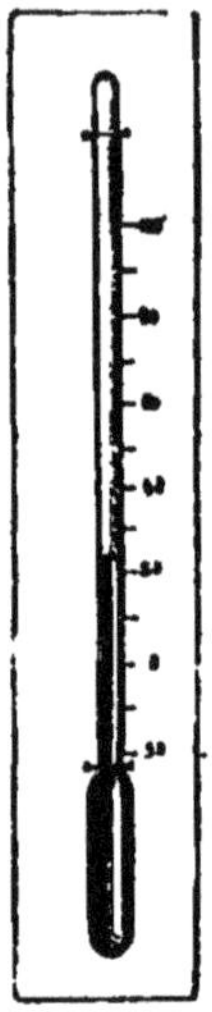

Thermomètre.

Le thermomètre a été imaginé par Galilée. Le principe de cet appareil repose précisément sur la dilatation des corps par la chaleur et sur leur contraction par le froid. Le thermomètre se compose d'un réservoir en verre très mince surmonté d'un tube fin. On remplit le réservoir de mercure et l'on s'arrange de façon que le niveau se trouve dans le tube. Grâce à la finesse de celui-ci, il suffit de chauffer très peu le mercure pour que son niveau monte beaucoup dans le tube. On peut alors savoir, en regardant la hauteur de la colonne de mercure, si l'on a affaire à un corps chaud ou froid. Si la température est élevée, le mercure s'élève; il descend si la température est basse.

Comme il fallait prendre pour tous les thermomètres un point de départ fixe, on a adopté la température de la glace fondante. En effet, la glace fond à une température qui est toujours la même, et que l'on appelle le *zéro* du thermomètre. D'autre part, on a appelé *cent* la température, également fixe, de l'eau bouillante.

Entre *zéro* et *cent* il y a donc une longue colonne du tube de verre indiquant toutes les températures comprises entre celles de la glace fondante et de l'eau bouillante. On a divisé le tube en cent parties égales, que l'on appelle les degrés de température du thermomètre.

Cette graduation a été adoptée dans presque tous les pays, et quand on dit que la température est de 20, 30 ou 40 degrés, cela est compris par tout le monde.

Il ne faut donc pas confondre le thermomètre et le baromètre. Le baromètre indique la pesanteur de l'air à la surface de la terre; le thermomètre indique la température, qui est mesurée par la dilatation plus ou moins grande du mercure dans un tube.

La chaleur produit d'autres effets que des dilatations; elle peut faire passer les corps par trois états différents; l'état solide, l'état liquide et l'état gazeux. Exemple : l'eau est un liquide, le soufre est un solide, l'air est un gaz. Mais prenons du soufre et chauffons-le, nous le verrons fondre et devenir aussi liquide que l'eau. Chauffons-le plus encore; à une température très haute le soufre disparaîtra, il se réduira en vapeur, et il ne restera plus qu'un gaz. De même, prenons de l'eau et refroidissons-la; elle deviendra de la glace, c'est-à-dire un corps aussi solide que le fer et le plomb. Dans les pays du nord, en hiver, l'eau des fleuves et des rivières est complètement transformée en glace, et cette glace est assez forte pour supporter de lourdes voitures; on peut même construire des maisons et des canons en glace. Mais, quand la température monte et atteint précisément le point que nous avons appelé le zéro du thermomètre, la glace fond et redevient liquide; c'est l'eau, que vous connaissez. Cette eau est le même corps que la glace, mais son état est différent. Chauffons-la, et elle se mettra à bouillir, c'est-à-dire à prendre la forme de gaz. Cependant l'eau existera toujours, mais à l'état de vapeur invisible répandue dans l'air.

Il n'est pas jusqu'à l'air, au milieu duquel nous vivons, qui ne puisse être liquéfié. Il suffit pour cela de le refroidir considérablement; il commence par diminuer beaucoup de volume, puis devient liquide absolument comme l'eau. Un refroidissement encore plus intense lui ferait prendre l'état solide.

Tous les corps tendent à communiquer leur chaleur aux corps voisins : c'est ce qu'on appelle le *rayonnement*. Ainsi une boule d'eau chaude rayonne. Une boule d'eau froide rayonne aussi, mais elle rayonne du froid, tandis que la boule d'eau chaude rayonne de la chaleur. Le soleil nous communique ainsi sa chaleur par rayonnement, et si à la surface de la terre nous n'avions pas la chaleur du soleil, le froid serait terrible.

Lorsqu'un corps est chaud, sa chaleur peut se transmettre, plus ou moins facilement suivant sa nature, aux corps qui le touchent: c'est ce qu'on appelle *conduire* la chaleur. Certaines substances la conduisent bien, comme le fer, le plomb, le cuivre et les métaux en général. Si une barre de fer est chaude à un bout, l'autre bout s'échauffera très vite, parce que le fer conduit bien la chaleur. Au contraire, d'autres substances, comme le bois, l'ivoire, la laine, conduisent mal la chaleur, et l'on peut tenir à la main sans se brûler le bout d'un morceau de bois chauffé à l'autre extrémité, tandis qu'il serait impossible de le faire avec une barre de fer. L'air conduit mal la chaleur, l'eau la conduit mieux ; c'est pour cela qu'on n'a pas froid quand la température de l'air est à 20 degrés, tandis qu'on mourrait bientôt de froid si l'on restait dans l'eau à 20 degrés.

Il y a deux cents ans, un Français nommé Papin a imaginé de faire bouillir de l'eau dans un vase fermé.

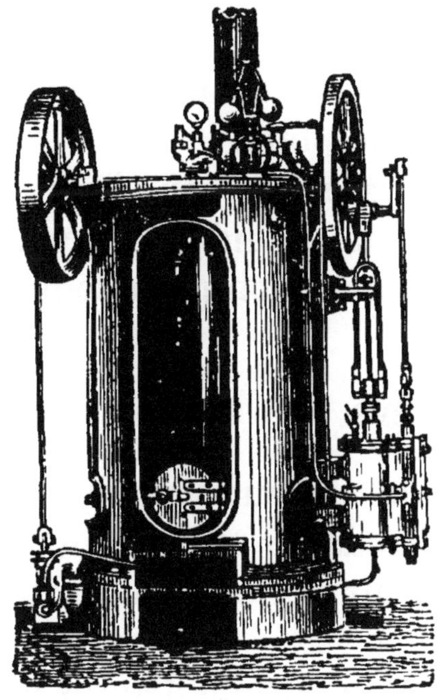

Machine à vapeur.

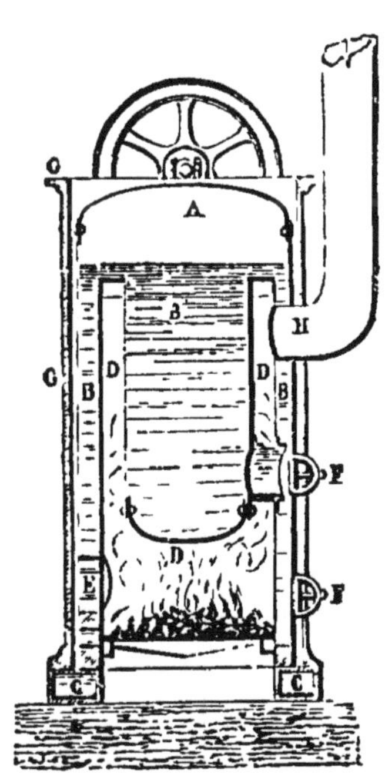

Coupe de la même machine.

Comme l'eau en bouillant tend à prendre l'état gazeux et à occuper par conséquent une très grande place, sa vapeur acquiert, en se produisant dans un vase clos, une force considérable qui tend à faire éclater le vase, et qui le ferait certainement si le vase n'était pas très solide ou si l'on continuait à chauffer. C'est là le principe de toutes les machines à vapeur, locomotives des chemins de fer ou chaudières des bateaux à vapeur. Ces machines ont toutes une chaudière dans laquelle on chauffe de l'eau qui tend à devenir de la vapeur et à occuper un très grand espace; elle pousse le piston de la machine et fait tourner la roue. L'action continue jusqu'à ce qu'il n'y ait plus d'eau dans la chaudière ou plus de feu sous celle-ci.

La vapeur d'eau qui s'échappe d'une chaudière est dispersée dans l'air et s'ajoute à celle qui s'y trouve déjà. Si la température s'abaisse, l'eau, qui est à l'état de vapeur dans l'air, reparaît sous la forme liquide en gouttes de rosée ou de pluie.

On peut aussi conduire la vapeur d'eau dans un vase froid, où l'eau revient à l'état liquide et retombe sous la forme de gouttes; cette opération porte le nom de distillation.

La Lumière.

Les corps qui émettent de la chaleur sont souvent lumineux; tous les corps chauds ne sont pas lumineux, mais tous les corps lumineux ont un certain degré de chaleur.

La lumière se propage en ligne droite d'après des lois rigoureusement démontrées. Elle chemine avec une vitesse prodigieuse, dont nous ne pouvons guère nous faire une idée. Supposez un cheval allant cent fois plus vite que le cheval le plus rapide, il lui faudrait bien plus d'une année pour parcourir l'espace que la lumière franchit en une minute.

Le Son.

La lumière frappe notre œil, et le son frappe notre

oreille. La transmission du son dans l'air est beaucoup plus lente que celle de la lumière. Ainsi, quand un coup de fusil est tiré dans le lointain, on a déjà vu depuis quelques secondes la fumée et la lumière quand on entend le bruit.

Dans les orages, on voit l'éclair bien longtemps avant d'entendre le coup de tonnerre qui l'accompagne. C'est que la vitesse de la lumière est tellement grande que nous voyons l'éclair au moment où il se produit, tandis que le bruit met un temps assez considérable à nous parvenir.

Propagation du son.

Si nous supposons un cheval allant soixante fois plus vite qu'un cheval ordinaire, nous aurons à peu près la vitesse du son.

Le son se propage dans l'eau et dans les corps solides comme à travers l'air. Ainsi, quand on met l'oreille au bout d'une longue poutre de bois, on perçoit distinctement le bruit d'une épingle grattant l'autre extrémité de cette poutre.

Le son, comme la lumière, passe à travers les corps ; mais quelquefois les corps renvoient le son : cette réflexion constitue l'écho.

La musique est produite par des sons particuliers dus tantôt à des cordes vibrantes, comme dans les violons, les pianos ; tantôt à des vibrations de l'air, comme dans les trompettes et les flûtes, etc.

La guitare, le violon, sont des instruments à *cordes*, tandis que la trompette et la flûte sont des instruments à *vent*.

Le son est aigu lorsque les vibrations de l'air sont très rapprochées les unes des autres. Il est grave, sourd ou bas, dans le cas contraire.

Éclair.

L'Electricité.

L'électricité est une force qui ressemble à la lumière au point de vue de la vitesse avec laquelle elle se propage.

Mais, tandis que la lumière se propage dans les corps transparents, l'électricité ne se propage que dans les corps dits bons conducteurs de l'électricité, c'est-à-dire les métaux. Ainsi un morceau de bois ou de verre ne transmet pas l'électricité, tandis qu'un fil de fer ou de cuivre la conduit à des distances prodigieuses, et presque instantanément.

En général, les corps qui conduisent bien la chaleur conduisent bien également l'électricité.

Lorsque l'électricité passe dans le corps humain, elle produit une violente secousse, et quand il y a beaucoup d'électricité, la secousse est tellement forte qu'elle peut donner la mort. Le tonnerre et l'éclair ne sont autre chose qu'une décharge électrique formidable. Le tonnerre est le bruit de la décharge, l'éclair en est la lumière. Il se dégage en même temps une quantité considérable de chaleur qui peut incendier des maisons ou des meules de blé. Les hommes ou les animaux sont foudroyés instantanément par le passage de la décharge.

L'Aimant.

L'aimant est une sorte de pierre électrique naturelle composée en grande partie de fer, et qu'on trouve dans certaines mines. Il possède cette propriété curieuse d'attirer à lui les petits morceaux de fer. Ainsi, si vous placez un aimant à côté d'un objet en fer, celui-ci sera attiré par l'aimant et il s'y collera avec assez de force pour qu'on ait quelque peine à le détacher.

L'aimant possède une autre propriété tout à fait

remarquable ; il se dirige toujours vers un des pôles de la terre. La terre a deux pôles, le pôle nord et le pôle sud ; si l'on place une aiguille aimantée de telle sorte qu'elle puisse se mouvoir librement sur un pivot, une des extrémités de l'aiguille — et toujours la même — se dirige vers le nord.

Boussole.

Les voyageurs qui naviguent sur l'immensité des mers sans voir le rivage, ne peuvent connaître leur route d'une manière certaine qu'au moyen de l'aimant ; car l'aimant, se dirigeant toujours dans le même sens, indique, par cela même, nettement la route. Cet aimant directeur a été appelé la *boussole*. Elle a été imaginée il y a un peu plus de quatre cents ans ; et c'est grâce à cette invention que les navigateurs européens ont pu traverser l'Océan et découvrir l'Amérique.

Le Télégraphe.

On peut, avec l'électricité, fabriquer un aimant artificiel ; il suffit pour cela de faire passer un courant électrique autour d'un morceau de fer. Tant que l'électricité passe, le fer possède les propriétés d'un aimant ; il cesse d'en être un quand l'électricité ne passe plus.

C'est sur ce principe qu'est fondé le télégraphe électrique. Supposez une ville, comme Paris, reliée à Marseille par un fil métallique dans lequel circule un courant électrique. Supposez encore qu'à Marseille le fil électrique enveloppe un morceau de fer. Il l'aimantera, et l'aimant artificiel ainsi produit attirera une pièce de fer, et cessera de l'attirer quand

Appareil télégraphique.

il n'y aura plus d'électricité. Par conséquent, un individu placé à Paris, selon qu'il fera ou ne fera pas passer le courant électrique dans le fil, attirera ou n'attirera pas la pièce de fer qui est à Marseille. On comprend tout de suite qu'on puisse ainsi établir de Paris à Marseille des conversations par des signaux convenus à l'avance. Il faut, en résumé, pour le télégraphe électrique, une source d'électricité à

Paris, un fil métallique qui conduit l'électricité de Paris à Marseille, et à Marseille un morceau de fer enveloppé par le fil, qui est tantôt traversé, tantôt non traversé par l'électricité.

Des télégraphes électriques relient entre elles toutes les grandes villes du monde. Les fils peuvent même traverser les mers; il en existe entre l'Europe et l'Amérique.

On a imaginé, il y a quelques années, un appareil nommé *téléphone,* qui transmet la parole. Dans cet appareil, les vibrations d'un aimant se transmettent, au moyen d'un fil électrique, à un autre aimant et reproduisent la parole.

La découverte du courant électrique date de la fin du siècle dernier; elle est due à deux hommes illustres nés en Italie, Volta et Galvani. Un peu avant eux, Franklin, citoyen américain, avait inventé le paratonnerre, qui attire sur lui la foudre et empêche le tonnerre de tomber sur les maisons et sur les hommes. Ampère en France, Œrsted en Danemark, Ohm en Allemagne et Faraday en Angleterre ont complété la découverte de Volta et de Galvani en établissant les lois du courant électrique, et c'est à eux tous que nous devons être reconnaissants des faits connus aujourd'hui.

CHIMIE

La nature renferme des corps simples et des corps composés. On décompose les seconds et non les premiers.

Ainsi, quand on chauffe fortement de la craie dans un four à chaux, on y retrouve de la *chaux,* et il s'échappe dans l'atmosphère un gaz, l'*acide carbonique*. C'est que la craie est *un corps composé* que la chaleur décompose.

Prenez au contraire du cuivre. Quoi que vous fassiez, ce cuivre restera toujours cuivre ; il pourra s'unir à d'autres corps, mais ce sera toujours du cuivre qu'on retrouvera. Car le cuivre est un corps simple, tandis que la craie est un corps composé.

La *chimie* est l'étude de ces corps et de leurs combinaisons.

Les Corps simples.

Les corps simples peuvent être solides, liquides ou gazeux.

Les métaux sont des corps simples, comme le fer, le cuivre, le plomb, l'argent, l'or, l'étain, le zinc, le mercure. Le soufre et le charbon sont aussi des corps simples. L'air que nous respirons est le mélange de deux gaz simples : l'un nécessaire à la vie et qui entretient la flamme, on l'a appelé *oxygène ;* l'autre s'appelle l'*azote* et ne semble pas servir à la respiration ou à la flamme. Il y a dans l'air quatre fois plus d'azote que d'oxygène.

Quoique invisibles, l'azote et l'oxygène existent cependant ; ce sont des corps matériels, des gaz qui peuvent agir sur les différents corps.

La Flamme.

L'oxygène, en particulier, sert à la respiration et à la combustion. Ce fait a été démontré par un Français, Lavoisier, dont la gloire est égale à celle des plus grands hommes. Lavoisier a prouvé que le charbon ne brûle pas dans l'azote, et qu'il brûle dans l'oxygène. Brûler, ce n'est autre chose qu'une action chimique, et un corps brûle quand il se combine à l'oxygène. Le charbon qui a brûlé dans l'oxygène a changé d'état; il n'est plus à l'état de charbon pur, mais à l'état de combinaison avec l'oxygène. L'union intime de ces deux corps simples est un gaz qui se répand dans l'atmosphère, l'*acide carbonique.*

Quant à ce dernier, puisque c'est un corps composé, on peut le décomposer et retrouver alors exactement tout le charbon brûlé.

Donc, dans la nature il n'y a jamais destruction des corps simples ; il y a désagrégation des corps composés ou combinaison de corps simples. Les corps simples restent toujours en quantité invariable, et le poids du charbon répandu actuellement dans la nature est rigoureusement le même que celui qui s'y trouvait il y a cent mille ans.

L'Air et l'Eau.

Les animaux et les plantes contiennent du charbon, et ils brûlent dans l'oxygène comme ce dernier. Toutes les fois que nous respirons, nous faisons entrer dans nos poumons une certaine quantité d'air, dont l'oxygène brûle une partie du charbon de notre corps et donne de l'acide carbonique. Si l'on met un homme ou un animal dans un endroit où il n'y a pas d'oxygène, ils périssent rapidement, car ils ne peuvent plus respirer.

Ainsi, les animaux vivants dégagent de l'acide carbonique et absorbent de l'oxygène. La respiration ressemble tout à fait à une combustion.

On peut ainsi comparer la vie des animaux à une flamme qui brûle tant qu'il y a de l'oxygène ; mais, dès que l'oxygène fait défaut, la flamme s'éteint ou la vie disparaît.

Beaucoup de corps, simples ou composés, peuvent brûler dans l'oxygène. Ainsi le charbon donne en brûlant un composé de charbon et d'oxygène, qui est l'acide carbonique ; le soufre donne un composé de soufre et d'oxygène, l'acide sulfureux. Le phosphore donne des fumées blanches d'acide phosphorique, composé de phosphore et d'oxygène. En général, les métaux ne brûlent dans l'oxygène que si la température est très haute. Ainsi, dans un fourneau porté à une température très élevée, le fer, le mercure, le plomb, le zinc, brûlent en donnant des composés du métal avec l'oxygène.

L'eau n'est pas un corps simple ; c'est la combinaison de l'oxygène avec un autre gaz, l'*hydrogène*. Ainsi, en brûlant de l'hydrogène on obtient de l'eau ; de même, en décomposant l'eau on obtient à la fois de l'oxygène et de l'hydrogène.

Tous ces corps divers se combinent, se décomposent, se transforment incessamment ; mais, à travers leurs modifications, ces corps simples restent toujours semblables à eux-mêmes. L'oxygène, quoi qu'on fasse, reste toujours oxygène ; le charbon, même dans les corps composés les plus compliqués, reste toujours du charbon. Au contraire, si l'on prend un corps composé, comme l'acide sulfureux, on pourra le détruire et retrouver les deux corps simples qui entrent dans sa composition, le soufre et l'oxygène.

Les corps des animaux et des plantes contiennent tous quatre corps simples : le charbon, qui est solide ; l'hydrogène, l'azote et l'oxygène, qui sont gazeux.

LES ÉLÉMENTS ET LA VIE DES ANIMAUX

Quoique très différents entre eux, tous les animaux se ressemblent au point de vue de leur vie considérée en général. Ils naissent, vivent et meurent à peu près de la même manière.

De plus, les tissus qui forment leur corps se ressemblent à ce point qu'il est difficile de les distinguer. La chair du chien, celles de l'homme, de l'oiseau, du poisson, ont toujours la même structure élémentaire.

L'*anatomie* est la science qui étudie la forme des parties élémentaires du corps appelées tissus ; la *physiologie* enseigne le rôle et la fonction de ces tissus.

La Digestion.

Tous les animaux, vertébrés ou invertébrés, possèdent un tube digestif, c'est-à-dire un canal qui traverse le corps et où sont introduits les aliments.

La *bouche* est l'orifice supérieur du tube digestif ; elle est garnie de *dents* qui servent à mâcher les aliments, lesquels passent ensuite dans la seconde portion du tube digestif, l'*estomac*. Dans l'estomac les ailments sont imbibés de liquides, mélangés en tous sens, de manière à former une pâte liquide ou à peu près liquide. Puis l'estomac se vide, et cette pâte liquide descend dans l'*intestin*.

Dans l'intestin, la pâte liquide alimentaire se transforme de nouveau et passe en grande partie dans le sang à travers les parois de l'intestin ; il ne reste que les débris inutiles à l'alimentation, qui sont rejetés à l'état d'excréments.

Pour opérer ces actions chimiques, qui consistent à dissoudre, ramollir et désagréger nos aliments, il faut des liquides très actifs que sécrètent des glandes. Dans la bouche on trouve les glandes salivaires, dans l'estomac les glandes gastriques, dans l'intestin les glandes intestinales, et dans le ventre, à côté des glandes intestinales, une petite glande qu'on appelle le pancréas, qui produit du liquide pancréatique, et une autre glande très grosse, le foie, qui sécrète la bile. Ainsi la salive, le suc gastrique, le liquide intestinal, le suc pancréatique, la bile, unissent leurs effets, et tous contribuent à la digestion de nos aliments.

En outre, l'estomac et l'intestin sont munis de muscles puissants, qui font progresser les aliments humectés et dissous par les liquides digestifs.

Les animaux supérieurs ne peuvent vivre longtemps sans manger ; vous allez facilement comprendre pourquoi.

Nous avons dit tout à l'heure que la vie est une flamme ; mais, pour qu'il y ait flamme, il faut à la fois un objet qui brûle, comme le charbon, et de l'air pour le faire brûler. Il n'y a donc pas de flamme possible si l'un ou l'autre de ces deux corps fait défaut. Dans la machine animale, l'objet qui brûle est représenté par du charbon, de l'azote et de l'hydrogène. Si nous n'en introduisons pas dans notre corps, c'est-à-dire si nous ne mangeons pas, la flamme s'éteint. Ainsi un animal meurt, soit quand les aliments lui font défaut, c'est-à-dire quand il n'a plus de charbon et d'hydrogène à brûler, soit quand l'air lui fait défaut, c'est-à-dire quand on lui supprime l'oxygène.

Mais un animal supporte bien plus longtemps la privation d'aliments que la privation d'air. Privés d'air, un chien, un homme, un lapin, meurent en deux ou trois minutes, tandis que privés d'aliments ils peuvent encore vivre plusieurs jours. On a vu des hommes rester sans manger trois semaines et ne pas mourir. Il faut au moins trente ou quarante jours pour faire mourir de faim un chien. Quant aux animaux à sang froid, ils supportent la privation d'aliments pendant un temps beaucoup plus long encore. Ainsi des tortues peuvent rester près de deux ans sans prendre de nourriture.

Les aliments sont, en général, transformés dans le corps; il y en a pourtant qui passent sans être modifiés. Ils n'en sont pas moins utiles et indispensables. Au nombre de ces derniers, il faut ranger l'eau et le sel. L'eau n'est certainement pas modifiée dans le corps, et cependant nous en avons besoin pour réparer les pertes en eau que nous faisons chaque jour. De même pour le sel. Nous en rejetons constamment par l'urine, par la sueur, par les larmes; nous avons par conséquent besoin d'en prendre dans nos aliments.

Les Aliments.

Nous avons dit plus haut que le corps des animaux est composé d'azote, de charbon, d'hydrogène et d'oxygène. Tous les aliments contiennent ces substances. On a classé les aliments en quatre groupes : aliments minéraux qui traversent le corps sans se modifier, aliments gras, aliments sucrés et aliments azotés.

Les graisses ou aliments gras sont des corps composés de charbon, d'hydrogène et d'oxygène. Ils brûlent bien, ne se mélangent pas avec l'eau et sont dissous dans l'intestin par un liquide particulier.

Les aliments sucrés renferment, comme les graisses, du charbon, de l'hydrogène et de l'oxygène. Les féculents ressemblent beaucoup au sucre. Ainsi le riz, la farine, le maïs, les pommes de terre, sont des aliments sucrés. C'est la salive et les liquides de l'intestin qui les transforment.

Les graisses et les sucres donnent en brûlant de l'acide carbonique et de l'eau.

Mais les aliments minéraux, gras et sucrés ne suffisent pas à la vie ; il faut encore des aliments azotés, c'est-à-dire des substances ressemblant au blanc d'œuf et qui, au lieu de trois corps simples, en contiennent quatre : charbon, hydrogène, oxygène et azote.

Le résultat de ces combinaisons avec l'oxygène est la production de chaleur. Aussi les animaux qui ne mangent pas se refroidissent. On doit manger plus dans les pays froids que dans les pays chauds, car on a besoin de plus de chaleur.

Les animaux sont tantôt à sang chaud, comme les mammifères et les oiseaux, tantôt à sang froid, comme les reptiles, les poissons et les insectes; et on comprend que les animaux à sang chaud, ayant besoin de beaucoup plus de chaleur, mangent et respirent beaucoup plus que les animaux à sang froid.

Nous retrouvons donc là toujours cette même comparaison entre la vie des animaux et la combustion d'une flamme.

Si l'on examine comment se nourrissent les animaux, on voit que dans leur nourriture il y a toujours les quatre variétés d'aliments. Le lait, qui est l'aliment du petit enfant nouveau-né, est un aliment parfait, contenant de la graisse, du sucre, de l'eau, du sel et des matières azotées. D'ailleurs, les plantes se comportent, à ce point de vue, comme les animaux, et elles ont besoin pour se nourrir d'un sol qui contienne à la fois du sel, de l'eau et des matières azotées. Elles peuvent se passer de graisse et de sucre, car elles fabriquent directement ces corps au moyen de l'acide carbonique et de l'eau qui sont dans l'air et le sol.

Le Sang et la Circulation.

Les liquides nutritifs se répandent dans les différentes parties du corps grâce à la *circulation*. C'est un savant anglais, nommé Harvey, qui a découvert la circulation du sang, il y a deux cent cinquante ans.

Le *sang* est un liquide rouge contenant une infinité de petits corps, visibles seulement au microscope, et qu'on appelle les *globules* du sang. Ces globules sont rouges; ils sont si petits et si nombreux qu'une seule goutte de sang en contient plus de cent millions.

Le sang part du *cœur*, c'est-à-dire d'un appareil creux placé presque au milieu de la poitrine, un peu à gauche, et pénètre dans les *artères*. Le cœur bat

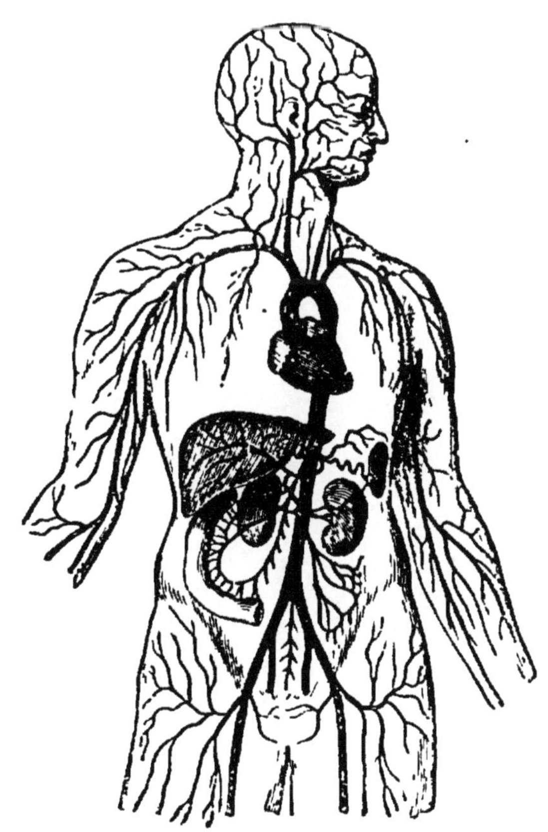

Circulation du sang chez l'homme.

environ soixante fois par minute, et il lance à chaque pulsation un jet de sang dans toutes les parties du corps. Cette impulsion du cœur peut se sentir dans les artères; c'est ce qu'on appelle le *pouls*. En tâtant le pouls, on peut compter le nombre de contractions du cœur.

Après son trajet dans le corps, le sang revient au

cœur par les *veines,* et il est renvoyé par le cœur dans les poumons. Mais dans ce long trajet le sang s'est chargé d'acide carbonique et il s'est dépouillé d'oxygène; c'est en passant par les poumons qu'il se dépouille de son acide carbonique et qu'il reprend de l'oxygène. Il retourne alors au cœur, qui le lance de nouveau dans le corps.

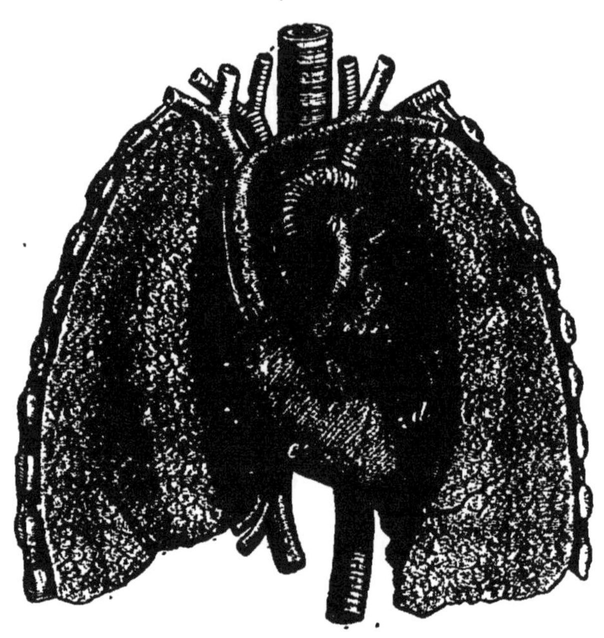

Cœur et poumons.

C'est par ce mécanisme simple et admirable que se fait, chez la plupart des animaux, le transport de l'oxygène dans toutes les parties du corps. Il est à remarquer qu'aucune parcelle de notre corps n'est dépourvue de sang. Partout où l'on pique la peau, on voit poindre une gouttelette de sang.

Le sang est donc nécessaire à la vie, et lorsqu'on ouvre les gros vaisseaux où il circule, les forces diminuent rapidement, au fur et à mesure de l'écoulement du sang. Néanmoins la perte d'une petite quantité de sang est sans grand inconvénient, et les médecins peuvent faire des saignées qui, au lieu d'être mortelles, sont parfois utiles à la santé.

La Respiration.

La *respiration* consiste dans la pénétration de l'air, ou plutôt de l'oxygène dans les *poumons*, et de là dans le sang.

L'homme respire quinze à vingt fois par minute, et, à chaque respiration, il fait passer, d'abord dans les poumons, puis dans le sang, une certaine quantité d'oxygène. En même temps le sang se dépouille d'une partie de son acide carbonique. Ainsi l'air que nous rendons par la bouche après la respiration, contient à la fois moins d'oxygène et plus d'acide carbonique que l'air ordinaire. Quand un homme respire dans une toute petite chambre, il a bien vite absorbé une bonne partie de l'oxygène de cette chambre et produit une notable quantité d'acide carbonique. Aussi ne peut-on vivre dans une chambre tout à fait close; il faut toujours qu'il y ait communication avec l'air du dehors, qui amène de nouvelles quantités d'oxygène.

Sur le trajet des poumons à la bouche se trouve le larynx, qui sert à la voix. Dans le larynx sont tendues deux petites cordes, qui peuvent vibrer comme les cordes d'un violon, produire des sons et des paroles.

Les Nerfs.

Les êtres vivants peuvent sentir, comprendre et

se mouvoir au moyen du *système nerveux* et du *système musculaire*.

Dans la colonne vertébrale et le crâne se trouve enfermée une masse, qui est le système nerveux. C'est un centre d'où partent de nombreux filaments qui se rendent aux muscles. Les muscles, qui représentent la plus grande partie du poids du corps, reçoivent par les filaments nerveux les ordres partis du centre, et les exécutent en se raccourcissant de manière à produire un mouvement. Le raccourcissement des muscles s'appelle *contraction*. Tous les mouvements de l'homme et des animaux se font ainsi par la contraction des muscles, laquelle est commandée par le système nerveux. Supposons que dans le système nerveux l'ordre soit donné de fermer le poing; comme il y a des filaments qui vont du cerveau aux muscles de la main, cet ordre se transmet et est immédiatement exécuté.

Mais le système nerveux a encore un autre rôle à remplir : il nous donne la sensibilité. La peau est *sensible* grâce à de petits nerfs disséminés dans la peau. Quand ils sont piqués, brûlés ou frappés, ils communiquent au centre une sorte d'avertissement, qui est la *sensation*. Il y a donc deux espèces de nerfs : les nerfs *moteurs* qui partent du cerveau pour aller aux muscles, et les nerfs *sensitifs* qui partent de la peau pour aller au cerveau : ainsi se trouvent réalisées les deux grandes fonctions de l'homme et des animaux : la sensibilité et le mouvement.

On distingue deux espèces de sensibilité : la sensibilité générale et les sensibilités spéciales. La sensibilité générale est celle de toutes les parties du corps.

Tous les points du corps sont sensibles, car ils ont tous de petits nerfs. Mais il y a en outre des sensibilités spéciales s'exerçant au moyen des sens.

Les Sens.

Nous avons cinq sens : la vue, l'ouïe, le goût, l'odorat et le toucher.

La *vue* est le sens de l'*œil*. L'œil est un appareil des plus délicats, dont la disposition est à peu près celle d'une loupe. La lumière pénètre dans l'œil et va rencontrer dans le fond de l'œil un gros nerf qui transmet au cerveau l'ébranlement produit par la lumière. Les yeux sont protégés par les paupières, et ils sont enfoncés dans le crâne de manière à être préservés contre les coups et les blessures ; c'est qu'en effet la nature a toujours pris soin de protéger d'une manière efficace les organes les plus importants. Tous les animaux ont des yeux.

Coupe de l'œil.

De même que nous connaissons la lumière par la vue, nous percevons les sons et les bruits par l'*ouïe*. L'ouïe s'exerce par les *oreilles*, et, de même que pour l'œil, les parties essentielles de l'oreille sont enfermées dans le crâne. En effet, ce qu'on a coutume

Coupe de l'oreille.

d'appeler l'oreille est l'organe le moins important de l'ouïe. Cette partie extérieure de l'oreille, le *pavillon*, sert à recueillir les sons qui viennent de différents côtés et à les diriger dans l'intérieur de l'oreille. Dans le crâne est une membrane ressemblant à une peau de tambour et qui vibre comme elle. Ces vibrations se transmettent à de petits osselets, qui eux-mêmes ébranlent un nerf allant au cerveau.

L'*odorat* s'exerce par le *nez*, et là encore se trouvent des nerfs qui envoient au cerveau l'excitation qu'ils ont reçue. L'odorat est bien moins développé chez l'homme que chez les animaux. Ainsi les chiens peuvent suivre dans un champ la trace d'un lièvre qui a passé par là quelques heures auparavant. Ils peuvent aussi reconnaître leur maître rien que par l'odorat. En général, les odeurs qui nous paraissent mauvaises proviennent de substances qu'il est dangereux de respirer.

De même le *goût* nous fait connaître la saveur des aliments. Les nerfs de la *langue* nous indiquent que telle substance est sucrée ou amère, parfumée ou de mauvais goût.

Le *toucher* s'exerce un peu par tous les points de la peau, mais surtout au moyen de la *main*. En palpant un objet avec les doigts, nous sentons s'il est mou ou dur, léger ou pesant, poli ou rude, chaud ou froid, rond ou carré. Chez les aveugles, le sens du toucher, aidé d'une ouïe plus fine, remplace suffisamment le sens de la vue pour que certains aveugles aient appris à lire.

L'Intelligence et l'Instinct.

C'est dans le système nerveux que réside l'intelligence. L'homme, avec son système nerveux très développé, a une intelligence très parfaite. Il peut parler, comprendre des raisonnements géométriques, faire des œuvres poétiques, peindre des tableaux. Il peut sacrifier son intérêt à celui de ses semblables, et, alors qu'il ne voit autour de lui que des faits particuliers, chercher et découvrir la loi générale qui les réunit.

Pour suppléer à l'intelligence, les animaux ont l'instinct, c'est-à-dire une sorte d'intelligence obscure qui agit sans savoir pourquoi elle s'exerce. L'homme, quand il accomplit une action, sait qu'il pourrait ne pas la faire, tandis que l'animal, en obéissant à ses instincts, ne pourrait pas agir autrement.

L'instinct le plus général est l'instinct maternel. La mère veille toujours sur ses petits avec une tendresse et une bravoure également admirables. Une poule accompagnée de ses poussins n'hésitera pas à affronter pour les défendre un ennemi cent fois plus fort qu'elle, et elle mourra plutôt que de les abandonner.

Il existe encore beaucoup d'instincts spéciaux à chaque animal; on en trouve de remarquables exemples chez les insectes. Ainsi les araignées construisent, avec un art merveilleux, des toiles qu'elles suspendent entre les branches ou les herbes pour y prendre les petites mouches dont elles font leur nourriture. Les fourmis se construisent des abris et des galeries souterraines où elles élèvent des pucerons.

Certaines fourmis, aux mâchoires très fortes, jouent le rôle de soldats, tandis que d'autres sont des ouvrières dont le seul rôle est de construire des galeries. Les abeilles édifient des ruches d'une régularité parfaite, où elles déposent le miel qu'elles ont cueilli dans les fleurs.

On pourait citer bien d'autres exemples, et les instincts des animaux sont une étude pleine d'intérêt. L'homme qui étudie leurs mœurs avec soin trouve dans leur observation des plaisirs toujours nouveaux, et il n'est pas d'étude plus féconde en surprises et en agrément.

INDUSTRIE

L'industrie consiste dans l'utilisation par les hommes des forces naturelles.

Aux temps très anciens, il y a cinquante ou soixante siècles, les hommes ne connaissaient que la taille ou le polissage des pierres de silex. Mais peu à peu ils ont appris à fabriquer d'autres armes, des vêtements, à construire des maisons, etc.

La Machine à vapeur.

De nos jours, la plupart des industries ont recours aux machines, et surtout aux machines à vapeur. Dans les machines à vapeur, la force est produite par le charbon, qui dégage, en brûlant, de la chaleur et fait bouillir l'eau de la chaudière. Aussi la consommation de la houille augmente avec une rapidité qui en fait craindre l'épuisement, même en Angleterre, le pays du monde le plus riche en mines de houille.

Autrefois on se servait du vent pour faire tourner les ailes des moulins ou pour enfler les voiles des navires; aujourd'hui c'est la vapeur qui fait marcher les navires et tourner les moulins.

Hélice d'un bateau.

Dans les premiers bateaux à vapeur, il y avait de chaque côté du bateau une grande roue qui tournait dans l'eau et faisait avancer le bateau. On préfère maintenant se servir des navires à hélice, c'est-à-dire d'une machine qui, placée à l'arrière du bateau, tourne avec une grande rapidité. On peut faire ainsi jusqu'à vingt-cinq kilomètres par heure, et aller par exemple de Marseille à Alexandrie en cinq jours. En une année, un bateau peut faire trois fois le tour du monde.

Sur les chemins de fer, c'est encore la machine à vapeur qui fait mouvoir la locomotive et le train qu'elle traîne après elle. Les voitures traînées par la machine, au lieu de rouler sur une route, roulent sur deux longues barres de fer appelées *rails*, qui offrent peu de résistance et sont parfaitement unies. Certaines machines rapides font soixante kilomètres à l'heure.

Il y a à peine cinquante ans que le premier chemin de fer a été construit. La construction des chemins de fer dans tous les États de l'Europe a fait une révolution profonde dans les mœurs. Nous parcourons en une journée ce qui exigeait autrefois quinze jours de voyage.

Avec les bateaux à vapeur et les chemins de fer, les communications entre les divers peuples sont devenues rapides, fréquentes, faciles et peu coûteuses. Il faut espérer qu'en Asie et en Afrique, où les chemins de fer sont peu nombreux, on en construira

Locomotive.

bientôt qui permettront d'aller rapidement des contrées les moins civilisées aux régions européennes.

En général, tout ce qui se faisait autrefois par la main de l'homme s'accomplit maintenant avec plus d'économie et de facilité grâce à la machine à vapeur; ainsi le tissage des vêtements, la fabrication des armes, l'imprimerie, etc.

Le Gaz.

Si on chauffe le charbon de terre en vase clos sans

le laisser brûler à l'air, il s'en dégage des gaz combustibles brûlant facilement en donnant une lumière brillante. C'est un ingénieur français, nommé Lebon, qui le premier a eu l'idée de faire servir à l'éclairage le gaz de la houille. Cet usage est devenu maintenant universel, et il n'est pas de ville en Europe qui n'y ait recours. On recueille ce gaz dans d'immenses réservoirs appelés *gazomètres,* et on l'envoie par des tuyaux éclairer les rues et les maisons.

Intérieur d'usine à gaz.

Les Mines.

Nous avons vu plus haut que les filons renferment des métaux. On les exploite en creusant des mines; puis, au moyen de machines et d'opérations chimiques, on réussit à en extraire les métaux qu'ils contiennent : l'or, l'argent, le fer, le plomb, le cuivre, le zinc.

L'Électricité.

Parmi les forces que l'industrie humaine emploie, une des plus puissantes est l'électricité. On la produit au moyen d'aimants qui tournent avec une très grande rapidité, ou d'appareils chimiques; et souvent l'électricité ainsi développée est capable de mettre en mouvement, même à une grande distance, des roues ou des appareils très lourds.

Lorsqu'un courant électrique traverse un fil de métal, il le porte à l'incandescence et le rend lumineux. Aujourd'hui, dans beaucoup de villes, la lumière électrique remplace la lumière du gaz.

Le télégraphe électrique est une des principales applications de l'électricité. Grâce à lui, les plus grandes distances sont franchies en moins d'une seconde. Toutes les grandes villes du monde sont reliées entre elles par le télégraphe. On a même pu faire passer le télégraphe à travers l'Océan. Des câbles métalliques, entourés d'une substance mauvaise conductrice de l'électricité et qui empêche par conséquent le courant électrique de se perdre dans l'eau, relient New-York et l'Europe, l'Australie et les autres régions du globe.

Ainsi une nouvelle qui autrefois ne parvenait qu'en trois ou quatre mois dans toutes les parties du monde, peut être aujourd'hui connue en quelques minutes dans toutes les grandes villes de l'univers.

L'Imprimerie. — Le Papier.

Parmi les progrès de l'industrie, aucun n'a plus servi que l'*imprimerie* les intérêts les plus élevés de la civilisation. Autrefois, une œuvre littéraire ou scientifique ne pouvait être copiée qu'à la main, c'est-à-dire qu'elle exigeait, pour être répandue dans le monde, une immense quantité de copistes. En 1450, un citoyen de Strasbourg, nommé Gutenberg, eut l'idée de remplacer la copie manuscrite par des caractères mobiles alignés les uns à côté des autres et imprégnés d'encre. Il suffit d'appliquer un papier sur ces types mobiles pour tirer une page d'imprimerie. Par ce moyen, on peut se pro-

Machine à fabriquer le papier.

curer en quelques heures plusieurs milliers de copies d'une image, d'une lettre ou d'une œuvre quelconque.

Grâce à la généralisation de l'imprimerie, les journaux, les livres, se répandent à profusion dans l'univers civilisé. Certains journaux sont tirés à un million d'exemplaires.

A l'industrie de l'imprimerie se rattache celle du papier. On le fabrique en malaxant avec de l'eau de vieux chiffons, des morceaux de bois, jusqu'à ce qu'on les ait réduits en une pâte homogène; cette pâte séchée forme le papier. On est arrivé à le rendre d'un bon marché extrême : car les vieux papiers, malaxés avec de l'eau, peuvent servir à faire de nouveau de la pâte à papier.

L'industrie a réalisé encore bien d'autres applications intéressantes : la fabrication des armes, la production des matières colorantes, la photographie.

Dans la fabrication des armes on emploie de l'acier, c'est-à-dire une variété de fer que l'on a rendu élastique et en même temps plus résistant.

Les matières colorantes sont extraites principalement de la houille. Quand on chauffe la houille pour en faire du gaz, il s'en échappe avec le gaz des produits liquides qu'on recueille, et qui, traités par certains agents chimiques, donnent de belles couleurs rouges, jaunes, bleues, de nuances admirables et remplaçant économiquement les anciennes couleurs.

La Photographie.

L'invention de la photographie est toute récente. Les Français Daguerre et Niepce de Saint-Victor, ayant observé, en 1836, que certains sels d'argent exposés à la lumière deviennent noirs dans les parties lumineuses et restent clairs dans les parties sombres, ont eu l'idée de placer devant les objets une plaque imprégnée de sels d'argent. Dans ces conditions une image lumineuse apparaît au bout de quelques minutes sur la plaque et peut être transportée sur le papier. La photographie a pris une grande extension, et maintenant on fait sans peine des photographies instantanées, c'est-à-dire pour lesquelles en moins d'une seconde la plaque est impressionnée par la lumière.

Les Vêtements.

La fabrication des étoffes a atteint un grand degré de perfection. Autrefois les hommes n'étaient vêtus

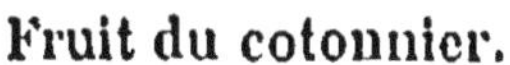

Fruit du cotonnier.

Cotonnier.

que de peaux de bêtes; peu à peu ils ont appris à *tisser* des vêtements, c'est-à-dire à réunir ensemble les poils de la laine des animaux, de manière à en former un assemblage uni et résistant. Ce travail se fait actuellement avec des métiers à vapeur, à des prix de plus en plus modiques.

On emploie beaucoup, pour la confection des vêtements, le fruit d'un arbuste qui pousse en Amérique, le cotonnier. Le coton est composé de filaments qui fournissent, lorsqu'ils sont étirés et juxtaposés, un tissu presque aussi chaud et aussi résistant que la laine.

Chanvre.

On fait aussi des vêtements avec le lin et le chanvre, fournis par l'écorce de plantes très communes. Ces tissus forment ce qu'on appelle la *toile.* On les fabrique à peu près comme les tissus de laine et de coton. Le lin et le chanvre servent aussi à faire des ficelles, des cordes et des câbles.

Enfin la soie est utilisée dans la fabrication des vêtements de luxe. Elle est produite par une petite chenille, qui, avant de se transformer en papillon, s'entoure d'une coque formée de filaments juxtaposés et qu'on appelle *cocon.* On dévide les cocons et l'on obtient des fils de soie.

En résumé, les chemins de fer, les bateaux à vapeur, l'imprimerie, la photographie, la télégraphie électrique, tous ces progrès récents de l'industrie humaine ont doublé nos forces, étendu notre puissance. Par le mot de civilisation nous entendons l'ensemble de ces magnifiques progrès qui constituent

Ver à soie.

nos conquêtes sur la matière. Certes, nous avons le droit d'être fiers de ces progrès; mais ils ne constituent pas la seule ambition de l'homme civilisé : car la civilisation matérielle n'est rien, si elle n'est appuyée sur la bonté, la justice et la probité.

AGRICULTURE

L'agriculture est le plus ancien des arts; car, de tout temps, les hommes ont dû manger les fruits de la terre pour vivre. Or la terre ne produit, sans le travail de l'homme, que des forêts ou des plantes sauvages.

Pour cultiver un champ, il faut : 1° le défricher; 2° le labourer; 3° l'ensemencer; 4° récolter la moisson. Toutes ces opérations exigent de longs efforts.

En général, on défriche et on laboure avec un instrument presque aussi ancien que l'homme, la *charrue*. Cet instrument se compose d'un grand couteau qui s'enfonce dans la terre, quand la machine est mise en mouvement. Les bœufs ou chevaux, en traînant la charrue, remuent le sol et donnent à la terre végétale la légèreté nécessaire pour le développement de la moisson.

Charrue.

Après le labourage, vient l'ensemencement dans le sillon tracé par la charrue. Au printemps, la jeune plante grandit; elle est mûre en été, et on peut alors recueillir le blé, avec lequel on fait le pain, la principale nourriture des hommes.

Lesol qui a produit du blé, de l'avoine, de l'orge ou du maïs, ne peut fournir, pendant plusieurs années de suite, la même culture. En réalité, il s'épuise assez vite. Il est donc nécessaire de suppléer à son appauvrissement par du fumier ou des engrais. Malgré le prix assez élevé des engrais, il est avantageux d'en donner à la terre, car la récolte qu'on obtient est toujours très belle.

L'agriculture comprend encore d'autres cultures que celle du blé. En effet, la terre produit du raisin, du houblon, des betteraves, qui donnent le vin, la bière et le sucre.

La vigne n'est pas, comme le blé, une plante annuelle ; elle vit pendant plusieurs années et donne chaque année une abondante récolte de raisin. Ce raisin est cueilli au moment de sa maturité, c'est-à-dire, en général, au milieu du mois de septembre. Alors on presse les grappes dans de grandes cuves, où le liquide provenant de ces grappes de raisin foulées ne tarde pas à fermenter, c'est-à-dire que le sucre du raisin est remplacé par de l'alcool et du gaz acide carbonique. Le vin, qui résulte de cette fermentation, renferme donc de l'alcool; en chauffant du vin et en recueillant les produits qui distillent, on fait de l'eau-de-vie, contenant beaucoup plus d'alcool que le vin.

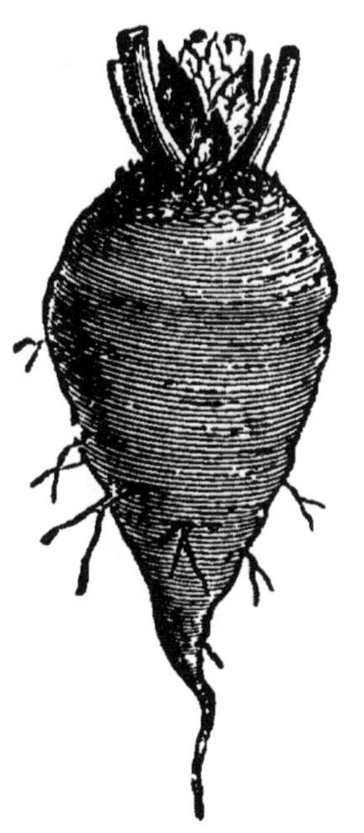
Bette‹ ›ve.

La bière est aussi une liqueur fermentée fort en usage en Angleterre et en Allemagne, tandis que le vin est produit surtout en France, en Italie et en Espagne. Dans la bière, comme dans le vin, c'est l'alcool qui est l'élément principal du liquide.

La betterave est une plante dont la racine est chargée de sucre. Autrefois on retirait uniquement le sucre de roseaux appelés cannes, et dont la moelle contient un jus très sucré. En Europe, on extrait maintenant le sucre du jus de la betterave. Ce jus, comme celui de tous les fruits sucrés, peut, en fermentant, donner de l'alcool, et, si l'on distille ces liquides, on finit par extraire de l'eau-de-vie. Il y a donc de l'eau-de-vie de vin, comme il y a de l'eau-de-vie de graines, de betteraves et de fruits.

Nous pouvons encore citer bien d'autres cultures : celle du riz, qui se fait en Chine dans des endroits marécageux; celle du café, qui est principalement développée au Brésil, en Arabie, à la Martinique et à Java; celle des pommes de terre, etc.

L'élevage du bétail se rattache aussi à l'agriculture. On élève des moutons et des bœufs pour avoir de la viande. Pour nourrir ces animaux, on les met dans des pâturages. Le mouton, outre la viande qu'il donne, fournit la laine de sa toison. Les bœufs servent à la fois à probuire de la viande et à labourer la terre.

Dans les grandes villes d'Europe, la quantité de moutons et de bœufs qui servent à l'alimentation est énorme. Ainsi, en un an, les habitants de Paris consomment 250,000 bœufs et 1,800,000 moutons.

Il n'est pas jusqu'aux forêts qu'il ne soit possible d'utiliser. Les arbres donnent du bois pour le chauffage, la construction des maisons, des bateaux, et bien d'autres usages. On ne doit pas couper dans une forêt tous les arbres, grands et petits. Il faut ménager les jeunes et attendre qu'ils aient grandi. Dans les exploitations bien organisées, on fait tous les ans des coupes qui ne portent que sur la dixième partie, à peu près, des arbres de la forêt. Il est bon que le sol d'un pays ne soit pas uniquement formé de champs et de prairies ; il faut aussi des forêts : car, dans la forêt, le sol garde l'humidité des pluies, et l'eau qui s'en écoule goutte à goutte sert à alimenter, pendant la sécheresse de l'été, le cours des rivières.

HYGIÈNE

On appelle *hygiène* l'art d'éviter les maladies, autrement dit de conserver la santé.

De là l'importance extrême de l'hygiène, puisque la maladie est ce que l'homme doit craindre le plus ; elle entraîne à sa suite la douleur, la misère et la mort.

Autant il est difficile de guérir une maladie et d'empêcher ses progrès quand elle s'est établie chez nous, autant il est facile de la prévenir, et chacun doit s'appliquer à éviter les maladies. On y réussit dans une certaine mesure. En effet, la plupart des maladies sont dues aux excès ou à la contagion.

Les excès sont une fatigue et un travail exagéré de nos organes. Ainsi, on fait des excès de nourriture, de boisson, de travail, lorsque l'on mange, boit ou travaille au delà de ses forces.

Les animaux, plus raisonnables que nous à ce point de vue, ne commettent pas une pareille erreur. Ils ne mangent pas au delà de leur appétit, ne boivent pas au delà de leur soif, ne travaillent pas au delà de leurs forces. Quand l'homme s'oublie ainsi, il en est bientôt cruellement puni, et des indigestions, des vomissements, des maladies nerveuses, des fièvres, sont la suite de ces excès.

Le plus redoutable de tous est l'excès des boissons. Les liqueurs fermentées : vin, bière, eau-de-vie, contiennent toutes de l'*alcool*. C'est un poison qui provoque à faible dose des sensations plutôt agréables que pénibles, un étourdissement léger, une satisfaction vive et une factice tranquillité d'esprit. Mais malheur à ceux qui se livrent à des excès de boisson! L'ivresse furieuse, puis un sommeil pesant et stupide, succéderont à la gaieté de la première heure ; la raison paraîtra anéantie.

A la longue, l'alcool finit par produire des ravages terribles, et les individus adonnés à l'ivrognerie doivent être enfermés dans les maisons de fous. Vieux avant l'âge, tremblants, incapables de penser, ils sont les victimes de leur vice.

Dans les pays où les substances fermentées sont défendues, d'autres produits, comme le hachisch et l'opium, occasionnent les funestes effets de l'ivresse. Leur action est aussi désastreuse que celle de l'alcool, et les malheureux qui abusent de ces poisons meurent dans un état misérable.

Les excès sont de tous genres. Si l'on marche trop rapidement et trop longtemps, on s'épuise pour un vain résultat, et pour réparer ses forces on a besoin d'un long repos. Si l'on regarde le soleil, on fatigue sa vue ; un repas trop copieux charge l'estomac et provoque une indigestion. Il ne faut pas fatiguer nos organes ; on doit manger sobrement, dormir une partie de la nuit, et surtout s'abstenir des alcools et des liqueurs fortes, souvent frelatées, et toujours funestes à la santé et à l'intelligence.

Les Maladies.

Avec ces précautions, peut-être éviterait-on la maladie, si l'on n'avait encore à redouter la contagion.

Un Français illustre, Pasteur, a découvert, il y a peu d'années, les causes de la contagion. Il existe partout de petits êtres, invisibles sans le secours du microscope, qui peuvent facilement pénétrer dans le corps et y produire des maladies. Chaque maladie est en quelque sorte caractérisée par un être qui pénètre dans le sang de l'homme, et produit cette maladie spéciale en se développant dans le corps. La rage, la petite vérole, la diphtérie, sont des maladies contagieuses. Se prémunir contre la contagion, c'est donc empêcher la pénétration de ces petits êtres qui en sont la cause. On évite quantité d'affections contagieuses au moyen d'une grande propreté, en portant des vêtements propres, en faisant des ablutions fréquentes.

Cependant, même avec une excellente hygiène, on n'évite pas toujours les maladies ; on en diminue le nombre, mais on ne les supprime pas. Quand elles sont venues, le mieux est d'appeler un médecin ; il ne faut surtout pas s'adresser à des paysans ignorants ou à des rebouteurs, dont les remèdes sont souvent plus dangereux que la maladie elle-même.

Pour les maladies des yeux en particulier, il est bon de savoir qu'un médecin peut facilement les guérir quand elles sont récentes, tandis qu'il est impuissant quand la maladie est ancienne. Combien de pauvres gens ont perdu les yeux pour n'avoir pas soigné une maladie, légère au début, que le défaut de soins et de propreté a rendue très grave !

La Vaccine.

La petite vérole a été une maladie terrible, portant ses ravages dans toute l'Europe. Un Anglais, nommé Jenner, a pu démontrer que la petite vérole n'atteint pas les individus qui sont *vaccinés*. Aussi, en Europe, vaccine-t-on les enfants dès leur naissance, pour les empêcher de contracter cette cruelle maladie.

La vaccine est ainsi un des plus grands bienfaits de la civilisation.

Voici comment on vaccine : les vaches ont souvent une maladie légère à la suite de laquelle de petites pustules apparaissent sur leurs mamelles. On prend sur une lancette le liquide de ces pustules, et on en introduit avec une aiguille une gouttelette sous la peau d'un enfant. C'est ce qu'on appelle *vacciner*. L'individu vacciné et dès lors garanti contre la petite vérole pour de longues années.

On peut vacciner des individus adultes, mais le mieux est de vacciner les tout petits enfants, cinq ou six mois après leur naissance. Il est prudent de se faire vacciner de nouveau vers l'âge de vingt ans ; il suffit pour cela de s'adresser au médecin.

Le vaccin peut être apporté de très loin ; on le recueille dans de petits tubes, et il est encore bon au bout de plusieurs années.

Hygiène des Enfants.

L'hygiène des petits enfants nécessite des soins particuliers. Ils ont, en effet, besoin d'une nourriture spéciale, qui est le lait maternel ; si cette nourriture leur fait défaut et qu'on essaye de la remplacer par des soupes ou d'autres aliments, ils meurent souvent : car il n'y a que le lait, et spécialement le lait de femme, qui puisse les soutenir et les faire vivre. C'est là un précepte rigoureux. *Un enfant, jusqu'à l'âge de six mois, ne doit pas avoir d'autre nourriture que le lait.*

Les petits enfants ont aussi besoin d'être protégés contre le froid, car ils se refroidissent très vite.

RÉSUMÉ

Nous résumons ainsi les principaux préceptes de l'hygiène :

1° Se faire vacciner;

2° Éviter les excès de boisson, de nourriture ;

3° Ne donner aux petits enfants avant l'âge de six mois que du lait ;

4° Observer une propreté scrupuleuse pour les yeux, les mains, la figure et tout le corps. Ne pas garder de vêtements sales, et n'habiter que des maisons propres et bien lavées.

LE CIEL

La terre, sur laquelle vivent les hommes, est l'ensemble des eaux et des continents.

On sait maintenant qu'elle est ronde ; nous pouvons nous la représenter comme une boule immense, une sphère libre dans l'espace.

On peut faire le tour de la terre. On part d'un point quelconque et l'on marche toujours devant soi en droite ligne : on finit par revenir au point de départ. Puisqu'on ne rencontre pas d'obstacle, la terre est donc une sphère libre, qui n'est attachée à rien.

Preuve de la rotondité de la terre.

Pour s'assurer de la rotondité de la terre, il suffit de regarder l'horizon de la mer. On voit d'abord les mâts d'un navire très éloigné ; puis, à mesure que le navire s'approche, on aperçoit les parties plus basses, d'abord masquées par la rotondité de la terre.

On s'aperçoit aussi que, par rapport à la terre, les astres, c'est-à-dire les étoiles, le soleil et la lune, ne sont pas immobiles. Le matin, le soleil semble se lever, puis il s'élève jusqu'à midi, et décline ensuite pour se coucher le soir et disparaître. Le point où il se couche est à peu près opposé au point où il s'est levé.

Le lendemain matin, le même cycle recommence, c'est-à-dire que le soleil se lève et se couche aux mêmes endroits que la veille.

Le temps qui s'écoule entre le moment où le soleil est à un point de l'horizon et le moment où il y reparaît le lendemain est une *journée*. On a divisé cette journée en vingt-quatre périodes égales qu'on appelle des heures. Chaque heure est divisée en soixante parties égales qu'on appelle des minutes, et chaque minute, en soixante secondes. Il y a donc dans une heure 3,600 secondes, et dans une journée 1,440 minutes.

Une journée est divisée en deux parties : le jour, pendant lequel le soleil est visible ; la nuit, pendant laquelle il reste couché.

Quand le soleil a disparu, on aperçoit à la voûte du ciel une multitude de points brillants, étincelants, qui sont les étoiles. De même que le soleil, les étoiles se lèvent et se couchent ; c'est-à-dire que toute la voûte du ciel, soleil et étoiles, semble décrire autour de nous un cercle immense, se lever, passer au-dessus de nos têtes, et enfin se coucher et disparaître.

La Terre.

La voûte du ciel tourne-t-elle autour de la terre? On l'a pensé autrefois, en alléguant qu'on ne sent aucune secousse qui puisse faire croire à un mouvement de la terre. Mais Copernic et Galilée ont montré que c'est là une illusion. Le ciel ne tourne pas ;

c'est la terre qui tourne et qui pivote sur son axe comme une toupie, de manière à accomplir un tour en vingt-quatre heures.

Si nous considérons deux individus, l'un en France et l'autre sur la côte orientale de l'Australie, il sera midi pour ce dernier quand son pays regardera le soleil. A ce moment, il est minuit pour l'homme qui est en France. Mais que douze heures se passent, et celui qui était dans l'ombre sera, par suite du demi-tour accompli par la terre, en pleine lumière, tandis que l'autre sera au même moment dans l'obscurité.

Non seulement la terre tourne autour d'elle-même comme une toupie qui pivote sur son axe, mais encore elle tourne autour du soleil en décrivant une courbe immense. Elle est donc animée de deux mouvements : un mouvement de rotation sur elle-même, et un mouvement de translation autour du soleil. Elle trace ainsi une courbe aplatie qu'on appelle une ellipse : ainsi, successivement, la terre s'approche et s'éloigne un peu du soleil.

Au bout de 365 jours, la translation autour du soleil est terminée, et la terre est revenue à son point de départ. Ainsi, le mouvement de *rotation* de la terre se fait en 24 heures, et le mouvement de *translation*, en 365 jours ou une année.

L'année est divisée en quatre saisons : l'hiver, le printemps, l'été et l'automne, et en douze mois : janvier, février, mars, avril, mai, juin, juillet, août, septembre, octobre, novembre et décembre.

On appelle semaine une durée de sept jours.

La manière de compter le temps s'appelle le calendrier. Tous les peuples occidentaux comptent le temps de la même manière : la première année date de la naissance de Jésus-Christ; tandis que, pour les musulmans, l'hégire commence plus tard, en l'an 622 du calendrier européen. Les Chinois et les Juifs comptent à partir de la création du monde.

On appelle siècle un espace de 100 ans.

En résumé, un an comprend 12 mois, ou 52 semaines, ou 365 jours;

Une semaine comprend 7 jours;

Un jour comprend 24 heures;

Une heure comprend 60 minutes, et une minute, 60 secondes.

La Lune.

La lune tourne autour de la terre, comme la terre tourne autour du soleil. Elle est plus petite que la terre, puisqu'il faudrait à peu près cinquante lunes pour faire le volume de la terre.

La lumière de la lune n'est pas due à elle-même, mais au soleil qui l'éclaire. Pendant le jour, le soleil a une lumière trop vive pour laisser apercevoir la lune aussi clairement qu'on l'aperçoit la nuit.

La lune n'est donc éclairée que d'un côté. Elle nous apparaît tantôt sous la forme d'un disque qui va chaque jour en diminuant pour arriver à disparaître tout à fait; et tantôt sous la forme d'un croissant qui devient de plus en plus large et revient peu à peu à sa forme primitive de disque.

De même qu'il faut un an à la terre pour tourner autour du soleil, il faut un mois (de vingt-neuf jours) à la lune pour tourner autour de la terre.

La lune est l'astre le plus rapproché de nous, et cependant la distance qui nous en sépare est considérable, puisqu'un train de chemin de fer, ne s'arrêtant

Différentes formes que prend la lune.

jamais, mettrait près d'un an pour aller de la terre à la lune. Elle n'est vraisemblablement pas habitée; car on sait qu'il n'y a sur la lune ni eau ni air respirable.

Le Soleil.

Le soleil donne à la terre la chaleur et la lumière. Il est un million de fois plus grand que la terre; mais la distance qui le sépare de la terre est quatre cents fois plus grande que celle qui sépare la terre de la lune. Il faudrait donc environ quatre cents ans pour aller au soleil en chemin de fer.

Les planètes sont des astres qui tournent, comme la terre, autour du soleil; l'ensemble de la terre et des planètes s'appelle le *monde solaire*. Il est probable que les planètes ressemblent beaucoup à la terre. Mars, Vénus, Mercure, ne sont pas plus grandes qu'elle. D'autres planètes, Saturne et Jupiter, sont beaucoup plus grandes et plus éloignées du soleil que la terre.

Le soleil nous paraît très brillant parce qu'il est beaucoup plus proche de nous que les étoiles. Le soleil n'est cependant qu'une étoile qui ne diffère vraisemblablement pas des autres. Mais *c'est notre étoile*; c'est autour de lui que nous tournons, et c'est lui qui, en nous donnant la chaleur et la lumière, nous fait vivre.

Les étoiles sont des soleils très lointains; leur nombre est immense, et la distance qui les sépare de nous est tout à fait prodigieuse. Un corps capable d'aller en une minute de la terre au soleil mettrait cent ans pour aller de la terre à une étoile. Derrière les étoiles que nous voyons se cachent probablement d'autres étoiles encore plus lointaines, de sorte que le ciel doit être regardé comme n'ayant pas de limites.

La position des étoiles dans le ciel est tout à fait invariable à nos yeux, à cause de la distance; on leur a donné différents noms, selon la place qu'elles occupent. La *voie lactée* est un immense groupe d'étoiles très rapprochées les unes des autres et qui font comme une tache claire dans la voûte céleste.

Les comètes sont des astres que l'on aperçoit parfois dans le ciel, et qui sont pourvues d'une longue queue brillante. On pensait autrefois que les comètes annonçaient de grands malheurs pour les hommes. Mais aujourd'hui on ne les craint plus : car on sait que ces astres, au lieu de rester à la même place dans le ciel, font d'immenses voyages, se rapprochent du

La voie lactée.

soleil de manière à être visibles, puis s'en éloignent de telle sorte qu'ils deviennent invisibles.

Les Éclipses.

Les éclipses ne sont pas plus à craindre que les

Éclipse de soleil.

comètes : car les savants peuvent en prédire la date.

On distingue des éclipses de soleil et des éclipses de lune. Les éclipses de soleil sont dues à ce que la lune passe entre le soleil et la terre. Alors le soleil ne peut plus nous envoyer sa lumière, et l'ombre de la lune se répand sur la terre, comme lorsqu'on interpose un objet entre le soleil et le sol. Les éclipses de lune proviennent au contraire du passage de la terre entre le soleil et la lune.

Éclipse de lune.

L'astronomie était connue des anciens Égyptiens ; mais de grands hommes, en Europe, l'ont beaucoup perfectionnée. Copernic, astronome polonais, a le premier conçu le système du monde, au commencement du XVIe siècle ; Galilée, savant italien, a inventé les lunettes qui permettent de voir les astres. Enfin deux Anglais, Newton et Herschell ; un Allemand, Kepler ; un Français, Laplace, ont complété par de très beaux travaux les admirables idées de Copernic.

L'astronomie est une très belle science. Elle nous fait comparer la grandeur de la nature à la petitesse de l'homme. Un homme est déjà bien peu de chose sur la terre ; qu'est-il dans cette immensité où la terre n'est qu'un point?

LA TERRE, L'AIR ET LES MERS

La terre est une boule qui tourne autour d'un axe. Les deux extrémités de cet axe, qui représente une sorte de pivot, s'appellent les pôles. Il y a un pôle nord et un pôle sud. Le pôle nord est celui qu'on a devant soi quand on se place de telle sorte que le soleil se lève à droite et se couche à gauche ; le pôle sud est à l'opposé.

Dans cette position, le côté gauche est l'occident ou l'ouest ; le côté droit est l'orient ou l'est. Le nord, le sud, l'est et l'ouest représentent les quatre points cardinaux que l'on inscrit sur les cartes géographiques.

Les cartes géographiques sont des dessins représentant aussi exactement que possible la forme des terres et des mers. On indique sur les cartes les emplacements des villes, des villages, des routes, des montagnes, des fleuves, des lacs, etc.

Sur toutes les cartes le nord est placé en haut ; par conséquent le sud est en bas, l'est à droite et l'ouest à gauche.

Si l'on trace sur la terre un cercle qui coupe l'axe de la terre perpendiculairement en son milieu, ce cercle sera placé à égale distance du nord et du sud : on l'appelle *équateur*. Il s'ensuit que le globe est divisé par l'équateur en deux parties égales ou hémisphères : l'hémisphère nord et l'hémisphère sud.

Par suite de l'inégale inclinaison des rayons solaires sur tous les points de la terre, il existe une différence considérable de température entre ces diverses régions. La chaleur est extrêmement forte au voisinage de

Carte.

l'équateur, et les nuits ont la même durée que les jours. La chaleur diminue graduellement à mesure qu'on s'éloigne de l'équateur; les pays les plus froids sont les plus éloignés de l'équateur, c'est-à-dire les deux pôles.

Il suit de là qu'au point de vue du climat on peut diviser chaque hémisphère en trois parties : la région de l'équateur, qui est la région chaude, la région du pôle, qui est la région froide ou glaciale, et, entre les deux, une région intermédiaire, qui est la région dite tempérée.

Habitations d'Esquimaux.

Dans chacune de ces régions on trouve des plantes et des animaux très différents. En effet, les animaux des pays chauds ne peuvent vivre d'ordinaire dans les climats froids. Ainsi les hippopotames, les lions, les autruches, ne vont jamais dans les pays froids.

Dans les pays voisins du pôle, la terre est couverte de neige et de glace presque toute l'année; elle ne porte pas d'arbres, et la mer elle-même est couverte de glaces. Cependant, malgré ce froid extrême, des hommes peuvent vivre dans ces pays. Ils s'abritent dans des cabanes obscures, recouvertes d'une épaisse couche de neige. Au pôle même il n'y a ni jours ni nuits, ou plutôt il y a un jour de six mois et une nuit de six mois.

Dans les régions tempérées, on trouve des arbres, des plantes et des animaux. La plupart des arbres sont verts en été, et perdent leurs feuilles à la fin de l'été.

Il existe donc dans ces pays des saisons, c'est-à-dire des périodes de chaleur et de froid. La période de froid est l'hiver, la période de chaleur est l'été. Entre l'hiver et l'été est une saison intermédiaire qui est le printemps; c'est au printemps que les arbres commencent à pousser leurs feuilles et que les animaux ont leurs petits. Les fruits mûrissent en été, car alors la chaleur est plus forte, et les jours sont plus longs que les nuits.

Quand l'été est fini, arrive l'automne, et les arbres perdent leurs feuilles; en même temps, les jours deviennent plus courts et les nuits plus longues.

Dans les pays chauds voisins de l'équateur, il n'y a ni hiver ni été; les jours et les nuits sont presque égaux. Mais il y a une saison des pluies et une saison sèche.

L'Air.

L'air qui nous entoure s'appelle l'*atmosphère*. Il est le théâtre de différents phénomènes intéressants : le vent, la pluie, la neige, la rosée, le brouillard, les nuages, les orages.

Les vents sont des mouvements violents de l'air, qui se déplace avec une grande force, allant d'un point à un autre de la terre. La vitesse du vent n'es cependant pas très considérable, puisque les vents les plus rapides ne font pas plus de quarante mètres par seconde. La direction des vents est très variable.

Le vent fait marcher les navires.

Les hommes se sont servis du vent pour faire marcher les navires et pour faire tourner les ailes des moulins.

Il y a de la vapeur d'eau dans l'atmosphère; elle provient de l'évaporation. Si l'on expose en effet à l'air un vase rempli d'eau, le vase est vide au bout de quelques jours : car l'eau s'est dissipée dans l'atmosphère d'autant plus rapidement qu'il fait plus chaud. Cette eau n'est pas détruite, elle existe dans l'air à l'état de vapeur. S'il fait très froid, cette vapeur d'eau se condense et revient à l'état d'eau.

Dans la nature, l'eau de la mer, des rivières, des lacs, se dissipe ainsi constamment dans l'atmosphère, comme si le soleil, par sa chaleur, attirait à lui l'eau liquide répandue à la surface du sol. Mais un moment

Différentes sortes de nuages.

arrive où cette eau est en trop grande quantité pour rester à l'état de vapeur; alors elle se condense et forme les nuages.

Les Nuages.

Les nuages sont donc des amas de petites gouttelettes d'eau qui circulent, poussés par les vents, au-dessus de la terre. Mais la distance qui les sépare du sol n'est pas très grande, comme on peut l'observer dans les pays de montagnes. En effet, quand les nuages arrivent au sommet de la montagne, on les voit courir, chassés par le vent et couvrant les hauteurs.

Les nuages, quand ils sont très épais, se condensent encore davantage et retombent sur la terre sous forme de pluie. Cette pluie, s'il fait froid, est gelée, et alors ce ne sont pas des gouttes d'eau qui tombent, mais de la neige ou de la grêle.

Ainsi se fait la circulation de l'eau sur la terre : l'eau des fleuves descend continuellement vers la mer, et là, attirée par la chaleur du soleil, elle repasse dans l'atmosphère, se condense sous la forme de brouillards, et retombe à l'état de pluie, qui fait grossir les rivières. De sorte que l'eau va perpétuellement de la terre à la mer, de la mer à l'atmosphère, pour retomber ensuite des hauteurs de l'atmosphère à l'état de pluie sur le sol.

Sans l'eau des pluies il n'y aurait pas de végétation, et la vie serait également impossible pour les animaux.

Sur les hautes montagnes, la température étant très basse, l'eau est toujours gelée, et les sommets de ces montagnes sont toujours couverts de neige.

Dans les localités où le terrain est sablonneux, l'eau s'infiltre dans le sol, et forme des sources qui, par de petites ouvertures, s'écoulent continuellement et contribuent à former les rivières. C'est ainsi que les grandes rivières ne sont jamais complètement à sec, étant alimentées par la fonte des neiges des montagnes ou par l'écoulement des sources.

Quand des nuages épais se rapprochent les uns des autres, il se développe en eux de l'électricité. Alors la réunion de deux nuages produit des étincelles immenses ou éclairs, accompagnés de grands bruits (tonnerre). Le tonnerre ou la foudre tombe parfois sur terre, brûlant et détruisant tout ce qu'elle rencontre. Comme la lumière se propage beaucoup plus rapidement que le son, on voit l'éclair longtemps avant d'entendre le tonnerre.

Le brouillard et la rosée sont des variétés de pluie. Le brouillard est une pluie très fine, répandue autour de nous à l'état de gouttes extrêmement petites : c'est un véritable nuage situé au ras du sol. La rosée est formée par la condensation de la vapeur disséminée dans les parties basses de l'atmosphère et qui, au contact de la surface froide du sol, se dépose en fines gouttelettes.

Les Volcans.

Tels sont les mouvements qui se passent dans l'atmosphère. D'autres mouvements s'accomplissent dans la terre ; mais, par suite de l'épaisseur de la croûte solide qui nous sépare du centre, nous ne les connaissons que rarement. Parfois cependant il se produit des tremblements de terre, c'est-à-dire de grandes secousses qui ébranlent la surface du sol. Parfois aussi les matières enflammées et brûlantes qui sont au centre du globe arrivent à la surface par des conduits creusés au centre d'une montagne. Ces montagnes, d'où sortent des matières brûlantes par un trou central, sont appelées des *volcans*.

Un des principaux volcans est le Vésuve, en Italie, près de la ville de Naples. Il est souvent en éruption, c'est-à-dire qu'on voit sortir du centre du Vésuve un panache de fumée, et, avec la fumée, quelquefois des pierres fondues qui s'écoulent comme un liquide brûlant. Il y a deux mille ans, le Vésuve a projeté une telle quantité de cendres, que deux villes, Herculanum et Pompéi, ont été ensevelies.

Volcan.

Il existe encore d'autres volcans : l'Etna en Sicile, l'Hékla en Islande, île placée près du pôle nord; le Chimborazo dans l'Amérique du Sud, etc.

Les Montagnes.

La plupart des montagnes ne sont pas isolées ; elles forment en général des chaînes, c'est-à-dire de grandes masses interrompues çà et là par des vallées et des pics dominant la chaîne.

Les plus hautes montagnes du globe sont celles qui s'élèvent en Asie, entre l'Inde, le Turkestan et la Chine, dans la chaîne de l'Himalaya; elles sont toujours recouvertes d'une neige épaisse, et jamais homme n'a pu arriver à les franchir. On estime que leur hauteur est à peu près de huit kilomètres.

Après l'Himalaya, les plus hautes montagnes sont

L'Himalaya : le Gaurisankar.

les Cordillères dans l'Amérique du Sud, chaîne immense qui longe la côte occidentale de ce pays.

En Afrique, les montagnes de l'Atlas forment une grande chaîne placée entre le désert et la mer.

Enfin, en Europe, les Alpes séparent la France de l'Italie; leurs pics les plus élevés sont le mont Blanc et le mont Rose. Malgré la hauteur de ces montagnes, on a pu arriver à leur sommet. De plus on a réussi à les percer de part en part à leur base; on peut ainsi se rendre en chemin de fer de France en Italie à travers la montagne percée d'un *tunnel*.

Les eaux des sources, des rivières et des fleuves s'écoulent toujours vers les endroits les plus profonds. Un fleuve se forme ainsi : un ruisseau naît d'une petite source au haut d'une montagne élevée; puis il grossit, grâce à d'autres petites sources qui lui apportent de l'eau, et, continuant ainsi à descendre, il arrive dans des plaines où, réuni à d'autres rivières, il forme un large fleuve qui se déroule entre les montagnes. Après de nombreux détours, apportant la fertilité sur son passage, fécondant la vallée, le fleuve arrive enfin jusqu'à la mer, où il déverse ses eaux.

La Mer.

La mer est une immense étendue d'eau, dont la profondeur est très variable; certaines mers sont aussi profondes que sont élevés les plus hauts sommets des Alpes. L'étendue de la mer est triple de celle de la terre.

Tandis que l'eau des fleuves et des rivières est douce, celle de la mer, qui contient beaucoup de sel, n'est pas buvable et ne peut entretenir la végétation. Comme la quantité d'eau douce que les fleuves apportent à la mer est compensée par celle que le soleil évapore et répand dans l'atmosphère, la mer reste toujours également salée.

Dans les vastes mers, on observe près des rivages un phénomène remarquable : c'est le flux et le reflux. Deux fois par vingt-quatre heures, la mer recule en laissant à découvert une vaste étendue de terrain; puis, six heures après, elle revient sur ses pas jusqu'à son point de départ, et, au bout de onze heures, elle a recouvert la partie qu'elle avait laissée sans eau. C'est ce qu'on appelle la marée : on sait maintenant que ces mouvements de la mer sont dus à l'influence de la lune. Il n'y a de marée que dans les mers très vastes : aussi la Méditerranée n'en a-t-elle pas.

Nous allons décrire successivement les principaux continents ou grandes étendues de terres, et les principales mers.

Les Continents.

C'est sur l'ancien continent, le plus grand de tous, qu'ont vécu les premiers hommes. Il se compose de trois parties distinctes : l'Afrique au sud, l'Europe au nord, et l'Asie, qui est à l'est de l'Afrique et de l'Europe.

L'Europe a des côtes profondément découpées; c'est la partie du monde la plus peuplée relativement à son étendue; mais c'est aussi la plus petite en surface. Son climat est tempéré, sauf dans les parties tout à fait au nord, qui sont très froides. Elle est habitée par des hommes de race blanche, qui sont les plus avancés en civilisation : Français, Anglais, Allemands, etc. L'Europe ne touche pas directement à l'Afrique, dont elle est séparée par une mer; mais elle touche à l'Asie, dont elle n'est séparée que par une large chaîne de montagnes appelée les monts Ourals.

L'Asie est la plus grande partie du monde. Les provinces du sud de l'Asie sont très chaudes, tandis que le nord est tout à fait glacial. C'est en Asie qu'ont vécu les premiers hommes, et c'est de là sans doute qu'ils se sont répandus dans le monde.

L'Asie était unie à l'Afrique par une étroite langue de terre, l'isthme de Suez. Mais, grâce au génie et à la persévérance d'un citoyen français, Ferdinand de Lesseps, l'isthme de Suez a été percé, et les navires peuvent le traverser.

L'Afrique est la plus chaude de toutes les parties du monde. Elle n'est pas encore connue dans toute son étendue, malgré les nombreux voyageurs qui l'ont explorée : Livingstone, Stanley, Brazza, etc. A l'origine elle n'était guère habitée que par des nègres et des Maures; mais des populations européennes s'y sont établies, de sorte que la population y est aujourd'hui très mélangée.

L'Amérique est le nouveau continent ou le nouveau monde. Il y a quatre siècles environ, un homme d'un grand courage, Christophe Colomb, a découvert ces terres immenses, inconnues aux habitants de l'ancien continent. Christophe Colomb, en arrivant en Amérique, a trouvé ce pays peuplé; mais les Européens, pénétrant dans l'intérieur du pays, ont peu à peu chassé les indigènes; de sorte que maintenant l'Amérique est, comme l'Europe, habitée du nord au sud par des blancs. Les anciens habitants de l'Amérique étaient des Peaux-Rouges, bien différents des nègres et des hommes jaunes (comme les Chinois). En outre, les

Européens y ont amené des nègres d'Afrique qu'ils avaient rendus esclaves, et ces nègres forment maintenant un élément important de la population américaine.

L'Amérique du Nord et l'Amérique du Sud sont réunies entre elles par une étroite bande de terrain, qui se nomme l'isthme de Panama. M. de Lesseps a entre-

Campement de Peaux-Rouges.

pris de percer l'isthme de Panama, et cette œuvre sera aussi utile pour la navigation que le percement de l'isthme de Suez.

Le troisième continent, le plus récemment découvert, est le moins grand et le moins habité de tous. C'est l'Australie, île immense, autour de laquelle se trouvent de vastes archipels.

Outre ces grands continents, il existe de nombreuses

îles plus ou moins grandes, tantôt isolées au milieu des mers, tantôt voisines les unes des autres.

Enfin, il existe peut-être, soit au pôle nord soit au pôle sud, de vastes continents ; mais comme les glaces et la neige les recouvrent, ils sont inhabités ou à peu près, et leur exploration est encore incomplète, malgré les voyages de courageux navigateurs, qui y ont rencontré les plus terribles difficultés.

Les Océans.

Les Océans sont au nombre de quatre : l'océan Atlantique s'étend du nord au sud entre l'ancien continent à l'est et le nouveau continent à l'ouest. Il faut le traverser pour aller d'Europe en Amérique ; et, malgré la rapidité des bateaux à vapeur, il faut au moins neuf jours pour le franchir.

L'ancien continent est baigné à l'est par le plus grand des Océans, l'océan Pacifique, qu'il faut franchir pour aller d'Asie en Amérique. Au nord, l'Amérique et l'Asie ne sont séparées que par le détroit de Béring. Au contraire, vers le sud, la distance entre l'Asie et l'Amérique s'élargit de telle sorte que vers le pôle sud on trouve une immense étendue d'eau qui appartient encore à l'océan Pacifique.

Enfin, tout à fait au nord est l'océan Glacial, qui sépare les terres les plus froides de l'ancien et du nouveau monde du continent, encore inexploré, voisin du pôle.

Une autre mer, beaucoup moins vaste que les Océans, a sur ses rives les nations les plus civilisées. Elle est placée entre l'Europe, l'Asie et l'Afrique :

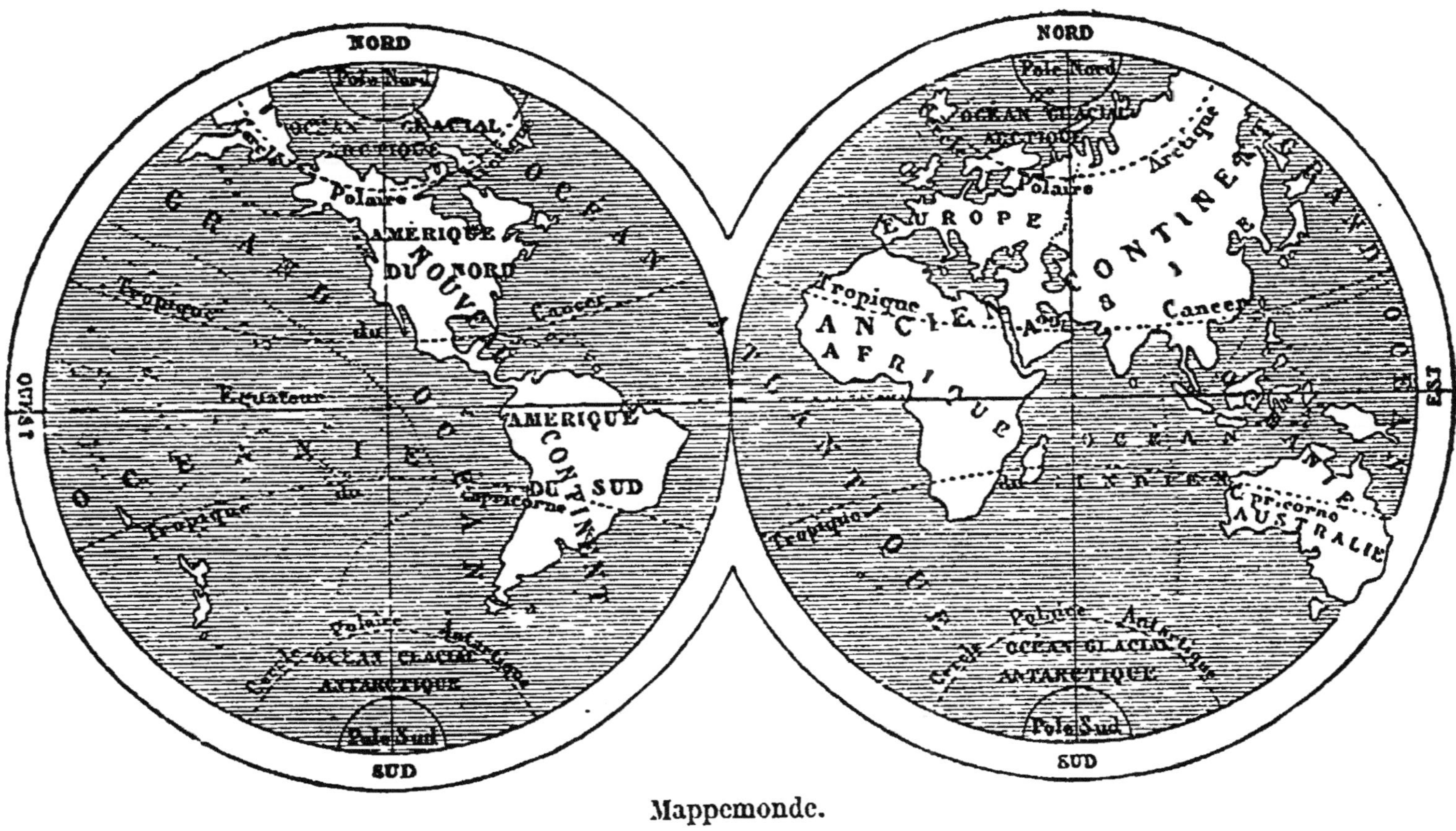
NORD
Pole Nord
OCEAN GLACIAL ARCTIQUE
Polaire
AMÉRIQUE DU NORD
NOUVEAU CONTINENT
AMÉRIQUE DU SUD
Tropique du Cancer
Equateur
Tropique du Capricorne
OCEAN GLACIAL ANTARCTIQUE
Pole Sud
SUD
OUEST
EUROPE
ANCIEN CONTINENT
AFRIQUE
Arctique
OCEAN INDIEN
AUSTRALIE
Polaire Antarctique
EST

Mappemonde.

c'est la mer Méditerranée. Cette mer est unie à l'océan Atlantique par un détroit très resserré, qu'on appelle le détroit de Gibraltar, qui sépare la pointe extrême de l'Europe de la partie la plus septentrionale de l'Afrique. En traversant la Méditerranée dans toute sa longueur, de l'ouest à l'est, on arrive jusqu'à l'isthme de Suez, et en passant par le canal de Suez on aboutit à un prolongement de l'océan Indien, golfe très allongé placé entre l'Asie et l'Afrique, qu'on appelle la mer Rouge. Ainsi la Méditerranée s'étend au nord de l'Afrique et au sud de l'Europe.

Les Fleuves.

Les principaux fleuves de l'Europe sont : le Volga, la Néva, l'Elbe, la Vistule, le Danube, le Rhin, le Rhône, la Loire, la Seine, la Gironde, le Pô, le Tibre, le Tage, le Guadalquivir et la Tamise.

Le Volga est le plus grand fleuve de l'Europe ; il traverse la Russie du nord au sud et se jette dans une mer intérieure, la mer Caspienne.

Le Dnieper, le Dniester et le Don, qui coulent du nord au sud, se jettent, au sud de la Russie, dans la mer Noire.

La Néva est un fleuve très large, mais très court, qui sort d'un grand lac intérieur. Elle se jette dans la mer Baltique, et baigne la ville de Saint-Pétersbourg, capitale de la Russie. En hiver, ce fleuve est toujours chargé de glace, de sorte que les voitures les plus lourdes peuvent le traverser pendant trois mois de l'année.

C'est du massif central des Alpes que sortent, pour

suivre trois directions différentes, le Rhin, le Rhône et le Danube.

Le Danube, se dirigeant vers l'est, traverse l'Europe dans presque toute sa largeur, pour se jeter dans la mer Noire.

Le Rhin, sortant des montagnes de la Suisse, se dirige vers le Nord ; puis, après avoir formé à Schaffouse une immense cataracte tombant d'une grande hauteur, il reçoit beaucoup de rivières importantes,

La Seine près de Rouen.

Meuse, Moselle, Sambre, Escaut, et se perd dans la mer du Nord par plusieurs embouchures.

Le Rhône traverse la France du nord au sud, baigne la ville de Lyon, qui est la seconde ville de France pour l'importance, et se jette dans la Méditerranée près de Marseille.

La Seine est un fleuve moins grand et moins long que le Rhin et le Danube. Elle se jette dans la Manche, bras de mer qui fait partie de l'Atlantique et sépare la France de l'Angleterre. Le cours de la Seine est très irrégulier. Sur ses bords s'élève Paris, la plus grande ville du monde après Londres, et la capitale de la France. A son embouchure est la ville du Havre, après Marseille le port le plus commerçant de la France. Sur son parcours se trouve encore la riche et industrieuse ville de Rouen.

Le principal fleuve de l'Angleterre est la Tamise, fleuve extrêmement large, presque un bras de mer; la ville de Londres, la plus grande ville du monde et la capitale de la Grande-Bretagne, s'élève sur ses bords. Les plus grands navires arrivent jusqu'à Londres en remontant la Tamise.

Il faut citer encore, parmi les principaux fleuves de l'Europe : en France, la Garonne, qui passe à Bordeaux; en Allemagne, l'Elbe, qui traverse Dresde et Hambourg; dans la péninsule Ibérique, le Tage, qui coule à Tolède et à Lisbonne, capitale du Portugal; en Italie, le Tibre, sur lequel s'élève la ville de Rome.

Les principaux fleuves d'Afrique sont le Nil, le Niger et le Congo.

Le Nil est un des plus célèbres fleuves du monde, non seulement parce que les plus anciens hommes habitaient en Égypte, mais encore parce qu'il donne, plus que toute autre rivière, la fertilité aux pays qu'il traverse. Il descend des hautes montagnes de l'Abyssinie, et porte alors le nom de *Nil bleu;* son eau est limpide comme celle qui résulte de la fonte des neiges; puis il se réunit à un autre grand fleuve appelé *Nil blanc,* à cause de la couleur blanchâtre de ses eaux, qui proviennent d'immenses lacs situés au centre de l'Afrique. Le fleuve, coulant vers le nord, se trace alors un chemin au milieu du désert, et sur son parcours apparaissent quelques villes marchandes et de riches villages agricoles. Il forme des cataractes et d'immenses chutes d'eau qui rendent la navigation difficile. Au delà du Caire, qui est la capitale de l'Égypte, le Nil se divise en une multitude de bras, reliés les uns aux autres par des canaux artificiels ou naturels, de sorte que tout l'espace compris entre ces branches forme un triangle dont la base est

Bords du Nil.

la Méditerranée et le sommet la ville du Caire ; c'est le delta du Nil, une des régions les plus fertiles du globe. La ville d'Alexandrie, le plus grand port de l'Égypte, est placée à l'extrémité ouest du Delta. Tous les ans, vers le commencement du mois d'août, le Nil grossit énormément, déborde, et ses eaux recouvrent une vaste étendue. En débordant ainsi, le Nil, dont les eaux sont chargées de terre et de limon, dépose sur le sol, dans toute l'étendue de son parcours, une sorte de boue qui féconde la terre.

Dans les parties élevées de son cours, le Nil est habité par des hippopotames et des crocodiles. Mais ces animaux disparaissent au delà des cataractes ; la civilisation les a chassés.

L'eau du Nil est toujours trouble; elle est cependant très bonne à boire.

Les parcours du Niger et du Congo sont mal connus. Leurs rives sont peu habitées ; elles sont assez malsaines, au moins pour les hommes de race blanche. Ce sont des nègres qui demeurent sur leurs bords.

Les principaux fleuves de l'Asie sont : le fleuve Rouge, l'Amour, le fleuve Bleu, le Gange, le Tigre et l'Euphrate,

Le Gange est le fleuve sacré des Hindous, comme le Nil était le fleuve sacré des anciens Égyptiens. Il se jette dans l'océan Indien; sa masse d'eau est considérable ; mais ses bords, quoique fertiles, sont malsains, et il ne déborde pas comme le Nil.

Le Tigre et l'Euphrate se réunissent, sous le nom de Bahr-el-Abiad, pour se jeter dans un golfe de l'océan Indien, par une embouchure commune. Entre ces deux rivières s'étend un espace fertile, connu de toute antiquité, qu'on appelle la Mésopotamie. C'est sur le Tigre qu'est située une des plus anciennes villes de l'Islam, Bagdad, qui a été jadis extrêmement prospère.

Les principaux fleuves de l'Amérique sont : le Saint-Laurent, le Mississipi, l'Amazone et la Plata; les deux premiers dans l'Amérique du Nord, les deux autres dans l'Amérique du Sud.

Le Saint-Laurent est extrêmement large ; il sort de grands lacs intérieurs, semblables à de petites mers d'eau douce.

Le Mississipi traverse l'Amérique du nord au sud. C'est le plus grand fleuve du monde : son parcours est de 7,200 kilomètres.

Le cours de l'Amazone est très long ; il n'existe pas

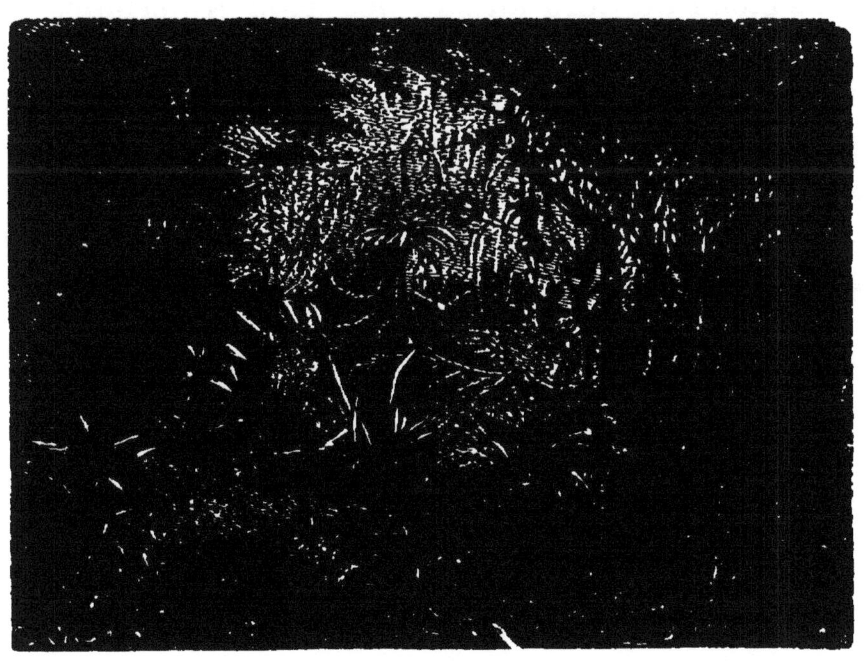

Forêt vierge.

de fleuve dont la masse d'eau soit aussi considérable ; à lui seul il roule autant d'eau que tous les fleuves de l'Europe réunis. Il prend sa source dans la Cordillère des Andes, coule de l'ouest à l'est, et se jette, après un très long trajet, dans l'océan Atlantique. Ses rives sont peu habitées ; elles sont entourées de forêts vierges, c'est-à-dire non défrichées. Les grands arbres qui s'y trouvent forment un dôme de végétation épaisse qui empêche le soleil de pénétrer jusqu'au sol.

La Plata est une rivière très large, qui coule dans une plaine fertile où paissent d'innombrables troupeaux de bœufs et de chevaux sauvages.

Tous les grands fleuves d'Amérique se jettent dans l'océan Atlantique ; la grande chaîne de montagnes qui s'étend du nord au sud des deux Amériques, est en effet bien plus voisine du Pacifique que de l'Atlantique. L'immense étendue du versant Atlantique est quarante fois plus vaste que l'étendue du versant Pacifique.

Voici, évaluée en centaines de kilomètres, la longueur du trajet des principaux fleuves du monde :

Mississipi.............	72
Nil.....................	65
Amazone..............	62
La Plata..............	40
Volga..................	36
Danube...............	28

GÉOGRAPHIE POLITIQUE

France.

On appelle État ou nation l'ensemble des individus parlant la même langue et soumis aux mêmes lois.

La *France* est l'un des pays les plus puissants et les plus riches du monde; son sol est fertile, ses villes sont très industrieuses, ses ports florissants.

Les lettres, les sciences et les arts y sont tenus en grand honneur. Tous les Français âgés de vingt et un ans sont soldats, et doivent servir pendant cinq ans dans l'armée. Tous les enfants, dès l'âge de sept ans, doivent aller dans les écoles, où ils apprennent à lire, à écrire et à calculer.

L'intelligence et la science sont, en France, les seuls privilèges ; un simple soldat, s'il est courageux, honnête et intelligent, peut devenir général ; les places de l'État sont également accessibles à tous les citoyens.

Tous les citoyens français sont égaux. Les Français ne font aucune distinction entre les races et les religions : ils s'attachent seulement à protéger les hommes de bien et à rendre à tous justice et protection.

La France a tenu à honneur, pendant le cours de sa longue histoire, de défendre les faibles contre les violents qui les opprimaient. C'est ainsi qu'elle a délivré les Italiens, les Américains, les Grecs, les Roumains ; qu'elle a porté secours en de fréquentes occasions aux Syriens, aux Égyptiens et aux Turcs. Quand les chrétiens étaient maltraités par les musulmans, elle les a défendus, et, le cas échéant, elle les défendrait avec la même énergie et la même force redoutable. Quand les musulmans ou les juifs étaient menacés par d'injustes ennemis et cruellement persécutés, elle n'a pas hésité davantage à élever la voix en leur faveur et à les aider de ses armes.

Un Anglais a dit que tout homme de cœur a deux patries : la sienne et la France. Cet Anglais rendait à la France un légitime hommage. Il faut donc aimer la France, parce qu'elle est juste et généreuse, et qu'un bon citoyen doit toujours aimer son pays.

Le sol de la France est très riche; il produit en abondance le blé, le seigle, la vigne, les arbres fruitiers, les oliviers, les plantes maraîchères; les forêts de chênes, de pins, de hêtres, sont très nombreuses. La faune (races animales) est renommée; elle comprend de très beaux chevaux, des bœufs, des vaches et des moutons en abondance, et de nombreuses variétés de gibier. Enfin le sol renferme des mines de cuivre, de fer et de houille.

La capitale de la France est Paris, grande ville bâtie sur les deux rives de la Seine, et qui compte plus de deux millions d'habitants. Paris est entouré de forts redoutables et est célèbre par la beauté de ses monuments (le Louvre, l'Arc de triomphe, Notre-Dame, la colonne Vendôme, la Sainte-Chapelle, le Panthéon, les Invalides, l'Opéra).

Après Paris, les principales villes de la France sont : Lyon, sur le Rhône, cité industrielle fameuse par ses fabriques de soie; Lille, ville manufacturière et place forte; les ports commerçants de Boulogne, de Calais et du Havre sur la Manche; les ports militaires de Cherbourg, Brest, Lorient et Toulon; Marseille, la reine de la Méditerranée; Bordeaux, sur la Garonne, célèbre par ses vins; les villes commerçantes et industrielles de Rouen, Reims, Angers, Beauvais, Nantes, Tours, Saint-Étienne, Bayonne, Montpellier, Grenoble, Dijon, Mâcon; puis Versailles, ancienne résidence des rois de France; Aix,

Orléans, Pau, Nice, Fontainebleau, Nîmes, Clermont.

Paris.

La France possède dans les autres parties du monde de belles et riches colonies; en Asie : Pondichéry dans l'Inde, et dans l'Indo-Chine la Cochinchine, l'Annam, le Cambodge et le Tonkin; — en Afrique : l'île de la Réunion et une partie de Madagascar, la région du Congò, le Sénégal et l'Algérie; — en Amérique : les belles îles de la Martinique et de la Guadeloupe, et la Guyane; — en Océanie : la Nouvelle-Calédonie et les îles Taïti.

Alger.

Mais la plus belle de ses colonies est l'Algérie, dont elle a commencé la conquête en 1830 et qui est devenue une autre France, la France africaine. Après avoir été généreuse pour le glorieux chef Abd-el-Kader, qu'elle avait vaincu et qui devint par suite son allié, elle établit en Algérie le même ordre, la même justice et la même discipline que sur son territoire européen ; les villes d'Alger, de Constantine, d'Oran, qui étaient de misérables bourgades, sont devenues des cités prospères.

En 1881, la France a pris sous son protectorat la Tunisie, qui était plongée dans le désordre de l'anarchie. Elle a déjà commencé à donner à la Tunisie les bienfaits de la civilisation.

Autres États de l'Europe.

1° Pays du nord et de l'est.

Les Iles Britanniques ou Grande-Bretagne (Angleterre, Écosse et Irlande), capitale Londres, l'un des ports les plus fréquentés du monde ; villes principales, presque toutes très industrielles et très commerçantes : Manchester, centre des plus grandes manufactures de coton ; Newcastle, célèbre par son charbon de terre ; les ports de Liverpool, de Bristol et de Southampton ; Birmingham ; Glasgow en Écosse, et Dublin en Irlande.

L'Angleterre possède de nombreuses colonies ; en Asie : l'Inde avec les villes de Calcutta et de Bombay ; — en Afrique : le cap de Bonne-Espérance ; — en Amérique : le Canada et l'île de Terre-Neuve ; — en Océanie : l'Australie, avec les villes de Melbourne et de Sydney, et la Nouvelle-Zélande. Elle possède encore l'île de Malte et la forteresse de Gibraltar dans la mer Méditerranée. Ses commerçants sont répandus sur toute la surface du globe.

La Russie est un immense pays, plus grand à lui seul que tout le reste de l'Europe. L'industrie de la Russie est encore arriérée, mais son agriculture est florissante.

La capitale de la Russie est Saint-Pétersbourg; ses

Londres.

villes principales sont : Moscou, l'ancienne capitale ; les ports de Riga et d'Odessa ; Astrakhan, centre d'un grand commerce de fourrures; Varsovie, ancienne capitale de la Pologne.

La Russie possède en Asie l'immense Sibérie et une partie du Turkestan.

Saint-Pétersbourg.

Le royaume uni de Suède et Norvège, le plus septentrional des États de l'Europe : capitales Stockholm et Christiania.

Le petit royaume de Danemark, capitale Copenhague.

2° Pays du milieu.

La Belgique, petit royaume industrieux, voisin de la France, capitale Bruxelles; villes principales : Anvers, grand port commerçant; Gand et Liège.

La Hollande, voisine de la Belgique ; le sol y est,

en grande partie, au-dessous du niveau de la mer qui la baigne ; c'est par de nombreuses et puissantes digues que les habitants, ingénieux et patients, se garantissent contre les inondations de l'Océan et des fleuves : le Rhin, la Meuse, l'Escaut. — Capitale : la Haye ; villes principales : Amsterdam et Rotterdam, ports très commerçants.

Berlin.

La Hollande a de riches colonies, surtout en Océanie, où elle possède les îles de Bornéo, de Java et de Sumatra.

L'Allemagne, grand empire au centre de l'Europe, qui comprend le royaume militaire de Prusse, capitale Berlin ; le royaume de Saxe, capitale Dresde ; le royaume de Bavière, capitale Munich ; le royaume de Wurtemberg, capitale Stuttgard.

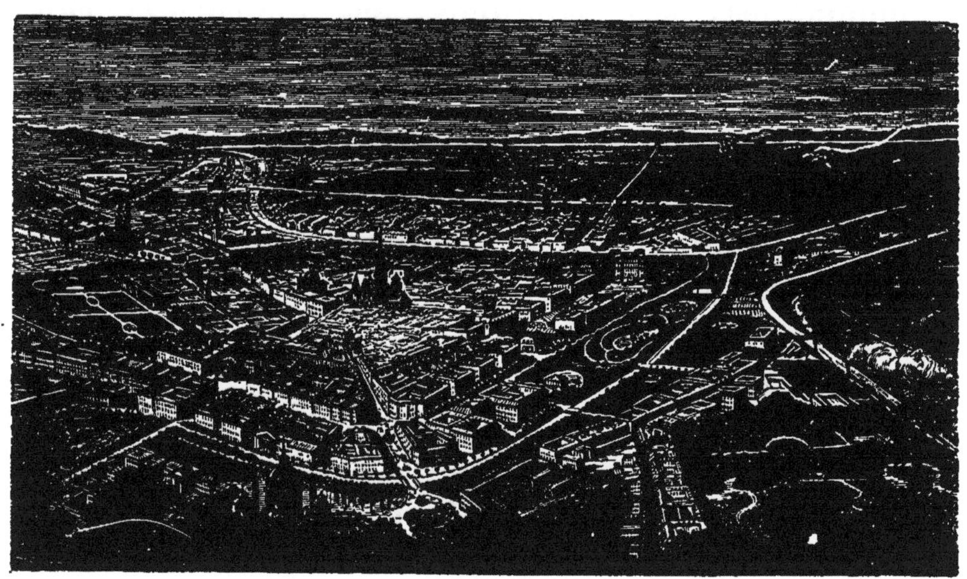

Vienne

Le roi de Prusse, qui réside à Berlin, est empereur d'Allemagne.

Les principales villes de l'Allemagne sont : les ports florissants de Hambourg et de Brême ; les villes industrielles de Cologne, Nuremberg et Francfort ; les villes fortifiées de Kœnigsberg, Coblentz et Mayence.

La Suisse, petite république enclavée entre la France, l'Italie et l'Allemagne, célèbre par ses montagnes, ses pâturages, ses industries; capitale Berne; villes principales : Genève, Bâle et Zurich.

L'empire d'Autriche-Hongrie, avec la riche et belle cité de Vienne comme capitale ; Budapest est la capitale particulière de la Hongrie, Prague celle de la Bohême ; Trieste est le grand port de l'Autriche sur l'Adriatique.

3° Pays du sud.

Dans la péninsule ibérique : le Portugal, capitale Lisbonne, grande cité sur le Tage ; — et l'Espagne, capitale Madrid ; Barcelone, Séville, Valence et Malaga sont les principales cités commerçantes et industrielles de l'Espagne.

Cuba, la plus grande des Antilles, est la principale colonie de l'Espagne.

Le royaume d'Italie, belle contrée, d'un climat très doux. Ce pays a été longtemps divisé en de nombreux petits États, et opprimé cruellement par des maîtres étrangers. C'est la France qui a délivré le peuple italien par les victoires de Magenta et de Solférino.

La capitale de l'Italie est Rome, l'ancienne capitale de l'empire romain, célèbre par ses monuments; les villes principales sont : Florence, Naples, Milan, Venise et Gènes. L'Italie possède dans la Méditerranée les îles de Sicile et de Sardaigne.

Le royaume de Grèce, qui doit également son indépendance à l'intervention de la France; capitale

Rome.

Athènes. Le peuple grec est brave, intelligent, instruit et très habile au commerce.

L'empire ottoman ou Turquie, dont la capitale est Constantinople, avec son vaste port, la Corne d'Or, sur le Bosphore. Les villes principales sont Andrinople et Salonique.

La Turquie possède en Asie : l'Anatolie ou Asie Mineure, avec les riches cités de Trébizonde et de

A
B

Smyrne; la Syrie avec Damas, célèbre autrefois par ses manufactures d'armes; les ports de Beyrouth et de Jaffa, et Jérusalem; la Mésopotamie, avec les cités commerçantes de Bagdad et de Mossoul; l'Arabie, avec la ville de la Mecque, où s'élève le tombeau de Mahomet.

En Afrique, la province de Tripoli appartient à la

Florence.

Turquie, et l'Égypte est soumise à sa suzeraineté. La capitale de l'Égypte est le Caire; ses villes principales, Alexandrie, Damiette, Port-Saïd et Suez.

États indépendants de l'Asie, de l'Afrique et de l'Amérique.

Nous avons dit quels sont les territoires que les puissances européennes possèdent en Asie, en Afrique et en Amérique; il faut étudier maintenant

New-York.

les États indépendants qui existent dans ces continents.

1° Asie.

Chine, capitale Pékin ; villes principales : Nankin, Canton et Fou-Tchéou.

Japon, pays très cultivé et très ouvert aux idées de progrès ; capitale Yédo ou Tokio.

Perse, capitale Téhéran.

2° Afrique.

Maroc, empire musulman, capitale Fez ; ville principale : Tanger, port commerçant sur la Méditerranée.

3° Amérique.

États-Unis d'Amérique, grande république fédérative ; pays très fertile, peuple très laborieux, très actif, très industrieux et très commerçant. Capitale Washington ; villes principales : New-York, Boston, Philadelphie, San-Francisco, la Nouvelle-Orléans.

Le Mexique, ancienne colonie espagnole, aujourd'hui république fédérative ; capitale Mexico ; ville principale : la Vera-Cruz, port de mer très commerçant.

Le Brésil, immense empire, capitale Rio-de-Janeiro, sur une des plus belles rades du monde.

La population des principaux États du globe peut être évaluée comme il suit :

Europe.................. 330 millions d'habitants :

Russie................	85	Turquie..............	6
Allemagne.............	46	Belgique.............	6
France................	38	Danemark.............	22
Autriche..............	38	Roumanie.............	
Angleterre............	36	Portugal.............	
Italie................	29	Hollande.............	
Espagne...............	17	Suisse...............	
Suède et Norvège......	7	Grèce................	

ASIE.............................. 724 millions.

Chine..................	350	Turquie d'Asie..........	18
Indes..................	258	Perse et Turkestan......	14
Japon..................	35	Sibérie et Asie russe....	14
Indo-Chine..	25	Birmanie..............	10

AFRIQUE.......................... 188 millions.

Afrique centrale........	150	Abyssinie..............	3
Égypte.................	16	Madagascar............	3
Maroc.................	7	Transwaal et Cap.......	2
Algérie et Tunisie.......	6	Tripoli................	1

AMÉRIQUE.......................... 100 millions.

États-Unis.............	50	Brésil.................	12
Mexique...............	10	Républiques du centre et du sud..............	18
Canada................	5		
Antilles...............	5		

OCÉANIE.......................... 37 millions.

Possessions hollandaises.	25	Possessions anglaises...	4
Possessions espagnoles..	7	Autres................	1

La population totale du globe terrestre est d'environ treize cents millions d'hommes.

Voici maintenant la population des principales villes du monde :

Londres..........	3,900,000	Vienne..........	1,100,000
Paris............	2,300,000	Saint-Pétersbourg .	900,000
Pékin............	1,600,000	Philadelphie... ..	900,000
Canton..........	1,600,000	Bombay..........	800,000
New-York........	1,200,000	Calcutta.........	700,000
Berlin...........	1,200,000	Constantinople....	600,000
Tokio............	1,100,000	Moscou..........	600,000

HISTOIRE

CHAPITRE PREMIER. — **Les races. — Chine. — Inde. Égypte. — Assyrie. — Perse.**

L'homme a paru sur la terre à une époque extrêmement lointaine, qu'on appelle l'âge de pierre, parce que l'homme se servait alors de pierres taillées comme armes et comme outils.

L'espèce humaine se divise en quatre races principales : la race blanche (Sémites, Indiens et Européens) ; la race jaune (Chinois et Mongols) ; la race noire (nègres de l'Afrique) ; la race rouge (premiers Américains avant la colonisation de l'Amérique par les Européens).

L'histoire des races noire et rouge est enveloppée d'obscurité. Les nègres d'Afrique et d'Australie, les Indiens d'Amérique, n'ont pas laissé d'annales.

Le principal peuple de la race jaune est le peuple chinois, qui s'attribue cent mille ans d'existence. Ce peuple est arrivé très rapidement à un degré remarquable de civilisation, mais il est resté stationnaire.

Les lois morales et politiques des Chinois ont pour auteur un savant du nom de Confucius. Ce sage recommande cinq vertus principales : l'humanité, la justice, la conformité aux rites prescrits et aux usages établis, la sincérité et la droiture.

Au sud-ouest de la Chine est l'Inde, qui a été le berceau des Aryens ou Indo-Européens. Les Grecs, les Italiens, les Gaulois, les Germains, les Slaves, les

Persans et les Indiens sont les principales familles aryennes.

Il y a trente-quatre siècles que les Aryas ont occupé la vallée du Gange. Le peuple indien a été très industrieux; il a produit des sages et des artistes. Ses prêtres s'appellent *brahmanes,* son code les *lois de Manou,* et Çakya Mouni, surnommé Bouddha ou le Sage, a été son plus fameux philosophe. Il prêchait

Obélisques de Louqsor.

la miséricorde et la pitié, et fut le fondateur d'une religion nouvelle, le *Bouddhisme,* qui s'est répandu surtout en Chine, en Indo-Chine et au Japon.

Une civilisation encore plus ancienne que celle de l'Inde est celle de l'Égypte, qui compte de nombreuses dynasties de rois guerriers et législateurs. Le plus célèbre de ces princes fut le conquérant Sésostris.

Ces rois élevèrent les pyramides, les obélisques et la grande statue du Sphinx qu'on voit encore dans le désert, près du Caire. Ils construisirent des temples ornés de peintures murales et de belles statues.

Comme les Égyptiens dans la vallée du Nil, les Assyriens et les Babyloniens, dans les vallées du Tigre et de l'Euphrate, établirent de puissants empires. Ninive était la grande ville sur le Tigre, et Babylone, fondée par le chasseur Nemrod, la capitale sur l'Euphrate. Sur les murailles de Babylone, six chariots

Pyramide et Sphinx.

pouvaient passer de front. Cette ville était encore renommée pour ses jardins suspendus, qui furent bâtis par la reine Sémiramis. L'un de ses rois, Nabuchodonosor, conquit l'Égypte et la Palestine.

Après avoir atteint un haut degré de civilisation, l'Égypte et l'Assyrie tombèrent en décadence : la sagesse manqua à leurs rois, et le courage à leurs soldats. Alors les Perses, qui étaient vertueux et belliqueux, entreprirent contre eux de grandes guerres et conquirent leur pays. Cyrus, Cambyse et Darius ont été les plus fameux parmi les rois de Perse. Mais plus tard, ayant abusé de leurs victoires, les Perses, à leur tour, se laissèrent aller à la mollesse et à la corruption.

CH. II. — **Les Juifs. — Abraham. — Moïse. — David. — Salomon. — Jésus.**

Les Juifs ou Hébreux sont les plus célèbres des peuples de la race sémitique. Leur histoire aux temps anciens a été racontée dans un livre admirable qui s'appelle la Bible.

Chaque peuple a ainsi son livre sacré : les Chinois ont le livre de Confucius, les Indiens ont les Védas, les Juifs ont le livre de Moïse ou la Bible, les chrétiens ont l'Évangile, les Arabes ont le livre de Mahomet ou le Coran.

A l'origine, les Juifs étaient nomades, comme le sont aujourd'hui les Bédouins, et comme eux ils vivaient en tribus, couchant sous des tentes. Leurs chefs étaient les patriarches ; ils descendaient de Noé, le seul homme, selon la Bible, qui échappa au déluge avec sa famille et un couple de chaque espèce d'animaux qu'il avait fait entrer dans l'arche. C'est Noé qui inventa le vin.

Un des patriarches descendants de Noé s'appelait Abraham. Il était juste et courageux ; il eut deux fils : Isaac d'où descendent les Juifs, et Ismaël qui fut l'ancêtre des Arabes. Isaac fut le père de Jacob, le laboureur, et du chasseur Ésaü. Celui-ci, comme il revenait un soir du désert, accablé de fatigue et pressé par la faim, vendit à son frère, pour un plat de lentilles, son droit d'aînesse.

Joseph, fils de Jacob, était le favori de son père; aussi ses frères, animés de mauvais sentiments, devinrent jaloux de lui et le vendirent à des marchands qui le conduisirent comme esclave en Égypte. Mais comme Joseph était d'un esprit très sage et très pré-

Joseph vendu par ses frères.

voyant, il ne tarda pas à être remarqué par le Pharaon (roi) d'Égypte, et il devint son premier ministre. Il aurait pu alors, étant très puissant, se venger de ses frères qui l'avaient maltraité; mais c'était un cœur généreux : il leur pardonna et les combla d'honneurs, donnant ainsi un grand exemple de clémence et d'oubli des injures. Les Hébreux s'établirent dans la vallée du Nil et y prospérèrent.

Les Hébreux, étant devenus très nombreux, furent

persécutés en Égypte. Mais la persécution ne profite jamais à ceux qui l'exercent. Les Hébreux, s'étant révoltés, quittèrent l'Égypte, emportant avec eux de grandes richesses. De même, quand des rois intolérants chassèrent plus tard les Maures du royaume de Grenade, l'Espagne fut appauvrie et ruinée pour longtemps.

Après avoir erré pendant quarante années dans le désert d'Arabie, les Juifs allèrent habiter, en Palestine, la terre promise. Moïse, qui était leur chef, leur donna des lois qu'on appelle le Décalogue et qui sont très belles. Il disait dans ces préceptes : « Honore ton père et ta mère, afin que tu vives longuement. — Tu ne commettras point de péchés. — Tu ne déroberas point. — Tu ne tueras point. — Tu ne porteras pas de faux témoignage contre ton prochain. — Tu ne convoiteras point la maison de ton prochain, ni sa femme, ni son serviteur, ni sa servante, ni aucune des choses qui lui appartiennent. »

Ces lois sont le fondement de la morale et doivent être observées par tous les hommes de toutes les races et de toutes les religions.

Les principaux successeurs de Moïse furent : le guerrier Josué, le prophète Samuel, le roi Saül, le roi David qui composa les psaumes, le roi Salomon qui fut le prince le plus sage et le plus intelligent de son temps ; c'est lui qui construisit le temple de Jérusalem.

Un jour, deux femmes vinrent invoquer la justice de Salomon. Elles demeuraient dans la même chambre et avaient eu, presque au même jour, un enfant. Pendant la nuit, par accident, l'une d'elles étouffa son enfant. La mère de celui-ci, s'étant levée dès le matin, trouva près d'elle un cadavre, et, le considérant au grand jour avec attention, elle reconnut que ce n'était pas celui de son fils. Alors elle accusa la femme qui demeurait avec elle, et toutes deux se rendirent chez Salomon. Il était difficile de juger un pareil différend, où nul témoin ne venait déposer. Le roi dit à ses gardes : « Qu'on coupe en deux l'enfant vivant et qu'on en donne une moitié à chacune de ces femmes. »

Alors la vraie mère s'écria avec des pleurs : « Seigneur, donnez-lui l'enfant, je vous supplie, ne le tuez point. — Voici la mère, dit le roi, qu'on lui rende son fils. »

Ainsi éclata l'esprit de justice de Salomon et sa grande perspicacité.

Après la mort de Salomon, le royaume des Hébreux fut divisé, et cette division fut cause de sa perte. Les Assyriens envahirent le pays, s'emparèrent de Jéruralem et emmenèrent ses habitants en captivité pendant soixante-dix années. Daniel, comme autrefois Joseph au Pharaon, donna de bons conseils au roi Nabuchodonosor. Mais ce roi était aveuglé par l'orgueil, et il ne suivit pas les avis du jeune prophète. Aussi son royaume tomba à son tour en décadence, et, sous le règne de Balthazar, Babylone fut prise par le roi des Perses, Cyrus, qui renvoya les Juifs dans leur patrie.

Quand les Romains firent la conquête de l'Asie, ils s'emparèrent aussi de la Syrie, et Hérode, qui était leur allié, devint le maître de Jérusalem. Ce fut sous son règne que Jésus naquit à Bethléem. L'Évangile (c'est-à-dire le livre de la Bonne Nouvelle) racont l'histoire de Jésus.

Les Juifs et les autres peuples de la Syrie étaien alors très corrompus : Jésus leur prêcha une moral si belle et si pure que, dans la suite, elle fut adopté par tous les hommes vertueux. Tous les peuples d l'Europe s'y sont convertis, et Mahomet, dans ses dis

Jérusalem.

cours aux premiers musulmans, en a proclamé sou vent la noblesse.

Les ennemis de Jésus et les Romains conspirèren alors contre lui. L'ayant accusé de vouloir se fair proclamer roi, ils le firent mettre en croix, après l avoir fait subir de cruels tourments. Judas, un de douze apôtres, avait trahi et livré son maître pou trente deniers.

Voici quelques-uns des préceptes de Jésus-Christ :

« Il a été dit : Tu ne tueras point. Mais moi je vous dis que celui qui se mettra en colère contre son frère méritera d'être condamné.

« Ne faites pas les bonnes œuvres pour être regardés des hommes. Lors donc que vous donnerez l'aumône, ne faites pas sonner la trompette devant vous, comme font les hypocrites, pour être honorés des hommes. Que votre main droite ne sache pas ce que fait votre main gauche.

« Ne faites pas à autrui ce que vous ne voudriez pas qu'on vous fît à vous-mêmes, c'est la loi et les prophètes. »

Un Juif du nom de Paul, originaire de Tarse, en Cilicie, se convertit à l'Évangile et répandit la doctrine chrétienne en Asie, en Grèce et en Italie.

Ch. III. — **La Grèce. — Athènes et Sparte. — Guerres médiques. — Splendeur des arts. — Alexandre, roi de Macédoine.**

La Grèce, un tout petit pays sur la carte, a été très grande dans l'histoire par les exploits de ses guerriers, les œuvres de ses artistes, de ses poètes et de ses philosophes.

Au commencement, la terre était couverte de monstres qui ravageaient les campagnes et dévoraient les voyageurs. Des héros, que les poètes et les peuples reconnaissants appellent les demi-dieux, firent la chasse à ces bêtes féroces et en délivrèrent le pays. Les plus célèbres furent Bellérophon, Persée, Thésée, roi d'Athènes, et surtout Hercule, connu par ses douze travaux. Dès cette époque lointaine, les Grecs s'adonnèrent à la navigation et au commerce : l'expédition des Argonautes, dirigée par Jason, pénétra jusqu'au fond de la mer Noire.

Les successeurs de ces anciens héros firent, pendant dix ans, le siège de la ville de Troie, sur la côte d'Asie, parce que Pâris, fils du roi Priam, avait enlevé Hélène, femme de Ménélas, roi de Sparte. Le chef des Grecs était Agamemnon, dont les lieutenants et alliés étaient tous des héros réputés : Ulysse, homme très rusé, roi d'Ithaque ; Achille, guerrier très courageux, qui tua en combat singulier le Troyen Hector; les deux Ajax, et Patrocle, l'ami d'Achille. La ville de Troie ne fut prise que par ruse. Les Grecs, feignant de s'éloigner, laissèrent en offrande un gigantesque cheval de bois que les Troyens introduisirent dans leurs murs : le colosse recélait dans ses flancs les plus braves des chefs grecs, qui, pendant la nuit, sortirent de leur cachette et mirent le feu à la ville.

Un grand poète, Homère, a raconté le siège de Troie et les aventures qui le suivirent dans deux poèmes admirables, l'*Iliade* et l'*Odyssée*.

Les deux plus illustres villes de la Grèce ont été Sparte et Athènes. Sparte reçut des lois de Lycurgue, qui défendit le luxe et fit de ses concitoyens un peuple de guerriers durs à la souffrance et dédaigneux de la mort. Il enseigna surtout le dévouement à la patrie et le respect des vieillards. Les femmes spartiates étaient aussi courageuses que les hommes. L'une d'elles, donnant le bouclier à son fils qui partait pour la guerre, lui dit : « Reviens dessus ou dessous, » c'est-à-dire : « Tue, ou sois tué ; mais point de honte, mieux vaut la mort. »

Sparte était une monarchie, Athènes une république, dont Solon fut le législateur. Les Athéniens n'étaient pas moins braves que les Spartiates, mais ils étaient plus délicats et plus industrieux. Ils firent le commerce sur toutes les mers et fondèrent de nombreuses colonies. Les arts et les lettres étaient en grand honneur à Athènes. Les architectes et sculpteurs athéniens, Praxitèle, Phidias, ont fait des chefs-d'œuvre qui n'ont jamais été égalés. Il n'en reste aujourd'hui que des ruines, mais ces ruines sont si belles qu'il convient de les respecter et de les garder précieusement. C'est une barbarie que de détruire un fragment d'architecture ou de sculpture grecque.

Quand les Perses eurent conquis l'Asie et une partie de l'Afrique, ils voulurent aussi conquérir la Grèce ; leurs rois, Darius et Xerxès, à la tête d'immenses armées, l'envahirent. Mais les Grecs, qui voulaient rester libres, jurèrent de vaincre ou de mourir, et, malgré l'infériorité du nombre, ils remportèrent la victoire à Marathon, à Salamine et à Platée. Miltiade, Aristide et Thémistocle étaient les chefs des Athéniens. Le roi Léonidas était le chef des Spartiates, qui défendirent avec un héroïsme sans pareil le passage des Thermopyles. Avant le combat, Xerxès écrivit à Léonidas : « Rends tes armes. » Léonidas répondit : « Viens les prendre. » Sur le tombeau élevé plus tard aux héros morts dans cette bataille, un poète fit graver cette inscription : « Passant, va dire à Sparte que nous sommes morts ici pour obéir à ses lois. »

Quelques jours plus tard, à la bataille navale de

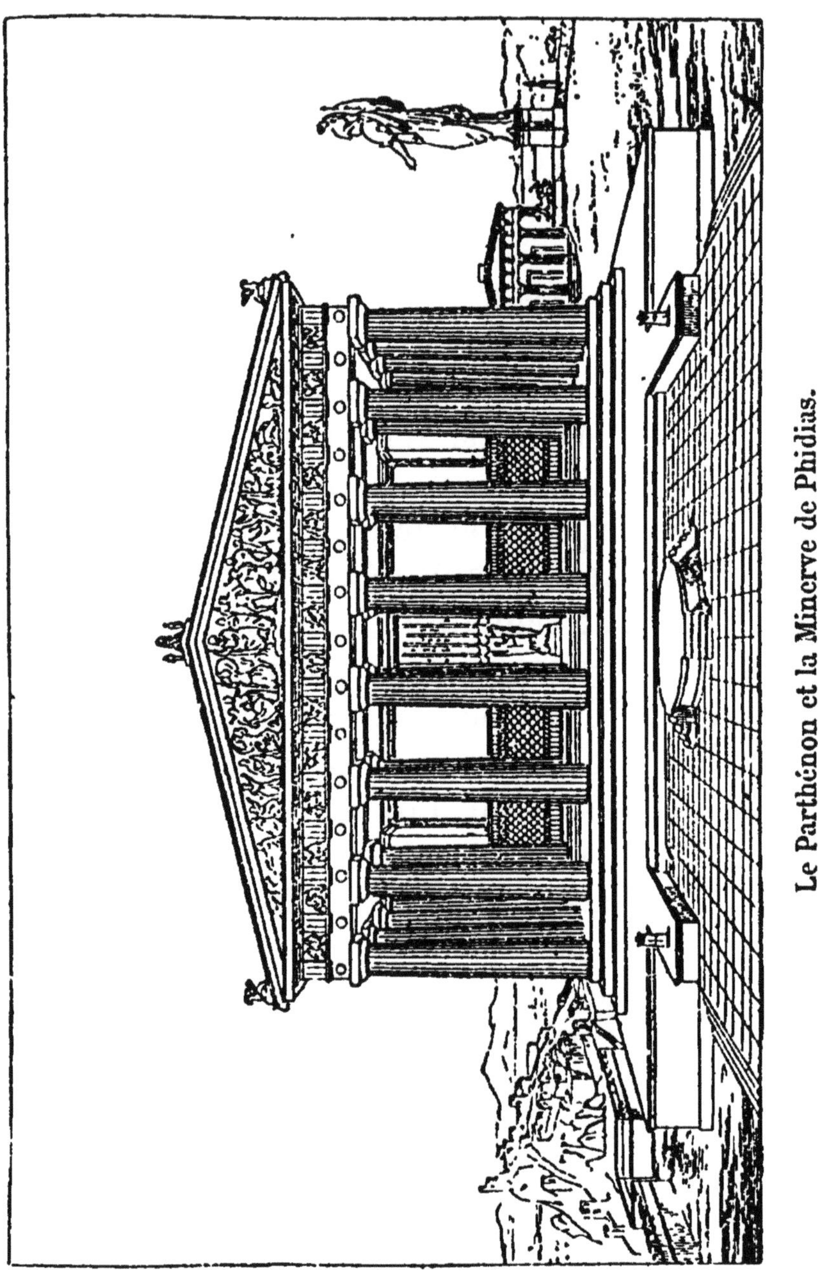

Le Parthénon et la Minerve de Phidias.

Salamine, la flotte des Perses fut détruite. Dans le conseil qui précéda le combat, Thémistocle développait le plan qui devait donner la victoire. Un autre chef, Eurybiade, dans la confusion du débat, vint sur lui le bâton levé : « Frappe, dit Thémistocle, mais écoute. »

Après ces guerres, la puissance des Grecs fut très grande. C'est alors qu'Athènes atteignit un si haut degré de splendeur. Elle avait des colonies sur tous les rivages de la Méditerranée, et elle excitait l'admiration et l'envie des peuples. Périclès, à cette époque, fut son plus illustre citoyen.

Mais bientôt des guerres civiles, les plus déplorables de toutes les guerres, affaiblirent les Grecs divisés, les vainqueurs comme les vaincus. Sparte, qui avait triomphé d'Athènes dans la guerre du Péloponnèse, fut à son tour, pendant quelques années, éclipsée par Thèbes, dont le chef était l'intrépide et vertueux Épaminondas. Après la victoire de Leuctres, comme on félicitait Épaminondas : « Ce qui me rend le plus heureux, dit-il, c'est que mon père vive encore : il jouira de cette gloire. » Dans la dernière bataille qu'il livra, à Mantinée, il fut blessé grièvement. Les médecins déclarèrent qu'il mourrait quand on retirerait le fer de sa blessure. Il demanda de quel côté la victoire était restée ; on lui dit qu'elle était aux Thébains : « Eh bien, je puis mourir, » dit-il, et il ordonna qu'on arrachât le fer.

Athènes, Sparte et Thèbes ayant été ainsi successivement affaiblies, les rois de Macédoine, Philippe et Alexandre, entrèrent en scène. Philippe conquit la Grèce, et Alexandre, surnommé le Grand, devint le maître, après de nombreuses et brillantes victoires, du royaume des Perses, de la Syrie, de l'Égypte et de l'Inde. Alexandre avait appris la politique avec Aristote, et il savait par cœur les poèmes d'Homère.

Les victoires du Granique, d'Issus et d'Arbelles sont les plus fameuses qu'ait remportées ce guerrier. Mais Alexandre ne se contentait pas, pour sa gloire, de détruire des armées; il fondait aussi des villes, et les emplacements en étaient si heureusement choisis, que ces cités n'ont fait que croître et prospérer depuis cette lointaine époque, à travers les siècles. Alexandrie d'Égypte a été fondée par ce grand prince.

Le nom d'Alexandre est resté célèbre dans tout l'Orient, où on l'appelle Iskender dans les légendes. Voici quelques-unes des histoires que l'on raconte sur ce prince :

Alexandre.

Au moment de partir pour la conquête de l'Asie, il distribue tous ses biens entre ses amis. Comme on lui demandait ce qu'il gardait pour lui, il répondit : « L'espérance. »

Après ses premières victoires, le roi de Perse, Darius, lui fit demander la paix en lui offrant la moitié de son royaume. Son meilleur général, Parménion, s'écria : « J'accepterais, si j'étais Alexandre. — Et moi aussi, dit Alexandre, si j'étais Parménion. »

Alexandre avait un cheval qui s'appelait Bucéphale, parce que la tête du cheval ressemblait à celle d'un bœuf. Cet animal passait pour indomptable quand son propriétaire l'amena à la cour de Philippe, le père d'Alexandre. Aucun cavalier ne pouvait réussir à le monter, quand le jeune prince remarqua que Bucéphale n'avait peur que de son ombre. Aussitôt il le fit tourner du côté du soleil, de sorte que l'ombre du cheval était projetée par derrière, et, sans difficulté, il s'élança sur son dos pour le faire marcher et manœuvrer.

Ch. IV. — **Les Romains. — Brennus. — Annibal et Scipion. — Marius. — César. — Conquête du monde. — Les empereurs jusqu'à Constantin.**

Selon les légendes, Rome fut fondée sur sept collines voisines du Tibre, par Romulus, descendant du Troyen Énée, qui s'était réfugié en Italie après la destruction de sa ville natale. Romulus était une manière de chef de brigands; il tua son frère Rémus; puis il attira les Sabins dans un guet-apens et leur enleva leurs filles. Après lui, Numa et Servius donnèrent de sages lois aux Romains; mais le sixième successeur de Romulus, Tarquin, était un tyran si cruel que les Romains se soulevèrent contre lui et le chassèrent. Ils proclamèrent la république. Brutus fut le premier *consul* de Rome : ses fils ayant conspiré, il les fit condamner à mort et assista froidement à leur supplice.

Le gouvernement de Rome fut pendant de longues années une aristocratie qui opprima durement le peuple. Par la force et la ruse, ce gouvernement conquit presque toute l'Italie. Seuls, les Gaulois, qui étaient établis dans le pays appelé aujourd'hui France, firent éprouver de sanglantes défaites aux armées de Rome. Ils prirent cette ville et y restèrent sept mois, jusqu'à ce que le Sénat eût payé à leur chef Brennus une lourde rançon.

Après les Gaulois, les Carthaginois, dont la capitale était voisine de la Tunis actuelle, en Afrique, menacèrent et compromirent la puissance romaine. Amilcar et son fils Annibal disputèrent aux Romains l'empire de la Méditerranée. Ce dernier, l'un des plus grands chefs militaires de l'antiquité, défit les Romains en vingt batailles, et les menaça jusque dans leur capitale. Il fut le premier qui traversa les Pyrénées et les Alpes avec une grande armée, au milieu des neiges; quand un rocher lui barrait la route, il le faisait dissoudre avec du vinaigre, qui, en se congelant, brise les pierres.

Annibal.

Annibal avait de nombreux Gaulois dans ses armées; c'est grâce à eux qu'il remporta ses plus belles victoires. Les Romains se montrèrent dignes d'un pareil adversaire par leur obstination et leur héroïsme. Quand il fut arrivé à quelques lieues de Rome, le sénat fit mettre en vente le champ où il était campé, tant il avait confiance dans le résultat final de la lutte. Pour le vaincre, il fallut que Scipion, jeune général de vingt-quatre ans, conclût des alliances avec de nombreux chefs barbares qui marchèrent sur Carthage. Annibal fut alors battu à Zama et s'exila en Asie ; mais la jalousie cruelle des Romains le poursuivit jusque dans sa retraite, et ce héros, pour échapper à la honte de la captivité, s'empoisonna. Peu de temps après sa mort, les Romains détruisirent Carthage et en massacrèrent tous les habitants, vieillards, femmes et enfants.

Les Romains avaient déjà conquis une grande partie du monde civilisé (Italie, Grèce, Espagne, Asie, Afrique), quand ils furent sur le point de voir s'écrouler leur empire sous les coups de l'invasion des Cimbres et des Teutons, peuplades belliqueuses de la Germanie. Pendant quatre années successives ces hordes défirent toutes les légions qui leur furent opposées. Il fallut le génie militaire de Marius pour les repousser, à Aix et à Verceil. Mais Marius, qui était le chef du peuple, avait les nobles pour ennemis, et bientôt éclata une affreuse guerre civile. Ce fut Sylla, à la tête de l'aristocratie, qui remporta la victoire finale, et il ensanglanta Rome par ses proscriptions.

Vercingétorix.

Pendant ces luttes, la liberté, qui avait été longtemps la gloire de Rome, dépérit, et ce peuple, qui avait conquis le monde, devint mûr pour la servitude. En vain de bons citoyens, Cicéron, Caton, Brutus, essayèrent de ranimer les antiques vertus. Sylla fut remplacé par Pompée ; et Jules César, trop ambitieux pour vouloir partager l'empire, finit par se débarrasser de tous ses rivaux et par régner en maître.

César, pour former ses légions et établir son prestige, avait fait la guerre pendant sept années en Gaule, en Germanie et en Bretagne. Il rencontra en Gaule une héroïque résistance. Un chef arverne, Vercingétorix, le tint en échec pendant longtemps ; la famine seule le força à ouvrir à César les portes d'Alésia, où il avait été assiégé.

César.

Après la mort de César, tué par les derniers républicains de Rome, la guerre civile éclata de nouveau ; elle tourna au profit du neveu et fils adoptif de César, Octave, qui, après avoir vaincu l'armée républicaine, partagea d'abord le pouvoir avec Antoine. Puis, comme son oncle, il voulut régner seul et déclara la guerre à Antoine et à la belle Cléopâtre, reine d'Égypte. Vainqueur dans la bataille navale d'Actium, il prit le titre d'empereur. Le pouvoir monarchique fut ainsi rétabli à Rome.

Sous le règne d'Auguste, les lettres et les arts fleurirent en Italie, et, grâce à la paix profonde dont jouissait l'empire, la civilisation romaine se répandit jusque dans les provinces les plus éloignées; partout, en Asie, en Afrique, en Gaule, on construisit des routes, des ponts, des théâtres, des bains, dont les ruines font encore l'admiration des voyageurs. Les monuments romains sont d'un art moins pur et moins noble que ceux de la Grèce; il n'en faut pas moins respecter les ruines, très importantes pour l'histoire.

Les successeurs d'Auguste, généralement installés sur le trône par les soldats de la garde prétorienne, furent, pour la plupart, des tyrans durs et rapaces. Les noms de Tibère, de Caligula, de Néron, qui tua sa mère et sa femme; de Domitien, de Commode et de Caracalla, sont restés en horreur à la postérité. Il n'y avait sous ces règnes aucune sécurité pour les bons citoyens, que les empereurs mettaient à mort et dépouillaient de leurs biens au gré de leurs caprices. Le peuple tomba en décadence : pourvu que l'empereur lui donnât le pain et les jeux du cirque, il était satisfait.

On peut citer, entre tant de mauvais princes, quelques empereurs vertueux et dignes d'estime : Vespasien, qui par ses économies sévères rétablit les finances ruinées; son fils Titus, qui disait qu'une journée où il n'avait pas fait de bien était une journée perdue; Trajan, qui créa un système d'assistance pour les enfants pauvres; Adrien, qui parcourut plusieurs fois tout son empire; Antonin, Marc-Aurèle, le philosophe, et Septime-Sévère, dont le dernier mot d'ordre fut : « Travaillons. »

Ch. V. — Constantin. — Empire d'Occident et empire d'Orient. — Invasion des Barbares. — Fin des temps anciens.

Le 46e empereur romain fut Dioclétien, qui, le premier des Romains, prit un diadème et s'habilla de soie et d'or. Sous son règne apparaissent les *Barbares.* A la suite de migrations qui sont restées mystérieuses, de nombreux peuples, encore rebelles à la civilisation, mais pleins de force, de santé et de courage, se rapprochèrent des frontières de l'empire et devinrent menaçants, sur le Rhin comme sur le Danube. Les Francs, les Saxons et les Alamans étaient les plus redoutables de ces nouveaux ennemis.

Cependant la religion chrétienne avait fait de très grands progrès : dans toutes les parties de l'empire, les pauvres gens s'étaient convertis peu à peu à la morale de Jésus ; le spectacle des martyrs, qui mouraient courageusement pour leur foi, avait frappé les consciences, et les persécutions, loin d'arrêter les conversions, les avaient au contraire multipliées. Constantin, l'un des successeurs de Dioclétien, se déclara alors pour les chrétiens, qui purent librement pratiquer leur culte. L'empereur devint le chef de l'Église.

L'empire romain, jusqu'à Constantin, avait eu une seule capitale : Rome. Constantin lui en donna une seconde : Byzance, sur le Bosphore, qui, de son nom, s'appela Constantinople, et qui a été plus tard la Stamboul des Turcs. Puis l'empire romain se divisa en empire d'Occident et empire d'Orient.

L'empire d'Occident, dont Rome était la capitale,

ne dura pas au delà d'un siècle. Un seul empereur, Théodose, montra sur le trône les qualités d'un chef d'État. Ses indignes successeurs et leurs armées dégénérées ne surent que capituler devant les armées barbares toujours nouvelles qui, du nord et de l'est de l'Europe, descendaient sur la Gaule, l'Italie et l'Espagne. Les Visigoths, sous Alaric, qui prit Rome et saccagea l'Italie, avaient ouvert la marche; les Vandales et les Burgondes suivirent; Attila, le roi des Huns, surnommé le fléau de Dieu, fut terrible entre tous. « L'herbe, disait-il, ne peut croître où mon cheval a passé. » Pour le repousser derrière le Rhin, il fallut la coalition des peuples qui occupaient alors la Gaule : les Francs, les Bourguignons et les Visigoths. Mérovée était alors le chef des Francs, et, selon la légende, le second roi des Francs.

L'année même de la mort d'Attila, Odoacre mettait fin à l'empire d'Occident en déposant Romulus Augustule et en prenant le titre de roi d'Italie (476). L'empire d'Orient, qui eut pour législateur Justinien, devait durer encore près de dix siècles, jusqu'à la prise de Constantinople par les Turcs (1453).

Les temps antiques sont terminés; le moyen âge commence. La prise de Rome par Odoacre marque le début du moyen âge; la prise de Constantinople par Mahomet II en marquera la fin.

Ch. VI. — Mahomet. — Le khalifat. — Les Ommiades et les Abassides. — Les Turcs.

Le Ve siècle avait été celui de l'établissement définitif du christianisme en Europe; le VIe siècle vit naître en Asie l'islàmisme, dont le prophète Mahomet fut le fondateur.

Mahomet, dont le nom signifie *le Louable*, naquit à la Mecque (Arabie), en 560, de la famille de Hâchem, dans la fameuse tribu des Koreïchites. Orphelin à l'âge de cinq ans, il fut d'abord conducteur de chameaux, puis commerçant. Il voyagea beaucoup et profita de ses voyages pour s'instruire dans la compagnie de nombreux savants, chrétiens et juifs. Il était sage, habile et courageux. L'Arabie était divisée entre plusieurs religions : Mahomet étudia ces différents cultes et médita profondément sur la recherche de la vérité.

Mahomet.

Ce fut seulement vers l'âge de quarante ans que Mahomet s'ouvrit de ses grandes pensées à sa femme Kadischah, à son cousin Ali, à son affranchi Zayd et à son ami Abou-Bekre : il leur communiqua les 114 chapitres du Coran, livre admirable qui contenait toute la loi civile et religieuse des futurs musulmans. « Dieu seul est grand, et Mahomet est son prophète, » tel était le dogme. La loi civile était très juste et très sévère, la loi morale très pure et semblable à celle de l'Évangile. Mahomet édictait des peines sévères contre le vol, le faux témoignage, l'adultère ; il prescrivait la charité et la piété. « Acquittez-vous exactement, disait-il, de la prière, et faites l'aumône. — Ne revêtez pas la vérité de la robe du mensonge ; ne cachez pas la vérité quand vous la connaissez. — La piété ne consiste point à tourner vos visages du côté du levant ou du couchant. Pieux est celui qui donne à ses amis, à ses proches, aux orphelins, aux pauvres, aux voyageurs ; qui rachète les captifs, qui fait l'aumône, qui remplit les engagements qu'il contracte, qui est patient dans l'adversité, dans les temps durs ou dans les temps des violences. — Si votre débiteur éprouve de la gêne, attendez qu'il soit plus à son aise. — Ne vous livrez pas à l'usure. — Ceux qui dévorent iniquement l'héritage des orphelins introduisent le feu dans leurs entrailles. — Celui qui commet une faute involontaire ou un péché, et puis les rejette sur les pauvres innocents, se charge d'une calomnie et d'un péché manifeste. — Celui qui aura tué un homme sans que celui-ci ait tué un homme ou mis le désordre dans le pays, sera regardé comme le meurtrier du genre humain. »

Mahomet choisit douze apôtres ou *nakil* pour répandre sa doctrine, et, comme Jésus, il fut persécuté par des pharisiens qui étaient les Koreïchites. Ceux-ci voulurent s'emparer de lui pour le mettre à mort. Mais Mahomet fut prévenu à temps et s'enfuit avec ses amis à Yatreb, qui s'appelle depuis Medinet-al-Nabi. La fuite du prophète (*hidjra*, d'où hégire) eut lieu le 16 juillet 622, et c'est la première année de l'ère des musulmans.

Un grand nombre d'Arabes s'étant convertis à l'islamisme, Mahomet déclara la guerre aux habitants de la Mecque, et, après de nombreuses victoires, s'empara de leur capitale, où il détruisit les idoles de la Caaba. Alors toutes les tribus de l'Yémen et du Nedjed se soumirent et embrassèrent la foi musulmane.

Mahomet mourut dans la dixième année de l'hégire (632).

Les successeurs de Mahomet furent les khalifes Abou-Bekre, Omar, Othman, et son gendre Ali, époux de Fatime, après lequel commença la dynastie des Ommiades, qui furent remplacés, un siècle plus tard, par les Abassides. La Syrie, l'Égypte, la Tunisie, le Maroc, l'Espagne, la Perse, la Mésopotamie et l'Asie Mineure furent alors successivement conquis. Mais ni les Ommiades ni les Abassides ne se contentèrent d'être de vaillants guerriers; ils s'appliquèrent encore à faire fleurir la civilisation et à cultiver les lettres, les sciences et les arts; Damas, Bagdad, le Caire, Kairouan, Fez, Cordoue et Grenade devinrent sous ces différents khalifes de riches et prospères cités. Les noms de Mansour et d'Haroun-al-Raschid ou le Juste, d'Abdérame Ier et d'Hescham Ier sont restés justement célèbres. Ce sont les musulmans de cette époque qui transmirent à l'Europe l'algèbre et les chiffres arabes, la poudre à canon, les ornements d'architecture appelés arabesques, l'art de tisser les soies et de fabriquer des cuirs polis, des draps solides et des lames tranchantes.

Au ve siècle de l'hégire, le khalifat de Bagdad fut divisé, et le Turcoman Togrul-Bey fonda la puissance des Turcs Seldjoucides.

CH. VII. — Mérovingiens et Carlovingiens. — Charlemagne. — La Féodalité. — Les Normands et Guillaume le Conquérant. — Les papes et les empereurs d'Allemagne.

Clovis, descendant de Mérovée, qui avait remporté sur Attila la victoire de Châlons, peut être regardé

Bataille de Tolbiac.

comme le fondateur de la monarchie française. Ayant défait les Romains à Soissons, et les Allemands à Tolbiac, il embrassa le christianisme et se fit sacrer à Reims. Après la victoire de Vouglé remportée sur les Visigoths, il fit de Paris la capitale de son royaume. Sa dynastie, du nom de son grand-père Mérovée, a été appelée mérovingienne.

Les premiers successeurs de Clovis furent des

princes courageux et sages; les derniers méritèrent par leur paresse et leurs vices le nom de rois fainéants. Grâce à la robuste énergie des Francs, le royaume, sous les mauvais règnes comme sous les bons, ne cessa pas cependant de s'agrandir et de se fortifier. Dagobert fonda l'abbaye de Saint-Denis, qui a été dans la suite la sépulture des rois de France, et son ministre, l'orfèvre Éloi, éveilla dans les villes le

Bataille de Poitiers.

goût du luxe et des arts. Pépin d'Héristal et Charles-Martel furent ensuite, sous le nom de *maires du palais,* les véritables maîtres du royaume. Les Arabes d'Espagne ayant envahi la vallée de la Loire, Charles, fils de Pépin d'Héristal, remporta sur eux la victoire de Poitiers. Il fut alors surnommé Martel, parce qu'il avait frappé sur les ennemis de la France comme le marteau sur l'enclume.

Childéric III, le dernier des Mérovingiens, ayant

été déposé par une assemblée des grands et des évêques, le fils de Charles-Martel, Pépin le Bref, fut proclamé roi. Sa dynastie, celle de son fils Charles, surnommé Charlemagne (Charles le Grand), fut appelée carlovingienne.

Charlemagne est le plus grand et le plus illustre

Charlemagne visitant les écoles.

souverain du moyen âge. Héritier du trône de France, qu'il avait reçu de son père, il conquit encore l'Italie sur les Lombards, la Saxe, la Bavière et l'Autriche sur les peuples d'outre-Rhin. Avec lui et pour lui l'empire d'Occident fut rétabli. Sa capitale favorite était Aix-la-Chapelle, où l'on voit aujourd'hui son tombeau.

Charlemagne, comme tous les princes vraiment

dignes du nom de « Grand », fut aussi sage législateur que conquérant intrépide. Ses ordonnances réglèrent tout ce qui a rapport au service militaire, à la justice, aux finances, aux écoles et à l'Église. Il avait l'âme pleine d'équité. Un jour que les enfants du peuple, qu'il faisait instruire avec ceux de la noblesse, avaient eu sur ceux-ci un avantage marqué, il jura que les dignités et les récompenses seraient pour eux; puis, se tournant vers les enfants des nobles : « Pour vous, dit-il, vous comptez, je le vois, sur le mérite de vos ancêtres; mais il faut que vous sachiez qu'ils ont reçu leur récompense, et que l'État ne doit rien qu'à ceux qui se rendent capables de le servir et de lui faire honneur par leurs talents. »

La réputation de Charlemagne s'étendit jusqu'à Bagdad; le khalife Haroun-al-Raschid lui envoya une ambassade, et ces deux princes échangèrent des présents. Parmi ceux du khalife se trouvait une horloge sonnante, la première qui ait paru en France.

Les Carlovingiens, ou successeurs de Charlemagne, ne surent pas conserver son vaste et puissant empire. Dès le règne de son petit-fils Charles le Chauve, le traité de Verdun sépara l'empire d'Allemagne et le royaume d'Italie du royaume des Francs.

La race des Carlovingiens avait fini par démériter de la nation non moins que la dynastie des Mérovingiens : les seigneurs donnèrent la couronne, en 987, à Hugues Capet, qui fonda la dynastie des Capétiens. Cette époque est celle où s'établit la féodalité, c'est-à-dire l'hérédité des dignités et des terres concédées à perpétuité, à charge de service militaire. Les seigneurs étaient, dans leurs châteaux forts, de véritables rois, et ils désobéirent souvent au roi de France, qui n'était à leurs yeux que le premier des barons féodaux. Au-dessous d'eux, la société laborieuse des vilains et des serfs était cruellement opprimée, accablée d'impôts et de mauvais traitements.

Guillaume le Conquérant.

Le seigneur pouvait leur prendre tout ce qu'ils avaient et les mettre arbitrairement en prison. Les iniquités qui furent alors commises par les seigneurs ont été, par la suite, autant de ferments de haine et de révolte.

Tandis que les Capétiens se consolidaient lentement sur le trône de France, des pirates venus du

Nord s'emparaient de la riche province qui s'étend sur la Manche, à l'ouest de la Seine, et leurs descendants, les ducs de Normandie, envahirent la Grande-Bretagne et fondèrent le royaume d'Angleterre.

Guillaume, surnommé le Conquérant, fut le chef de cette victorieuse entreprise. S'étant embarqué sur une nombreuse flotte à l'embouchure de la Dive, il détruisit dès la première bataille, à Hastings, le vieux royaume anglo-saxon (1066). Il était fils d'une paysanne française de la vallée de Caux.

Ses successeurs firent rapidement de l'Angleterre une puissance redoutable. Presque tous les seigneurs qui les accompagnaient étaient des Français de Normandie, du Maine, de Touraine et d'Anjou.

Pendant ces années, les empereurs d'Allemagne, Othon le Grand et Frédéric Barberousse, conquéraient l'Italie et avaient de grands démêlés avec les évêques de Rome, qu'on appelle papes et qui, en leur qualité de successeurs de saint Pierre, l'un des douze apôtres, réclamaient pour eux l'administration sur tous les chrétiens.

Ch. VIII. — Les croisades.

On donne le nom de *croisades* aux expéditions guerrières entreprises par les peuples occidentaux de l'Europe, en Syrie et en Afrique, aux XIe et XIIe siècles, pour s'emparer du tombeau de Jésus-Christ à Jérusalem. Les chrétiens qui visitaient les lieux illustrés par l'Évangile avaient été souvent l'objet de mauvais traitements. Un pèlerin, Pierre l'Ermite, raconta ces vexations avec une fougueuse éloquence. De grandes multitudes de seigneurs, de paysans, d'ouvriers et de soldats mirent aussitôt sur leurs vêtements la croix rouge et partirent pour l'Orient.

Parmi les croisés, les uns étaient sincèrement poussés par la foi religieuse ; les autres étaient de simples aventuriers en quête de batailles et de rapines ; d'autres enfin, quelques chefs à l'esprit perspicace, avaient l'arrière-pensée de renouer entre l'Orient et l'Occident du bassin de la Méditerranée des relations trop longtemps interrompues.

Pierre l'Ermite.

Du côté des chrétiens, les principaux chefs des croisés ont été : Godefroy de Bouillon, guerrier intrépide et généreux, qui prit aux musulmans Jérusalem et y fut proclamé roi ; l'empereur d'Allemagne Frédéric Barberousse, qui se noya en Cilicie, et qui avait pour alliés le roi de France Philippe-Auguste et le terrible roi d'Angleterre Richard Cœur de lion ; le roi de France Louis IX, dit saint Louis, qui fit la guerre en Égypte avec des fortunes diverses et mourut finalement de la peste, sous les murs de Tunis.

Les chefs des musulmans furent, de leur côté, par leur courage et leur ténacité, les dignes adversaires des chefs francs. Saladin, qui reprit Jérusalem aux croisés et qui disputa Saint-Jean d'Acre à Philippe-Auguste et à Richard Cœur de lion, était un guerrier juste et généreux.

A la fin des croisades, Jérusalem resta au sultan

Godefroy de Bouillon.

d'Égypte ; mais les musulmans et les chrétiens avaient appris à se mieux connaître ; ils avaient conçu les uns pour les autres une mutuelle estime, et les négociants d'Occident avaient repris le chemin de l'Égypte et de la Syrie. L'agriculture en Occident, l'industrie en Orient, profitèrent également de ces guerres. L'Europe et l'Asie s'étaient rapprochées.

Ch. IX. — Formation du royaume de France sous Philippe-Auguste, saint Louis et Philippe le Bel. — Guerre de Cent ans. — Duguesclin. — Jeanne d'Arc.

La féodalité avait été décimée, ruinée et épuisée par les croisades : les rois de France en profitèrent pour étendre leur autorité, et les bourgeois, industriels et ouvriers, pour s'organiser fortement en corporations d'arts et de métiers. Jusqu'au XIIe siècle, les pouvoirs avaient été aux mains des seigneurs féodaux : le roi va devenir le seul juge, le seul administrateur, le seul législateur du pays.

Cette grande entreprise, commencée par Louis VI et son ministre Suger, fut continuée par Philippe-Auguste, saint Louis et Philippe le Bel.

Philippe-Auguste supprima le droit de guerre privée, fonda le Louvre et l'Université de Paris. Saint Louis, que la tradition populaire nous montre rendant la justice au pied du chêne de Vincennes, ouvrit aux roturiers la cour (ou tribunal) du roi et diminua les juridictions féodales. Philippe le Bel supprima l'ordre des Templiers, convoqua les premiers états généraux, et, à l'exemple de ses prédécesseurs, encouragea le commerce, établit des routes, construisit des ponts, développa l'instruction. En même temps, ces grands princes étendirent le domaine royal. La Normandie, la Flandre, l'Artois, la Marche, la Champagne, la ville de Lyon, furent successivement conquis, et les belles victoires de Bouvines, de Taillebourg et de Mons-en-Puelle illustrèrent les armées françaises.

Ce fut sous le règne de Louis X, fils de Philippe le Bel, que les états généraux décidèrent que la règle de succession anciennement établie pour les terres dites saliques serait appliquée à la couronne de France, c'est-à-dire que les femmes seraient exclues du trône. Cette décision fut la cause de la guerre de

Saint Louis sous le chêne de Vincennes.

Cent ans. Louis X et ses deux frères étant morts sans laisser d'enfants mâles, Philippe, de la branche des Valois, fut proclamé roi de France. Alors Édouard III roi d'Angleterre, petit-fils par sa mère de Philippe le Bel, protesta contre cette succession légitime qu'il qualifiait d'usurpation, et la guerre commença, les Plantagenets d'Angleterre disputant aux Valois de France la possession de la couronne.

Aucune des guerres dont l'histoire a conservé le souvenir n'a été plus longue ni plus cruelle que celle-ci. Les Anglais, dans la bataille de Crécy où les canons furent employés pour la première fois en bataille rangée, et dans celle de Poitiers où périrent 30,000 hommes, furent d'abord vainqueurs de Philippe VI de

Entrée de Jeanne d'Arc à Orléans.

Valois et de son fils Jean II. Puis la fortune, sous le règne de Charles V le Sage, revint aux Français que commandait Bertrand Du Guesclin, grand et bon soldat, qui, l'un des premiers, introduisit dans la guerre le sentiment de l'humanité. « En temps de guerre, disait-il, les femmes, les enfants et le pauvre peuple ne sont pas des ennemis. »

Après la mort de Du Guesclin et de Charles V, qui

avaient presque toujours battu les Anglais, la fortune changea de nouveau. Profitant de l'état de démence du roi de France Charles VI, Henri V, roi d'Angleterre, remporta à Azincourt une victoire sanglante et s'empara de presque tout le royaume. Quand Charles VII monta sur le trône, les provinces situées sur la Loire étaient les seules qui restaient aux Valois. On appelait Charles VII, avec ironie, le « roi de Bourges ».

Mort de Jeanne d'Arc.

Ce fut alors que parut Jeanne d'Arc, simple paysanne de Lorraine, qui puisa dans sa pitié pour le pauvre peuple accablé par les Anglais la résolution de chasser les oppresseurs étrangers. Frappée des récits de batailles qu'elle entendait chaque jour, elle alla trouver Charles VII à Chinon et lui annonça qu'elle avait reçu la mission de faire lever aux Anglais le siège d'Orléans et de le conduire lui-même à Reims pour le faire sacrer. Le roi lui donna le commandement des troupes, dont elle ranima le courage, et bientôt, armée elle-même de pied en cap, elle pénétra dans Orléans, frappa les Anglais de terreur, et les força à lever le siège de la ville. Orléans délivrée, Jeanne d'Arc mena le roi à Reims, où il fut sacré.

Après ces victoires, Jeanne voulut retourner en Lorraine, disant que sa mission était accomplie. Mais le roi la retint, et les mauvais jours recommencèrent. Repoussée et blessée à l'assaut de Paris, Jeanne d'Arc fut faite prisonnière à Compiègne. Les Anglais auraient dû respecter dans sa défaite cette fille héroïque ; mais la haine les aveuglait. Honteux d'avoir été tant de fois vaincus par une femme, ils voulurent se venger et la firent brûler vive à Rouen comme sorcière.

Ce crime des Anglais n'arrêta pas leurs désastres. Charles VII sortit enfin de sa mollesse, et, secondé par d'habiles généraux, il chassa les envahisseurs de ville en ville. La bataille de Formignies détruisit leur dernière armée, et, cinq ans plus tard, leur expulsion fut définitive. Le roi national était rentré en possession de tout son royaume.

Ch. X. — **Louis XI. — Prise de Constantinople par les Turcs. — La Renaissance. — La Réforme. — Découverte de l'Amérique.**

Louis XI, qui succéda à Charles VII, porta les derniers coups à la féodalité. Par la défaite de la ligue des seigneurs et du duc de Bourgogne, Charles le Téméraire, le roi fut désormais le seul maître, et son pouvoir fut incontesté. La justice fut, comme il convient, très sévère. Louis XI, d'ailleurs, se consacra avec la plus grande activité au développement de l'industrie et du commerce. Ce fut sous ce règne que les premières postes furent établies.

Quelques années avant l'avènement de Louis XI, la prise de Constantinople par les Turcs marqua la fin du moyen âge. Mahomet II, fils d'Amurat II, était entré, le 27 mai 1453, dans la capitale du Bas-Empire, le dernier reste de l'Empire romain. Sainte-Sophie

Louis XI.

fut transformée en mosquée. Un grand nombre de Grecs, artistes, poètes et philosophes, se réfugièrent en Italie, où ils furent accueillis avec empressement par les papes à Rome, par les Médicis à Florence, par les Sforza à Milan. Cette émigration fut féconde pour l'Italie : elle hâta la grande éclosion des lettres et des arts qu'on a appelée la Renaissance.

L'année qui suivit la prise de Constantinople, un

Mayençais du nom de Gutenberg, réfugié à Strasbourg, inventa l'imprimerie. Le nouvel art se répandit rapidement en Europe et devint l'instrument principal du développement de l'éducation. Rabelais et Montaigne en France, l'Arioste et Machiavel en Italie, furent les plus fameux écrivains de cette brillante époque. Les papes Léon X et Jules II protégèrent les grands artistes Michel-Ange et Raphaël.

Caravelle de Christophe Colomb.

La Renaissance littéraire et artistique en Italie devint en Allemagne, en Suède et en France un mouvement religieux. Luther en Saxe, Calvin à Genève, réformèrent le christianisme, qu'ils jugeaient corrompu par de mauvaises mœurs. L'Église fut divisée en catholiques, qui reconnaissaient la souveraineté du pape, et en protestants, qui protestaient contre cette autorité.

Jamais encore l'Europe n'avait été aussi active et féconde. Pendant que l'Italie, la France et l'Allemagne renouvelaient les lettres, les arts et la religion, l'Espagne et le Portugal découvraient et conquéraient de nouvelles terres. En 1497, Vasco de Gama tourna pour la première fois le continent africain, et, ayant doublé le cap des Tempêtes, appelé déjà cap de Bonne-Espérance, atteignit les Indes. En 1492, le Génois Christophe Colomb, au service du roi Ferdinand et de la reine Isabelle, traversa l'océan Atlantique sur une flottille composée de trois *caravelles*, et découvrit le nouveau monde qui, du nom d'un autre marin, reçut le nom d'Amérique. Cortez conquit le Mexique, et Pizarre le Pérou. Ces pays étaient riches surtout en mines d'or.

Ch. XI. — **Guerres d'Italie. — Charles-Quint et François Ier. — Philippe II et Élisabeth d'Angleterre. — Guerres de religion. — Édit de Nantes. — Règne de Henri IV.**

L'Italie, à la fin du xve siècle, était l'une des contrées du monde les plus attrayantes par la richesse de ses villes, la prospérité de ses campagnes et l'éclat de sa gloire. La maison d'Espagne et la maison de France eurent toutes deux l'ambition de la conquérir. Elles étaient alors les deux plus grandes puissances militaires de l'Occident; elles engagèrent la lutte pour la possession de l'Italie.

Le fils de Louis XI, Charles VIII, et après lui Louis XII bataillèrent pendant près de vingt années en Italie. Les victoires, suivies de conquêtes rapides, alternèrent avec les défaites, suivies de retraites précipitées. Un jeune héros français, Gaston de Foix, se révéla grand capitaine dans les deux batailles d'Agnadel et de Ravenne. Bayard, le chevalier sans peur et sans reproche, commença sa glorieuse renommée.

Cependant une suite d'héritages et de mariages heureusement combinés avait porté la maison d'Autriche à un degré formidable de puissance. Ferdinand le Catholique et Isabelle de Castille, qui avaient chassé les Maures du royaume de Grenade, avaient légué les couronnes réunies d'Aragon et de Castille à leur petit-fils Charles, déjà maître des Pays-Bas. La diète ayant élu ce même prince empereur d'Allemagne, il tint dès lors l'Europe par quatre coins. L'Amérique venait d'être conquise par Cortez et Pizarre; le pape Léon X et le roi d'Angleterre Henri VIII avaient apporté leur alliance : le soleil ne se couchait pas sur ce vaste empire. Que manquait-il à Charles-Quint? La France. « Mais la France, dit François Ier, ne se donne ni ne se laisse prendre. »

La lutte de François Ier et de son fils Henri II contre l'empereur Charles-Quint et son fils Philippe II dura quarante années; la disproportion des forces était considérable; ce fut cependant la France qui l'emporta. Non seulement elle conserva son territoire; mais elle l'agrandit encore de Calais, de Metz, de Toul et de Verdun, et elle sauva ainsi l'Europe de la monarchie universelle rêvée par Charles-Quint.

Au cours de cette longue suite de guerres, les principales victoires des Français furent la bataille de Marignan contre les Suisses, qu'on appela la bataille des géants, et la bataille de Cérisoles en Italie. Ils furent d'autre part vaincus à Pavie et à Saint-Quentin.

Les premiers revers de François Ier avaient été déterminés par la trahison du connétable de Bourbon. A Biagrasso, Bayard, mortellement blessé, était couché au pied d'un arbre; Bourbon vint lui exprimer sa douleur de l'état où il le voyait. « Il n'y a point de pitié à avoir de moi, dit Bayard, car je meurs en homme de bien; mais j'ai pitié de vous qui servez contre votre prince, votre patrie et votre serment. »

François Ier, sacré chevalier par Bayard, n'était pas moins intrépide et moins fier que ce héros. Fait pri-

Bataille de Pavie.

sonnier à Pavie, après s'être battu comme un lion, il écrivit à sa mère : « Tout est perdu, fors l'honneur. »

François Ier, pendant ces guerres, n'avait eu qu'un seul allié fidèle, le sultan Soliman.

Philippe II, roi d'Espagne, ne fut pas plus heureux par la suite contre la reine d'Angleterre Élisabeth. Celle-ci, qui était protestante, avait fait périr sur l'échafaud la belle Marie Stuart, reine d'Écosse, qui était catholique ; Philippe II envoya contre l'Angleterre une flotte immense qu'on avait appelée l'*Invincible Armada*. Mais la tempête dispersa la flotte, et le hardi amiral Drake en acheva la ruine.

Cependant les longues guerres pour l'indépendance

Mort de Bayard.

de la patrie française avaient été suivies, depuis 1562, par d'affreuses guerres civiles entre les catholiques et les protestants. A vouloir empêcher les protestants de suivre leur foi, Catherine de Médicis et ses trois fils, François II, Charles IX et Henri III, usèrent en vain les forces du royaume : les protestants en effet préférèrent la mort à l'apostasie. Mais le pays fut dévasté et ruiné ; de nobles citoyens, comme le savant

Ramus et l'amiral Coligny, périrent dans l'abominable massacre de la Saint-Barthélemy, et l'étranger seul profita de ces luttes entre des frères qui étaient faits pour s'aimer.

Henri IV.

Après Henri III, assassiné à Saint-Cloud, Henri de Bourbon devint roi sous le nom de Henri IV. Ce fut ce prince, l'un des plus grands rois de France, qui eut le bonheur et la gloire de mettre un terme à la guerre religieuse. Vainqueur à Arques et à Ivry des révoltés qui refusaient de le reconnaître et qui avaient appelé les Espagnols à leur aide, Henri IV promulgua l'édit de Nantes, qui assurait à tous les Français la liberté de conscience. La paix fut ainsi rétablie après trente-six années de luttes intestines.

Henri IV s'était montré, dans les batailles, un chef intrépide. « Enfants, disait-il à ses soldats avant la bataille d'Arques, si vous perdez vos enseignes, vous trouverez toujours mon panache blanc au chemin de l'honneur et de la gloire. » La guerre terminée, il fut un administrateur aussi habile et sage qu'il avait été un bon général. L'économie rétablit l'ordre dans les finances, les places fortes furent réparées, les arsenaux remplis, les grands chemins entretenus et plantés d'arbres, le cadre des troupes assuré, la marine restaurée, l'industrie encouragée. L'union de tous les Français était le rêve de Henri IV. Comme on l'exhortait à traiter avec rigueur un de ses ennemis personnels : « La satisfaction que donne la vengeance, dit-il, ne dure qu'un moment ; mais celle que procure la clémence est éternelle. »

Un grand ministre, Sully, seconda Henri IV. C'était lui qui disait que le labourage et le pâturage étaient les deux mamelles de la France, et les vraies mines et trésors du Pérou.

Au moment où Henri IV s'apprêtait à entreprendre une grande guerre contre l'Autriche, un misérable, du nom de Ravaillac, le tua d'un coup de couteau. Tout le peuple le pleura ; et l'histoire l'a surnommé *le Grand*.

Assassinat de Henri IV.

Ch. XII. — Les Bourbons depuis la mort de Henri IV jusqu'à la Révolution. — Le cardinal de Richelieu. — Louis XIV. — Splendeur des lettres et des arts. — Révolution d'Angleterre. — Création de la Russie et de la Prusse.

A la mort de son père, Louis XIII était enfant. Ce fut sa mère qui gouverna à sa place, et cette régence fut marquée par des agitations et des troubles. Pour rétablir l'ordre dans le royaume, le roi, devenu majeur, appela à la direction des affaires l'évêque de Luçon, Richelieu, depuis cardinal, l'un des plus grands hommes d'État de la France et de tous les pays.

Richelieu se proposa deux buts, qu'il sut atteindre à force de génie et de patience. Le premier était d'établir l'unité politique de la France. Le second était d'abaisser la maison d'Autriche et de faire de son pays la tête de l'Europe. Richelieu réussit dans la première entreprise en domptant les factions et en brisant les grands qui croyaient que la loi n'était pas faite pour eux. Il réussit dans la seconde en prenant parti dans la guerre de Trente ans contre l'Autriche pour l'héroïque roi de Suède, Gustave-Adolphe, et pour les protestants. Ce fut Richelieu qui prépara la moisson que Louis XIV recueillit. Quand Richelieu et Louis XIII moururent, à six mois d'intervalle, Louis XIV n'avait que cinq ans. Mais le grand cardinal avait mis à la tête des armées deux généraux admirables, Condé et Turenne, et bientôt, moins de cinq après l'avènement de Louis XIV, la glorieuse paix de Westphalie était le fruit des victoires de Rocroy, de Fribourg, de Nordlingen, de Lens, d'Arras et des Dunes.

Cette paix établissait en Allemagne la liberté de conscience, que l'édit de Nantes avait fondée en France. Elle nous assurait les belles provinces de l'Artois, du Roussillon, de la Flandre et de l'Alsace.

Bataille de Rocroy.

Après une minorité qui avait été agitée par des troubles, mais pendant laquelle l'œuvre de Richelieu avait été préservée par un autre cardinal, l'adroit et rusé Mazarin, Louis XIV se trouva investi d'un pouvoir absolu. Il en usa pendant la première moitié de son règne avec beaucoup d'intelligence : ses ministres s'appelaient alors Colbert, qui réorganisa les finances, donna une impulsion puissante à l'industrie, au commerce et à l'agriculture, développa la marine, et Louvois, l'organisateur des armées qui firent la conquête de la Flandre et de la Franche-Comté. Il en usa mal pendant la seconde moitié, alors qu'il révoqua l'édit de Nantes, chassant de France des milliers de citoyens industrieux et dévoués, et que l'ambition lui fit entreprendre des guerres téméraires où presque tous les États de l'Europe furent coalisés contre lui. Aussi de cruelles défaites marquèrent la fin de ce règne : Guillaume d'Orange, roi d'Angleterre, le prince Eugène de Savoie, le maréchal de Marlborough, furent des ennemis acharnés et redoutables, et il fallut la victoire du maréchal de Villars à Denain pour repousser l'invasion et sauver le royaume.

En résumé, Louis XIV ajouta aux conquêtes de Richelieu la Franche-Comté, la Flandre, Strasbourg, Dunkerque et plusieurs îles importantes des Antilles, et il mit son petit-fils sur le trône d'Espagne. Sa gloire, cependant, n'est pas tout entière dans ses conquêtes; elle est encore dans les efforts qu'il fit pour donner à la France une administration régulière, et dans l'éclat que jetèrent pendant le siècle qui porte son nom les lettres et les arts. Jamais, en effet, on n'avait vu, dans un même pays et à la même époque, une telle réunion de poètes (Racine, Corneille, Molière, La Fontaine), de philosophes (Descartes, Pascal, La Bruyère, Bossuet, Fénelon), d'artistes (Poussin, Lebrun, Lesueur, Puget, Perrault).

Pendant les longs règnes des rois de France Louis XIII et Louis XIV, l'Angleterre avait passé par de nombreuses révolutions. D'abord le roi Charles Ier, par son mauvais gouvernement, et l'aristocratie par ses vices, avaient excité contre eux la haine du peuple, qui se souleva. Les armées populaires l'ayant emporté, le roi Charles Ier fut condamné à mort, et l'Angleterre, érigée en république, eut pour chef, sous le nom de protecteur, Olivier Cromwell. Puis, comme le successeur de Cromwell était loin d'avoir son génie, le fils de Charles Ier, Charles II, remonta

Bataille de Fontenoy.

sur le trône. Enfin, lorsque Charles II et son frère Jacques II eurent renouvelé sur le trône toutes les fautes des premiers rois de la famille des Stuarts, Guillaume d'Orange devint le chef d'une nouvelle insurrection, et il fut proclamé roi, après avoir signé une déclaration qui contenait toutes les garanties d'un gouvernement libre.

Grâce maintenant à l'indigne gouvernement du successeur de Louis XIV, l'Angleterre va pouvoir conquérir, pendant le XVIIIe siècle, la suprématie des mers, et s'emparer des belles colonies des Indes et du Canada, que la France avait autrefois fondées.

Louis XV, en effet, est l'un des plus mauvais rois que la France ait jamais subis. Non seulement il mena une vie méprisable et pressura durement le peuple; mais, après des débuts qui avaient été de meilleur augure (la brillante victoire de Fontenoy sur les Anglais), il compromit l'honneur et la fortune de la France dans la guerre de Sept ans, où d'indignes favoris firent battre les troupes qu'ils commandaient.

Les fautes de Louis XV avaient été d'autant plus graves et plus funestes que le XVIIIe siècle avait vu s'élever en Europe deux nouvelles puissances de premier ordre. D'abord la Russie, qui jusqu'alors était restée enveloppée, au fond de ses steppes, comme dans une nuit profonde; elle fut tirée des ténèbres par un empereur de génie, le tzar Pierre le Grand, le vainqueur de Charles XII, roi de Suède, et le fondateur de Saint-Pétersbourg; une femme, Catherine la Grande, continua son œuvre; — ensuite la Prusse, qui n'était à la fin du XVIIe siècle qu'une petite principauté obscure au nord-est de l'Allemagne, et dont Frédéric le Grand, par ses victoires sur Louis XV et l'impératrice d'Autriche Marie-Thérèse, fit une redoutable puissance militaire.

CH. XIII. — **Louis XVI. — Guerre d'Amérique. — La Révolution. — Son œuvre. — Coalition et défaite des rois. — Napoléon Bonaparte. — Consulat et Empire. — Époque contemporaine.**

Louis XVI, petit-fils de Louis XV, succéda, à

l'âge de vingt ans, à son aïeul. Il avait épousé une princesse autrichienne, Marie-Antoinette.

La guerre pour la délivrance de l'Amérique du Nord fut le premier événement de ce règne. Les colonies anglaises de ce pays, durement opprimées par la métropole, s'étaient soulevées et avaient proclamé leur indépendance : la France, par esprit de générosité et de justice, reconnut la jeune république et la défendit. Le bailli de Suffren, les généraux de La Fayette et Rochambeau, s'illustrèrent à côté de l'Américain Washington, le premier président de la république des États-Unis. Le traité de Versailles, qui termina cette guerre, reconnut l'indépendance des Américains et rendit Dunkerque à la France.

Au milieu de la gloire acquise dans cette lutte heureuse contre l'Angleterre, le gouvernement de Louis XVI ne prit pas garde au mécontentement croissant du peuple. Ce n'étaient pas seulement la crise des finances et la misère profonde qui préparaient la Révolution ; c'étaient encore les hontes du règne précédent, qui avaient déconsidéré la royauté elle-même, les ouvrages des philosophes (Voltaire, Rousseau, Montesquieu, Diderot) qui avaient révélé au peuple quels étaient ses droits ; les haines accumulées depuis de nombreuses années contre une monarchie absolue, sans contrôle, qui n'accordait aucune liberté politique à la nation.

Deux habiles et vertueux ministres, Turgot et Necker, auraient pu conjurer une partie du mal ; mais Louis XVI, prince faible et versatile, ne sut pas les imposer à la cour, et la Révolution éclata.

Les états généraux avaient été convoqués pour

porter des remèdes au mal financier. A peine réunis, ils se proclamèrent Assemblée constituante, pour procéder à une nouvelle organisation du royaume. Ils jurèrent (17 juin 1789) de ne point se séparer qu'ils n'eussent donné une constitution à la France. La France moderne, en effet, avait des intérêts trop complexes pour en confier désormais le soin, sans garanties, à l'omnipotence d'un seul homme.

Les premiers chefs de la Révolution furent le général de La Fayette, le grand orateur Mirabeau, Bailly et l'abbé Sieyès.

Il y avait à Paris une forteresse, prison d'État, où les citoyens étaient envoyés, souvent pour de longues années, sans jugement, sur une simple lettre du roi. Le peuple, soulevé, prit et détruisit la Bastille.

« C'est une révolte! s'écria Louis XVI à cette nouvelle.

— Non, Sire, lui répondit un de ses rares amis sincères, c'est une révolution. » En effet, soutenue par un puissant mouvement national, l'Assemblée abolit les droits féodaux et la vénalité des charges, affranchit de toute entrave les cultes dissidents, la presse et l'industrie; supprima le droit d'aînesse, la noblesse et les titres; déclara tous les Français égaux et également admissibles aux emplois publics, proclama les droits de l'homme et du citoyen, décida que désormais le pouvoir législatif appartiendrait à une assemblée élue par la nation.

Si le roi, ses frères et les nobles avaient sincèrement accepté ces justes réformes, la Révolution française se serait accomplie paisiblement. Mais le roi n'accepta la Constitution qu'avec l'intention de la com-

Prise de la Bastille.

battre; ses frères, suivis par les principaux nobles, émigrèrent à l'étranger. Les rois de Prusse, de Suède et de Piémont, l'empereur d'Allemagne, plus tard le roi d'Angleterre, menacèrent alors l'Assemblée législative, qui avait succédé à la Constituante, de porter en France le fer et la flamme, si elle ne faisait pas acte de soumission.

Voici quelle était la situation terrible de la France : d'une part, les armées de l'Autriche et de la Prusse, qui passaient la frontière et menaçaient de détruire Paris; de l'autre, un roi qui trahissait son pays en avertissant les généraux ennemis des plans que ses propres ministres formaient contre eux et qui cherchait à fuir à l'étranger.

Comment conjurer de pareils périls? L'Assemblée déclara que la patrie était en danger, et le peuple se souleva; il prit les Tuileries, palais du roi, et Louis XVI, avec Marie-Antoinette, fut enfermé dans la prison du Temple. Puis une nouvelle Assemblée, la Convention, proclama la République (1792). Ce fut devant la Convention qu'eut lieu, la même année, le procès du roi. Louis XVI fut déclaré coupable, condamné à mort et exécuté sur la place de la Révolution.

Cependant, par les deux victoires de Valmy et de Jemmapes, le général Dumouriez avait repoussé une première fois les armées ennemies. Mais la coalition des rois ne désarma pas. Exaspérée par la mort de Louis XVI et par les exécutions capitales qui suivirent, elle redoubla de violence, et il fallut, sous peine de périr, que la France redoublât d'héroïsme. Un jeune poète, Rouget de l'Isle, composa le chant admirable de la *Marseillaise*, et un membre de la Convention put définir ainsi l'état de la France : « La République n'est qu'une grande ville assiégée; la France n'est plus qu'un vaste camp. Tous les âges sont appelés par la patrie à défendre la liberté : les jeunes gens combattent, les hommes mariés forgent les armes, les femmes font les habits et les vestes des soldats, les enfants mettent le vieux linge en charpie, et les vieillards se font porter sur les places publiques pour enflammer tous les courages. »

Pendant que les jeunes volontaires couraient aux armées et luttaient contre les vieilles troupes de la Prusse et de l'Autriche, la Convention continuait ses grandes réformes, décrétant l'éducation nationale, fondant les musées, établissant l'unité des poids et mesures. Ces belles lois furent malheureusement accompagnées, pendant la période appelée « Terreur », de sanglants et cruels excès.

Quand les quatorze armées organisées par Carnot eurent repoussé l'invasion hors des frontières, les jeunes généraux républicains poursuivirent la lutte en tenant la promesse de l'Assemblée législative et en allant porter la liberté chez les peuples voisins. Pichegru en Hollande, Hoche, Kléber, Moreau, Jourdan, Marceau en Allemagne, Napoléon Bonaparte en Italie, battirent dans cent combats les armées ennemies et érigèrent les États libérés en républiques alliées de la France. En 1795, la Prusse, l'Autriche, l'Espagne et les différents États de l'Italie avaient tous capitulé devant la République. L'Angleterre seule continuait à résister. Bonaparte, alors, pour la frapper au cœur en détruisant son commerce, entreprit les expéditions d'Égypte et de Syrie, où il remporta les brillantes victoires des Pyramides, du mont Thabor et d'Aboukir.

Mais le ministre anglais Pitt forma une nouvelle coalition, et la République dut recommencer la lutte sur toutes ses frontières. Masséna battit les Russes à Zurich, et l'armée du duc d'York, défaite par Brune, mit bas les armes à Bergen. Bonaparte revint d'Égypte : ayant renversé le gouvernement du Directoire par un coup de force militaire, il se fit proclamer consul et porta la guerre en Italie, après avoir passé les Alpes avec son armée. Il remporta à Marengo, sur les Autrichiens, une grande victoire, pendant que le général Moreau était vainqueur, de son côté, à Hohenlinden. Un an après, les paix de Lunéville et d'Amiens reconnaissaient à la France toutes les conquêtes de la Révolution.

Napoléon Bonaparte, s'il eût été politique aussi sage que grand général, se serait contenté de la gloire militaire qu'il avait conquise et du titre de consul de la République. Mais une ambition insatiable le dévorait. Il se fit proclamer empereur, et, pendant tout son règne, entreprit une suite de guerres de conquête contre tous les peuples de l'Europe. De son côté l'Angleterre, qui avait bientôt repris les armes, fomentait contre lui d'incessantes coalitions. Pendant dix années la fortune des armes sourit constamment à Napoléon : l'Autriche fut battue à Ulm, à Austerlitz, à Wagram ; la Prusse à Iéna, la Russie à Friedland et à la Moskova. Napoléon entra en triomphateur dans presque toutes les capitales de l'Europe, et il installa ses frères et ses généraux sur les trônes d'où il avait chassé les anciens rois. Mais ces guerres sanglantes restèrent stériles : après la guerre d'Espagne, entreprise contre un peuple qui voulait rester libre, et la désastreuse retraite de Russie, toutes les puissances, sans exception, se liguèrent pour mettre fin à cette cruelle suprématie. A force d'avoir été vaincus, les étrangers avaient appris à vaincre, et ils avaient le nombre pour eux. Malgré son génie militaire et malgré l'héroïsme des jeunes soldats qu'il avait levés, Napoléon fut alors écrasé par la coalition, d'abord à Leipzig, puis à Waterloo, et Paris dut à son tour ouvrir deux fois ses portes à l'étranger. Napoléon perdit son trône et fut emprisonné par l'Europe dans l'île lointaine de Sainte-Hélène, où il mourut en 1821 : châtiment de son ambition et du sang qu'il avait fait couler à flots. La France perdit les provinces que la République avait conquises.

Napoléon Bonaparte.

L'aîné des frères de Louis XVI fut rétabli sur le trône de France, sous le nom de Louis XVIII.

Si Napoléon perdit par ses guerres les conquêtes territoriales de la République, d'autre part il consolida, du moins dans les premières années de son gouvernement, les conquêtes civiles de la Révolution. Le Code civil, préparé par la Convention, fut définitivement rédigé par le conseil d'État, et il a été le modèle de tous les Codes des autres pays.

Ce fut encore Napoléon qui institua la Légion

d'honneur pour récompenser les services civils et militaires, réorganisa l'Université et créa la Banque de France.

Louis XVIII, qui avait remplacé Napoléon sur le trône, était un roi pacifique et libéral; il favorisa le développement du gouvernement parlementaire. Mais son frère Charles X, qui régna après lui, voulut rétablir l'ancien despotisme. Aussi le peuple se souleva et le renversa (juillet 1830). Son cousin Louis-Philippe fut alors roi pendant dix-huit années.

Trois grands événements extérieurs marquèrent le règne de Louis-Philippe. Le maréchal Gérard aida les Belges, soulevés contre la tyrannie des Hollandais, à conquérir leur liberté. Un ministre clairvoyant, Adolphe Thiers, favorisa les efforts du vice-roi d'Égypte, Méhémet-Ali, qui avait entrepris de régénérer l'Égypte. D'habiles généraux, Clauzel, Bugeaud, achevèrent la conquête de l'Algérie, commencée dès le règne précédent pour mettre un terme aux déprédations des pirates d'Alger, qui infestaient la Méditerranée et les côtes d'Afrique.

A l'intérieur, l'instruction primaire fut organisée sur de nouvelles bases; l'industrie et le commerce prirent un grand développement; les premiers chemins de fer furent créés. Une jeune école de grands écrivains accrut la gloire de la langue française, et les artistes de cette époque ne le cédèrent à ceux d'aucune autre. (*Historiens :* Augustin Thierry, Guizot, Thiers, Michelet, Mignet. — *Philosophes :* Jouffroy, Cousin, Auguste Comte. — *Poètes :* Lamartine, Victor Hugo, Alfred de Musset. — *Romanciers :* Mérimée, Balzac, George Sand, Alexandre Dumas. —

Critiques : Villemain, Sainte-Beuve. — *Artistes :* Delacroix, Horace Vernet, Préault, David d'Angers.)

Louis-Philippe créa le musée de Versailles, consacré aux gloires militaires de la France, et acheva l'Arc de triomphe.

Mais la fin du règne de Louis-Philippe ne répondit pas aux promesses de ses débuts. Mal conseillé par ses ministres, il refusa les réformes que la nation demandait, et provoqua une hostilité générale. Le 24 février 1848, une révolution éclata à Paris, et le trône fut renversé. Le roi s'exila en Angleterre.

La deuxième république, fondée par de grands citoyens qui s'appelaient Arago, Dupont de l'Eure, Lamartine, Cavaignac, Ledru-Rollin, ne dura que trois années. Elle établit le suffrage universel, c'est-à-dire le droit pour chaque citoyen, âgé de vingt et un ans de voter, et elle abolit l'esclavage dans les colonies.

Un second empire succéda, en 1852, à la deuxième république, ayant comme chef le neveu de Napoléon Ier, qui prit le titre de Napoléon III. Deux grandes guerres heureuses signalèrent le début de ce règne : la première contre la Russie, où la France, alliée à l'Angleterre, défendit la Turquie menacée, et qui fut marquée par les victoires de l'Alma et de Sébastopol ; la seconde contre l'Autriche, pour la délivrance de l'Italie, où l'armée française remporta les deux batailles fameuses de Magenta et de Solférino.

Mais, comme la France avait été punie en 1815 pour avoir accepté la dictature d'un empereur despote, elle fut châtiée une seconde fois par la destinée, en 1870, pour avoir abandonné sa liberté au neveu de Napoléon. La guerre entreprise par Napoléon III contre la Prusse fut marquée par de cruelles défaites, et l'empereur capitula à Sedan.

Le peuple, alors, proclama une troisième fois la République (4 septembre 1870), et la République, si elle ne réussit pas à sauver l'intégrité du territoire, sauva du moins l'honneur. Paris assiégé pendant plusieurs mois et les armées organisées en province par le patriote Gambetta arrêtèrent les armées victorieuses de la Prusse. Mais Bazaine livra Metz, et la France succomba sous le nombre. Il fallut céder à la Prusse l'Alsace avec Strasbourg et une partie de la Lorraine avec Metz.

Après avoir sauvé l'honneur de la patrie, la République entreprit de renouveler la France par le développement de l'instruction, le service militaire obligatoire pour tous les citoyens et l'usage de la liberté. Sous les trois premiers présidents de la République, Thiers, Mac-Mahon et Grévy, elle a poursuivi cette belle œuvre avec succès.

En même temps, la République a entrepris de remplacer l'empire colonial que Louis XV a perdu, par un nouvel empire aussi riche et aussi fertile. Elle a pris la Tunisie sous son protectorat, et elle a conquis la partie orientale de l'Indo-Chine (Tonkin et Annam).

Mais la France ne fait point ses entreprises dans le seul dessein d'agrandir son territoire : elle les poursuit encore pour répandre partout les bienfaits de la civilisation. Aussi ne laissent-elles pas dans le cœur des peuples étrangers la haine et la jalousie que causent les guerres de conquête, et il y a longtemps déjà qu'un Anglais éclairé a rendu, avec raison, à la France cet hommage que nous avons déjà cité : « Tout homme civilisé a deux patries : la sienne et la France. »

LES GRANDS ÉCRIVAINS

ET LES GRANDS SAVANTS

Les hommes qui ont le plus contribué au bonheur de l'humanité et à sa grandeur matérielle et morale, ne sont pas les fameux conquérants dont les noms remplissent l'histoire, mais bien les artistes, les penseurs, qui ont produit des œuvres littéraires et artistiques supérieures ou fait des découvertes scientifiques de premier ordre. En effet, l'art, qui est le culte du beau, et la science, qui est la conquête de la vérité, représentent, avec la bonté et la justice, le but suprême de notre existence. L'art charme la vie et élève l'intelligence ; la science diminue les douleurs et les misères humaines.

Notre reconnaissance doit donc être acquise aux hommes à jamais illustres qui, par leur génie créateur, nous ont ouvert des voies nouvelles, et dont l'œuvre, encore vivante malgré le temps, nous fait connaître la beauté et la vérité.

Plusieurs siècles avant l'ère chrétienne, les Grecs ont eu une civilisation florissante ; les œuvres d'art qu'ils ont créées en sculpture, peinture, poésie, sont encore aujourd'hui des modèles à suivre. Leurs savants ont créé la géométrie, la physique, l'astronomie, la physiologie. Toutes nos civilisations contemporaines dérivent de la civilisation grecque. Les Romains, maîtres de la Grèce, n'ont fait qu'imiter l'art et la science des Grecs.

Puis est venue la longue période d'obscurité qui est le moyen âge, où la grossièreté et la superstition des Barbares avaient remplacé le magnifique développement intellectuel dû aux génies d'Athènes et de Rome.

Mais vers le xive siècle l'Italie produit de grands poètes, de grands peintres, de grands savants, qui, reprenant les traditions des Grecs et des Latins, font sortir les hommes de l'épaisse ignorance où ils étaient plongés.

Au XVIe et au XVIIe siècle, ce mouvement intellectuel, né en Italie, se répand dans le monde, en France notamment, où de grands écrivains, de grands savants, en même temps qu'ils créent notre admirable langue française, répandent partout les idées de justice, de science, de progrès.

Aujourd'hui la science n'est plus le patrimoine d'un peuple. Elle est partout en honneur. Toutes les nations, et principalement l'Allemagne, l'Angleterre, l'Italie, la France, consacrent de grands efforts à la science, dont les découvertes tendent à reculer notre ignorance des choses de la nature, et à asservir de plus en plus la matière à l'intelligence de l'homme.

HOMÈRE

Homère est le plus grand poète de l'antiquité. On suppose qu'il a vécu environ neuf siècles avant Jésus-Christ. On ne connaît rien de précis sur sa vie. On croit qu'il n'écrivait pas ses poèmes, mais qu'il allait de ville en ville et de village en village, aveugle et conduit par un jeune enfant, récitant ses poèmes admirables.

Homère.

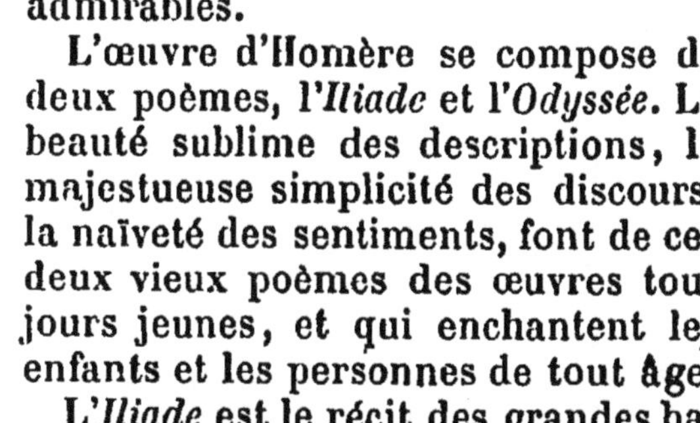

L'œuvre d'Homère se compose de deux poèmes, l'*Iliade* et l'*Odyssée*. La beauté sublime des descriptions, la majestueuse simplicité des discours, la naïveté des sentiments, font de ces deux vieux poèmes des œuvres toujours jeunes, et qui enchantent les enfants et les personnes de tout âge.

L'*Iliade* est le récit des grandes batailles qui se sont livrées sous les murs de Troie. La ville asiatique de Troie est assiégée par les Grecs. Du côté des Grecs il y a Achille, Ajax, Ulysse, Agamemnon; du côté des Troyens, Hector, Énée. Mais Achille, irrité contre Agamemnon, roi des Grecs, s'est retiré dans sa tente et ne veut pas combattre, de sorte que les Grecs, n'ayant plus Achille à leur tête, sont impuissants à prendre la ville. Cependant Hector, fils du roi de Troie Priam, a tué l'ami d'Achille, Patrocle; Achille, furieux et désespéré, retourne au combat et tue Hector, ce qui réduit à l'impuissance la défense des Troyens.

L'*Odyssée* est le récit des infortunes d'Ulysse. Poursuivi par la colère de Neptune, le dieu de la mer, il ne peut rentrer dans Ithaque, sa ville natale, et pendant dix années il erre d'île en île, victime d'infortunes cruelles. Enfin il peut revenir à Ithaque, où Pénélope, son épouse, l'a attendu fidèlement.

ULYSSE BLESSÉ[1]

(*Ulysse a été blessé dans la bataille.*)

Son sang jaillit, et il éprouve une vive douleur. A l'aspect du sang d'Ulysse, les fiers Troyens, s'exhortant les uns les autres, le serrent de plus près. Il recule enfin, et, appelant du secours, il fait retentir trois fois tout ce que sa voix a de force; trois fois l'oreille du vaillant Ménélas en est frappée. S'adressant aussitôt au fils de Télamon, Ajax, qui était à ses côtés :

« Noble Ajax, dit-il, j'entends les cris de l'intrépide Ulysse. Les Troyens lui ont sans doute coupé la retraite, et, accablé par le nombre, il est dans un péril imminent. Retournons dans la mêlée; il faut le secourir. Je crains que, malgré sa valeur, il ne succombe sous l'effort de tant d'ennemis, et que sa mort ne laisse aux Grecs d'éternels regrets. »

Il dit, et s'avance, accompagné d'Ajax: ils trouvent Ulysse environné par les ennemis. Tels des loups, animés de la soif du sang, s'attroupent autour d'un cerf superbe qui porte la flèche dont l'a blessé un adroit chasseur. Il a su lui échapper par sa course légère et ses pieds rapides; mais un sang noir coulait de sa plaie, et enfin, épuisé, il est entouré des loups féroces, dans la sombre forêt qui ouvre la montagne. Déjà leurs dents le déchiraient, quand soudain arrive un lion formidable. Alors les loups tremblants prennent la fuite, et le lion devient le maître de la proie. Tels les Troyens, aussi nombreux que vaillants, réunissaient leurs efforts contre le brave et vaillant Ulysse, lorque accourt Ajax, dont la lance le dérobe à la mort. Ajax arrive près de lui, portant son bouclier semblable à une tour. Les Troyens effrayés se dispersent au loin, tandis que Ménélas, prenant la main d'Ulysse, le conduit sur son char, hors de la mêlée.

DÉMOSTHÈNES

Démosthènes ne fut pas seulement un grand orateur, mais

1. Nous donnons ici un court fragment de l'*Iliade*, pour qu'on puisse juger du style d'Homère. De même nous donnerons des fragments extraits de l'œuvre de divers grands hommes dont les noms suivent. Ce sont des exemples qui pourront servir de dictée.

encore un grand citoyen qui aima sa patrie. Il naquit à Athènes, et vécut au IIe siècle avant Jésus-Christ. A ce moment le roi de Macédoine, Philippe, le père d'Alexandre le Grand, menaçait l'indépendance de la Grèce. Démosthènes, par ses discours éloquents, fut le plus redoutable ennemi de Philippe. Il ne cessa d'exhorter à la concorde les Athéniens, les Thébains, les Corinthiens, les Lacédémoniens, les conjurant de s'unir contre

Démosthènes.

l'ennemi commun. Mais les Grecs ne surent pas suivre ce sage conseil. Ils furent battus isolément en diverses batailles.

Après la mort de Philippe, Démosthènes continua à engager les Athéniens à lutter contre Alexandre ; mais les Athéniens furent vaincus une fois encore, et Démosthènes fut exilé. Après la mort d'Alexandre, il tenta de nouveau la lutte, mais vaincu une troisième fois et poursuivi par les soldats macédoniens, il s'empoisonna.

Les discours de Démosthènes nommés Philippiques (harangues contre Philippe) sont remarquables par la simplicité, l'énergie, la concision du langage.

EXHORTATIONS CONTRE PHILIPPE DE MACÉDOINE

Au lieu de nous envoyer des ambassadeurs les uns aux autres, nous nous enfermons dans nos villes sans prendre de résolution, sans nous réunir contre l'ennemi commun, spectateurs tranquilles de ses progrès. On dirait que chacun regarde comme un temps gagné pour soi le temps que Philippe met à la destruction d'un autre. Personne cependant n'ignore que, semblable à une fièvre contagieuse, il viendra tôt ou tard fondre sur celui-là même qui se croit aujourd'hui à l'abri de tout danger... Pensez que ce Philippe, loin d'être un Grec, loin de tenir à la grande famille grecque, loin même d'avoir une origine illustre parmi les Barbares, est un misérable Macédonien, sorti d'un lieu d'où il ne vint jamais un bon esclave. Quel outrage vous épargne-t-il? Après avoir saccagé nos villes, il préside aux jeux où les Grecs ont seuls le droit de paraître, et, lui absent, il envoie ses esclaves y présider. Tous les passages de la Grèce lui sont ouverts, puisque la garnison des Thermopyles est à lui. Il s'est arrogé les honneurs du temple.

... Et pourtant, malgré ses outrages, nous temporisons. La mollesse nous endort. Nous en sommes à nous soupçonner les uns les autres. Un esprit de défiance règne partout. Vraiment, si cet homme traite avec tant de hauteur la Grèce entière, que sera-ce, quand il nous aura tous asservis les uns après les autres?...

Autrefois pourtant il y eut dans le cœur des Athéniens ce qui n'y est plus : l'amour de la liberté, qui nous fit braver les Perses, qui maintint notre indépendance, et qui nous rendit invincibles sur terre et sur mer.

ARISTOTE

Aristote, né en Grèce, fut le contemporain de Démosthènes. Il fut choisi par Philippe, roi de Macédoine, pour être le précepteur d'Alexandre. Il a laissé d'innombrables ouvrages, et c'est un des hommes dont le génie a été le plus vaste. Il a, pour ainsi dire, créé l'histoire naturelle, et il a décrit l'organisation et les mœurs des animaux avec une précision étonnante. Il a fait des traités sur la politique, la rhétorique, la poésie, la morale, l'astronomie, la philosophie, la minéralogie, et en toutes les questions qu'il a abordées apparaissent une netteté et une pénétration supérieures à tout ce que l'on trouve dans les auteurs anciens.

Aristote.

Ses théories et ses idées ont été au moyen âge adoptées sans contrôle, de sorte que pendant plusieurs siècles la science n'était guère qu'un commentaire des œuvres d'Aristote. Nul homme peut-être n'a exercé une aussi grande influence sur les idées de l'humanité.

Il mourut, dit la légende, en se jetant dans la mer, désespéré de ne pouvoir comprendre la cause du flux et du reflux.

LA CONSTRUCTION DES NIDS

On peut observer, en général, dans les manières de vivre des animaux beaucoup d'actes qui ressemblent à la vie même de l'homme; et c'est dans les petits animaux, plutôt encore que dans les grands, qu'on peut voir la sûreté de leur intelligence. Ainsi, dans les oiseaux, on pourrait citer tout d'abord la façon dont l'hirondelle fait son nid. Elle suit les mêmes règles que nous suivrions pour mêler la paille à la boue, entrelaçant cette boue dans des brindilles de bois; et si la boue lui manque, elle se baigne dans l'eau et va rouler ses ailes dans la poussière. Elle construit son nid absolument comme des hommes le feraient : mettant d'abord au-dessous les matériaux les plus durs, et proportionnant la grandeur du nid à la sienne. Le mâle et la femelle prennent le même soin des petits. Elle donne à chacun d'eux leur pâture, distinguant, comme si elle en avait l'habitude, celui qui l'a reçue le premier afin de ne pas lui en donner deux fois. Dans les premiers temps, c'est elle qui rejette leur fiente hors du nid; mais quand ils sont plus grands elle leur apprend à se tourner en dehors pour fienter. On peut faire des observations toutes pareilles sur les pigeons, qui présentent des faits analogues. Ils ne s'accouplent jamais à plusieurs, et ils ne cessent leur union que quand l'un d'eux est devenu veuf ou veuve. Au moment de la ponte et de la douleur qu'elle cause, la sollicitude du mâle et ses colères sont vraiment étonnantes. Si la femelle met quelque paresse à entrer dans le nid pour y pondre, il la bat et la force à entrer. Une fois que les petits sont nés, il va chercher de la terre salée, qu'il mâchonne, et il l'introduit dans le bec des petits, qu'il ouvre, leur apprenant ainsi à manger.

CICÉRON (106-43 av. J.-C.)

Comme Démosthènes, Cicéron fut un orateur éloquent, et il joua un rôle important dans les affaires publiques. Il lutta énergiquement contre Jules César, qui essaya d'imposer aux Romains son pouvoir despotique; puis contre Antoine et Octave, qui tentèrent d'imiter César et de renverser la république romaine. Mais la fortune trahit ses efforts, et les soldats d'Octave, l'ayant poursuivi, le tuèrent sans pitié.

L'œuvre de Cicéron est considérable. C'est le prince des orateurs et des philosophes latins. Sa parole éloquente n'a jamais défendu que le droit et la justice. Il parla contre Verrès qui pilla la Sicile, contre Catilina qui méditait le bouleversement de Rome. Les harangues de Cicéron, plus fleuries et moins concises que celles de Démosthènes, sont, comme celles du grand orateur grec, des modèles d'élégance et d'éloquence.

Cicéron.

Dans ses ouvrages philosophiques, *de la République*, — *de la Nature des dieux*, — *de l'Amitié*, — *de la Vieillesse*, — *des Devoirs*, — *Lettres à Atticus*, on trouve une morale élevée, d'une pureté admirable, supérieure à tout ce que nous connaissons des moralistes de l'antiquité.

LE RÊVE DE SCIPION

(*Scipion l'Africain voit en rêve dans les espaces célestes son père, mort depuis quelque temps.*)

« O le meilleur des pères, m'écriai-je, et le plus vénéré, puisque la vie est auprès de vous, pourquoi languir ainsi sur la terre, et ne pas me hâter de vous rejoindre ?

— C'est impossible, si Dieu ne te délivre... Les hommes ont été créés pour garder fidèlement ce globe qu'on appelle la terre ; leur âme fut tirée de ces feux éternels, constellations et astres, sphères mobiles, régies par l'intelligence divine et accomplissant avec une incroyable rapidité leurs périodes circulaires. Ainsi, pour toi et pour tous les hommes religieux, le devoir est de retenir votre âme dans sa prison charnelle, et vous ne pouvez quitter la vie malgré l'ordre du bienfaiteur, sans déserter la tâche humaine qui vous fut confiée par Dieu. Mais toi, dans cette vie, à l'exemple de ton aïeul, cultive la justice et la piété envers tes parents, envers tes proches, surtout envers ta patrie qui doit t'être sacrée. Tel est le chemin qui doit te conduire au ciel, dans l'auguste réunion des hommes vertueux, délivré des liens du corps et habitant le séjour d'immortalité. »

Mon père me montrait le cercle d'or qui brille, éclatant de blancheur, au milieu des embrasements du ciel, et qu'on nomme la voie lactée, d'après une tradition grecque.

Là que de merveilles grandioses! j'admirai des étoiles que nous n'avions jamais vues d'ici-bas, et dont la grandeur ne se pouvait soupçonner. La première de toutes, par exemple, celle qui, la plus éloignée du firmament et la plus voisine de notre globe, brillait d'une lumière empruntée, surpassait encore de beaucoup la grandeur de la terre. Et quant à la sphère terrestre, elle m'apparut alors si petite que j'eus honte de l'Empire romain, notre empire, qui occupe sur la surface terrestre un endroit à peine perceptible.

VIRGILE

Virgile est le plus grand poète romain, comme Homère est le plus grand poète grec. Homère a chanté la guerre des Grecs contre Troie et les infortunes d'Ulysse; Virgile, dans son poème de l'*Enéide*, a raconté les infortunes, puis les triomphes d'Énée le Troyen. Après que les Grecs se sont emparés de la ville de Troie, Enée a pu s'échapper, et il a abordé enfin les rivages d'Afrique, à Carthage (actuellement Tunis). La reine de Carthage, Didon, essaye en vain de le retenir. Il quitte l'Afrique et arrive en Italie, où, après de sanglants combats, il parvient à fonder un royaume. Ce royaume sera l'Empire romain, et Virgile, en écrivant l'*Énéide*, composait le poème national des Romains, fiers de cette antique origine.

Virgile.

Virgile naquit à Mantoue, en Italie, un demi-siècle avant l'ère chrétienne. Outre l'*Énéide*, il a écrit les *Géorgiques* et les *Églogues*, où il célèbre en vers doux et charmants le bonheur de la vie champêtre et l'art de l'agriculture.

DÉPART D'ÉNÉE

(Énée quitte Carthage en secret, la nuit, malgré la reine de Carthage, Didon, qui aurait voulu le retenir.)

Énée s'arrache au sommeil et ne laisse pas ses compagnons reposer : « Debout, dit-il, levez-vous, rangez-vous sur ces bancs, déployez promptement les voiles de vos navires. Un dieu envoyé du ciel nous ordonne de hâter notre fuite et de couper les câbles qui nous attachent au rivage. Nous te suivons, dieu puissant, qui que tu sois, et nous obéissons à tes ordres avec une joie nouvelle. Guide-nous, protège-nous, et fais briller à nos yeux des astres favorables. » Il dit, et, tirant du fourreau son épée foudroyante, il frappe et coupe les amarres de son vaisseau. La même ardeur s'empare de tous les Troyens : ils se jettent sur leurs avirons et rament avec vigueur. Déjà ils sont loin du rivage; la mer est couverte de leurs vaisseaux : des flots d'écume jaillissent, qui soulèvent l'onde azurée.

Déjà l'Aurore répandait sur la terre les premiers rayons du jour. La reine Didon, du haut de son palais, voit en même temps la nuit disparaître et la flotte gagner la pleine mer. Le rivage et le port abandonnés ne retentissent plus du bruit des matelots. Alors, arrachant ses beaux cheveux et meurtrissant son sein de mille coups : « Grand Jupiter, il partira donc! dit-elle. Le perfide étranger m'insulte ici chez moi. Quoi! on ne prendra pas les armes! on ne mettra pas mes vaisseaux à la mer! Courez! volez! la flamme à la main! Déployez les voiles! faites force de rames! »

DANTE (1265-1321)

Dante, né à Florence en Italie, a écrit un poème épique, qui renferme des beautés incomparables. Ce poème, la *Divine Comédie,* contient trois parties : l'*Enfer,* le *Purgatoire,* le *Paradis.* Le poète suppose qu'il rencontre Virgile, et que Virgile le conduit dans les Enfers pour lui montrer le sort des damnés. De même il suppose que Béatrice, qu'il avait tendrement aimée et dont il pleurait la mort, le conduit au Paradis pour lui montrer les bienheureux. Dans un langage hardi et rude il donne libre cours à son imagination, en même temps qu'il satisfait ses haines politiques, plaçant aux Enfers tous ses ennemis, et châtiant leurs méfaits en vers impitoyables. La *Divine Comédie* est, par ordre de date, la première œuvre littéraire des temps modernes qui puisse sou-

Dante.

tenir la comparaison avec les ouvrages des écrivains grecs et latins de l'antiquité.

La vie de Dante a été singulièrement agitée. Il fut mêlé aux guerres civiles sanglantes qui déchiraient les petites républiques italiennes, et il passa la moitié de sa vie dans l'exil et la misère. Il eut la douleur de mourir exilé, hors de sa ville natale.

LE SUPPLICE D'UGOLIN

(Dante et Virgile rencontrent dans les Enfers le comte Ugolin, qui raconte le supplice que lui infligea l'archevêque Roger, son ennemi. Ugolin fut enfermé dans une tour, et condamné à mourir de faim avec ses enfants.)

« Je m'éveillai vers le matin et m'approchai de mes enfants. Ils dormaient encore; mais en dormant ils gémissaient et demandaient du pain... Déjà mes fils étaient debout, car l'heure du repas approchait, et chacun attendait son pain avec crainte... Voilà que j'entends tout à coup qu'on murait en bas l'horrible tour. Immobile, je regardai mes quatre enfants sans parler, sans pleurer, l'œil fixe et le cœur durci comme la pierre; ils pleuraient, eux, et mon Anselmin me dit : « Comme tu nous regardes, père! Qu'as-tu donc? » Et cependant je ne pleurai point; je ne parlai point de tout ce jour, et la nuit suivante, jusqu'au retour d'un autre soleil. Mais, dès qu'une faible lueur eut pénétré dans ce cachot, je me pris à considérer leurs visages l'un après l'autre; et c'est alors que je vis où j'en étais moi-même. Transporté, forcené de douleur, je me mordis les bras; et mes fils, croyant que la faim me poussait, m'entourèrent en criant : « Mon père, il nous sera moins cruel d'être mangés par toi. Reprends de nous ces corps, ces chairs que tu nous as donnés. » Je m'apaisai donc pour ne pas les attrister davantage, et ce jour et le jour suivant nous restâmes tous muets! Ah! terre, terre, que n'ouvris-tu tes entrailles! Comme le quatrième jour commençait, le plus jeune de mes fils tomba à mes pieds étendu, en disant : « Mon père, secours-moi. » C'est à mes pieds qu'il expira, et je les vis tous trois tomber un à un, entre la cinquième et la sixième journée, si bien que, n'y voyant déjà plus, je me jetai moi-même, hurlant et rampant, sur ces corps inanimés, les appelant deux jours après leur mort, et les rappelant encore, jusqu'à ce que la faim éteignît en moi ce qu'avait laissé la douleur. »

GUTENBERG

Gutenberg, né à Strasbourg (ou peut-être à Mayence, en Allemagne) vers 1400, mort en 1468, est considéré comme l'inventeur de l'imprimerie. Avant lui on se servait de bois gravés, non mobiles, alors que le procédé imaginé par Gutenberg et encore en usage aujourd'hui consiste en un assemblage de petites pièces mobiles, en métal (caractères d'imprimerie représentant chacun une lettre). On peut les disposer dans l'ordre qu'on désire, de manière à former des mots.

Gutenberg.

Il eut, dit-on, l'idée de l'imprimerie en voyant les clous d'un fer à cheval marqués dans la poussière de la route.

Le premier livre imprimé (une Bible) date de 1450 environ. Bientôt cette invention admirable se répandit dans le monde, si bien qu'un siècle plus tard il y avait des imprimeries dans toutes les grandes villes de l'Europe.

Gutenberg était ouvrier graveur; on sait fort peu de chose de sa vie.

CHRISTOPHE COLOMB (1436-1506)

Christophe Colomb naquit à Gênes en 1436. Mais de bonne heure il quitta l'Italie et se rendit en Espagne et en Portugal. Là, après de longues réflexions, il acquit la conviction que la terre est ronde, et que par conséquent on peût en faire le tour en naviguant. Avant lui on n'avait que des idées incertaines sur la forme de la terre, et on ne se demandait même pas ce qu'il pouvait y avoir au delà de l'Océan. Ce qui fait la grandeur de Christophe Colomb, ce n'est pas seulement l'intuition d'une vérité nouvelle, c'est surtout sa persévérance, que rien ne put décourager. Pendant quinze ans il essaya de faire triompher ses idées; enfin il put obtenir du roi d'Espagne une flottille composée de trois vaisseaux, qui partit le 3 août 1492, et se dirigea hardiment vers l'ouest, dans l'immense Océan, ignorant où elle allait. Au bout de deux mois, les matelots, désespérés et effrayés, voulurent faire revenir les vaisseaux en arrière; mais Colomb opposa à leurs clameurs une fermeté inébranlable. Après soixante-dix jours de navigation, on aperçut enfin la terre; c'était une des Antilles. Le nouveau continent était découvert.

Colomb retourna en Espagne, où il fut comblé d'honneurs. Mais bientôt la jalousie et la cupidité des courtisans qui entou-

Christophe Colomb.

raient le roi d'Espagne se déchaînèrent contre lui. On le calomnia : il fut jeté en prison et chargé de fers. Il mourut dans la misère, victime de cette noire ingratitude, à l'âge de soixante-dix ans.

GALILÉE (1564-1642)

Galilée, né à Pise en 1564, mort en 1642, tout à la fois mathématicien, physicien et astronome, est le type du génie scientifique. Non seulement on peut le considérer comme le père de l'astronomie moderne, mais encore, par la rigueur et les tendances pratiques de son esprit, par son aversion pour les dissertations vagues et creuses, il est le vrai fondateur de la méthode expérimentale, à laquelle sont dues les plus belles conquêtes de la science.

Il était encore étudiant à l'Université de Pise, quand il fit une de ses importantes découvertes en physique. Un jour, dans la cathédrale, ses yeux rêveurs se portèrent sur une lampe suspendue à la voûte, et à laquelle le sacristain venait, en l'allumant, de communiquer un mouvement oscillatoire. Galilée remarqua que les oscillations conservaient la même durée, bien que leur amplitude diminuât peu à peu, et cette observation lui donna l'idée d'appliquer le pendule à la mesure du temps, idée sur laquelle il revint plusieurs fois dans la suite, mais qui n'a été réalisée qu'après lui.

C'est Galilée qui inventa le thermomètre, la balance hydrostatique, dont il fit usage pour déterminer les densités; et c'est lui qui établit par l'expérience les lois du mouvement des corps soumis à la pesanteur.

En 1609, il construisit un télescope qui grossissait trente fois, et avec lequel il découvrit la composition stellaire de la voie lactée, les satellites de Jupiter, l'anneau de Saturne, les phases de Vénus, les taches et la rotation du soleil sur son axe. Mais toutes ces notions nouvelles qui tendaient à vérifier l'hypothèse de Copernic, et qui renversaient le dogme de la terre immobile au centre du monde, enseigné, disait-on, par les Écritures saintes, constituaient une hérésie grave. Aussi le pape Urbain VIII, en 1633, déféra-t-il à l'Inquisition le livre dans lequel Galilée avait rassemblé toutes les preuves du mouvement de la terre autour du soleil et de la rotation du soleil sur son axe. Après un procès de vingt jours, Galilée fut condamné à abjurer solennellement sa doctrine. On dit qu'après l'abjuration Galilée, en se relevant, s'est écrié, en frappant du pied la terre : « Et pourtant elle tourne ! »

Trois ans plus tard, Galilée devenait complètement aveugle, après avoir mis la dernière main à son traité du *Mouvement*.

SHAKESPEARE (1564-1616)

William Shakespeare (né à Straford-sur-Avon, en Angleterre) est le plus grand poète anglais, et probablement le plus puissant génie dramatique que le monde ait produit. Il fut acteur et directeur de théâtre, et c'est pour son propre théâtre qu'il composa ses principales pièces.

On ne saurait trop admirer la profondeur de ses pensées, l'exactitude de ses descriptions, la vérité de ses personnages et l'éloquente poésie de son style. Les situations dramatiques les plus audacieuses sont exposées avec une puissance d'imagination extraordinaire.

Ses pièces principales sont : *Hamlet* (Hamlet, prince de Danemark, veut venger son père traîtreusement détrôné et tué, et il feint la folie pour mieux assurer sa vengeance); — *Othello* (Othello, général nègre au service de la république de Venise, croit à tort que sa femme Desdémona est coupable d'infidélité, et il la tue); — *Macbeth* (Macbeth, pour arriver à être roi, comme des sorcières le lui ont prédit, tue son roi Duncan, puis son ami Banquo et les enfants de Banquo, mais le remords l'empêche de jouir de son crime); — *le Roi Lear* (Le roi Lear, bassement flatté par ses deux filles aînées, leur partage sa fortune, mais elles ne le secourent pas quand il est devenu misérable, tandis que Cordelia, sa troisième fille, qu'il a méprisée, le soutient quand il est aveugle et infortuné); — *Jules César;* — *Henri VIII;* — *la Tempête;* — *le Marchand de Venise;* — *les Joyeuses Commères de Windsor;* — *Richard III;* — *Beaucoup de bruit pour rien;* — *Cymbeline;* — *Roméo et Juliette.*

Shakespeare.

Shakespeare mourut le même jour que Cervantes[1].

CONSEILS A UN FILS

(*Polonius, au moment où son fils Laerte s'embarque pour un voyage, lui donne les conseils suivants.*)

Reçois ma bénédiction, et songe à graver dans ta mémoire quelques préceptes simples. Ne dis et ne fais rien qui ne soit calculé. Sois courtois et poli, mais jamais bassement familier. Les amis que tu as adoptés après l'épreuve, attache-les à toi avec des liens

1. Cervantes, auteur espagnol, a composé un livre sublime, *Don Quichotte*, qui, par la force comique aussi bien que par l'élévation des sentiments, est un des ouvrages les plus amusants et les plus profonds qu'on ait jamais écrits. C'est l'histoire d'un homme généreux et brave, don Quichotte, qui, enflammé par la lecture des romans de chevalerie, court le monde pour défendre les faibles et secourir les opprimés. Suivi de son fidèle écuyer, Sancho Pança, il est victime de ses illusions et de son imagination et il voit partout des choses qui n'existent pas : il prend des moulins pour des géants, des marionnettes pour des personnages réels, et un troupeau de moutons pour une armée ennemie. Mais, malgré ses ridicules, don Quichotte est une grande âme.

de fer; mais ne prodigue pas tes poignées de main et tes affections banales aux amis récents et aux connaissances de fraîche date. Évite avec soin d'entrer dans une querelle; mais une fois engagé, comporte-toi de manière que ton adversaire t'évite à son tour. Écoute tout ce que l'on te dira, mais ne parle qu'à un petit nombre d'hommes. Reçois toutes les critiques, mais réserve tous tes jugements. Que ton habit soit aussi beau que ta bourse peut le payer, mais qu'il ne soit jamais affecté et bizarre; qu'il soit riche, mais non fastueux, car la parure souvent annonce l'homme, et les seigneurs de France, les plus distingués par la noblesse et la race, ont un goût exquis et noble. Ne prête ni n'emprunte. Car, si l'on prête, on perd le prêt et l'ami; et si l'on emprunte, il n'y a plus d'économie possible. Ceci surtout : sois sincère avec toi-même, car alors, aussi nécessairement que la nuit suit le jour, tu ne pourras être faux avec les autres hommes.

DESCARTES (1596-1650)

René Descartes, né à Haye (en Touraine) philosophe, géomètre et physicien, a exercé sur la science et la philosophie une influence prépondérante.

Descartes.

Avant Descartes on regardait comme infaillibles toutes les moindres paroles des écrivains de l'antiquité ou des Pères de l'Église. Descartes (en 1637), dans son *Discours de la méthode,* a établi la souveraine autorité de la raison. C'est l'esprit de l'homme qui juge de la vérité ou de la pauvreté des choses; et une chose est vraie ou fausse indépendamment de l'opinion d'Aristote, de Platon ou de saint Thomas d'Aquin.

Descartes, dans les *Méditations,* le *Traité de l'homme,* les *Passions de l'âme* et la *Dioptrique,* a traité les plus hautes questions de la physique et de la métaphysique. Il a donné le premier la théorie exacte de la vision par l'œil; il a montré par quel mécanisme le système nerveux commande les mouvements des animaux.

Il a créé de toutes pièces une science nouvelle, la *Géométrie analytique*, qui est l'application de l'algèbre à la géométrie : science féconde, qui prit après lui une grande extension.

La vie de Descartes a été très agitée. Etant jeune, il fut soldat et officier. Il vécut en Hollande pendant longtemps, et s'adonna aux recherches d'anatomie, de médecine, de physique, en même temps qu'il faisait de la philosophie et des mathématiques. Menacé d'être poursuivi pour défaut d'orthodoxie catholique, il se réfugia en Suède, auprès de la reine Christine, qui le reçut avec de grands honneurs.

Descartes est un des premiers écrivains qui aient écrit dans le langage français moderne, et il a contribué à faire de notre langue française ce qu'elle est aujourd'hui.

LA CIRCULATION DU SANG [1]

Si on demande comment le sang des veines ne s'épuise point en coulant ainsi continuellement dans le cœur, et comment les artères n'en sont point trop remplies, puisque tout celui qui passe par le cœur va s'y rendre, je n'ai pas besoin d'y répondre autre chose que ce qui a été déjà écrit par un médecin d'Angleterre, auquel il faut donner la louange d'avoir rompu la glace en cet endroit, et d'être le premier qui a enseigné qu'il y a plusieurs petits passages aux extrémités des artères, par où le sang qu'elles reçoivent du cœur entre dans les petites branches des veines d'où il va se rendre derechef vers le cœur ; en sorte que son cours n'est autre chose qu'une circulation perpétuelle. Ce qu'il prouve fort bien par l'expérience ordinaire des chirurgiens qui, ayant lié le bras médiocrement fort au-dessus de l'endroit où ils ouvrent la veine, font que le sang en sort plus abondamment que s'ils ne l'avaient point lié, et il arriverait tout le contraire s'ils le liaient au-dessous entre la main et l'ouverture, ou bien qu'ils le liassent très fort au-dessus ; car il est manifeste que le lien médiocrement serré, pouvant empêcher que le sang qui est déjà dans le bas ne retourne vers le cœur par les veines, n'empêche pas pour cela qu'il n'en vienne toujours de nouveau par les artères, à cause qu'elles sont situées au-dessous des veines, et que leurs peaux (*parois*), étant plus dures, sont moins

1. Ce passage est intéressant à divers titres : il a été publié en 1637, neuf ans seulement après que l'illustre physiologiste W. Harvey eut démontré la circulation du sang (1628). La belle découverte de Harvey fut contestée avec acharnement ; Descartes, avec son génie perspicace, est un des premiers qui en aient reconnu la parfaite exactitude. — On le trouvera un peu difficile à lire ; mais le maître en pourra donner l'explication au tableau.

aisées à presser (*comprimer*) et ainsi que le sang qui vient du cœur tend avec plus de force à passer par elles vers la main qu'il ne tend à retourner de la main vers le cœur par les veines, et puisque le sang sort du bras par l'ouverture qui est en l'une des veines, il doit nécessairement y avoir quelques passages au-dessous du lien, c'est-à-dire vers les extrémités du lien, par où il y puisse venir des artères. Il prouve aussi fort bien ce qu'il dit du cours (*circulation*) du sang par certaines petites peaux (*valvules*) qui sont tellement disposées en divers lieux le long des veines, qu'elles ne lui permettent point d'y passer du milieu du corps vers les extrémités, mais seulement de retourner des extrémités vers le cœur; et de plus par l'expérience, qui montre que tout celui qui est dans le corps en peut sortir en fort peu de temps par une seule artère, lorsqu'elle est coupée.

PASCAL (1623-1662).

Blaise Pascal (né à Clermont-Ferrand) est un des génies les plus extraordinaires qui aient existé. Il fut grand mathématicien, grand physicien, non moins que penseur profond et écrivain de premier ordre.

Sa précocité fut merveilleuse. A l'âge de dix ans, n'étant encore qu'un enfant, il *inventa* la géométrie que son père ne voulait pas lui laisser apprendre. Agé de dix-huit ans seulement, il composa sur les mathématiques supérieures un traité qui fit l'admiration de tous les savants. Puis, dans des expériences exécutées à la tour Saint-Jacques à Paris, il fit la belle découverte de la pesanteur de l'air. Ce fut lui qui donna les premiers principes du calcul des probabilités. Il inventa des machines très simples, la brouette, le haquet, et des machines plus compliquées, la machine arithmétique.

Comme écrivain et comme philosophe, il ne fut pas moins remarquable que comme physicien. Dans ses *Lettres provinciales,* il attaqua vigoureusement les jésuites; dans ses *Pensées,* où se trouvent tant de belles idées exprimées en un magnifique langage, il essaya de réconcilier la raison avec la foi.

Un accident, dans lequel il faillit périr, lui causa une extrême frayeur et ébranla sa raison. Il mourut peu de temps après, âgé de trente-neuf ans.

GRANDEUR DE L'UNIVERS

La première chose qui s'offre à l'homme quand il regarde, c'est son corps, c'est-à-dire une certaine portion de matière qui lui est propre. Mais, pour comprendre ce qu'elle est, il faut qu'il la compare avec tout ce qui est au-dessus de lui et tout ce qui est au-dessous, afin de reconnaître ses justes bornes.

Qu'il ne s'arrête donc pas à regarder seulement les objets qui l'environnent. Qu'il contemple la nature entière dans sa haute et pleine majesté! Qu'il considère cette éclatante lumière, unie comme une lampe éternelle pour éclairer l'univers. Que la terre lui paraisse comme un point au prix du vaste tour qu'elle décrit. Et qu'il s'étonne de ce que ce vaste tour lui-même n'est qu'un point très délicat, à l'égard de celui que les astres, qui roulent dans le firmament, embrassent. Mais, si notre vue s'arrête là, que l'imagination passe outre : elle se lassera plutôt de concevoir que la nature de fournir. Tout ce que nous voyons du monde n'est qu'un trait imperceptible dans l'ample sein de la nature. Nulle idée n'approche de l'étendue de ses œuvres. Nous avons beau enfler nos conceptions, nous n'enfantons que des atomes au prix de la réalité des choses. C'est une sphère infinie, dont le centre est partout, et la circonférence nulle part.

MOLIÈRE (1622-1673)

Molière, né à Paris, est un des hommes qui illustrent le plus notre pays; mais il n'est pas seulement un génie français, il est universel ; ses comédies sont des chefs-d'œuvre qui amusent les hommes de tout âge, de toute époque et de toute nationalité.

Molière.

Dans ses ouvrages, le bon sens est mêlé à la profondeur. Molière est un profond observateur des ressorts qui font agir les hommes, et en même temps une verve comique inépuisable anime toutes les scènes de ses pièces.

Molière, comme Shakespeare, était acteur et directeur de théâtre. Il jouait lui-même ses pièces.

Ses principales comédies sont : *le Misanthrope, Tartuffe* (où il démasque les hypocrites et les faux dévots), *l'École des femmes, Don Juan, les Femmes savantes* (où il raille la prétention qu'ont les femmes de vouloir être aussi savantes et instruites que les hommes). Dans *l'Avare,* il flétrit l'avarice; dans *le Bourgeois gentilhomme,* il se moque des roturiers qui prennent des airs de grand seigneur. *Le Malade imaginaire, le Médecin malgré lui, Georges Dandin, les Fourberies de Scapin, l'Étourdi, le Dépit amoureux, les Précieuses ridicules, Amphitryon,* sont des comédies merveilleuses de verve et de gaieté.

DÉSESPOIR D'HARPAGON (L'AVARE)

Au voleur! au voleur! à l'assassin! au meurtre! Juste Ciel! je suis perdu, je suis assassiné, on m'a coupé la gorge : on m'a dérobé mon argent. Qui peut-ce être? qu'est-il devenu? Où est-il? où se cache-t-il? Que ferai-je pour le trouver? Où courir? où ne pas courir? N'est-il point là? n'est-il point ici? Qui est-ce? Arrête! (*A lui-même, se prenant par le bras.*) Rends-moi mon argent, coquin!... Ah! c'est moi... Mon esprit est troublé, et j'ignore où je suis, qui je suis, et ce que je fais. Hélas! mon pauvre argent, mon cher ami, on m'a privé de toi! Et, puisque tu m'es enlevé, j'ai perdu mon support, ma consolation, ma joie : tout est fini pour moi, et je n'ai plus que faire au monde. Sans toi il m'est impossible de vivre. C'en est fait! Je n'en puis plus, je me meurs, je suis mort, je suis enterré. N'y a-t-il personne qui veuille me ressusciter en me rendant mon cher argent, ou en m'apprenant qui me l'a pris. Euh? que dites-vous? Ce n'est personne! Il faut, qui que ce soit qui ait fait le coup, qu'avec beaucoup de soin on ait épié l'heure, et l'on a choisi justement le temps que je parlais à mon traître de fils. Sortons! Je veux aller querir la justice et faire donner la question à toute la maison, à servantes, à valets, à fils, à fille, et à moi aussi. (*Il regarde les spectateurs.*) Que de gens assemblés! Je ne jette mes regards sur personne qui ne me donne des soupçons, et tout me semble mon voleur. Eh! de quoi est-ce que l'on parle là? De celui qui m'a dérobé? Quel bruit fait-on là-haut? Est-ce mon voleur qui y est? De grâce, si l'on sait des nouvelles de mon voleur, je supplie que l'on m'en dise. N'est-il point caché là, parmi vous? Ils me regardent tous et se mettent à rire. Vous verrez qu'ils ont part, sans doute, au vol que l'on m'a fait. Allons! vite, des commissaires, des archers, des prévôts, des juges, des potences et des bourreaux! Je veux faire pendre tout le monde, et, si je ne retrouve mon argent, je me pendrai moi-même après.

LA FONTAINE (1621-1695)

La Fontaine, né à Château-Thierry, en Champagne, est le prince des fabulistes anciens et modernes. Ses fables, par la finesse des détails, la perfection de la langue, la justesse des expressions, sont des modèles achevés et inimitables. Ésope chez les Grecs, Phèdre chez les Latins, avaient composé des fables; mais elles sont froides et plates, si on les compare à celles de La Fontaine.

La Fontaine fut l'ami de Racine, de Boileau, de Molière ; il fait partie du cénacle glorieux qui, au milieu et à la fin du dix-septième siècle, a donné à la littérature française sa valeur

La Fontaine.

prépondérante. C'est la véritable grandeur de ce que l'on a appelé le siècle de Louis XIV ; car jamais, à aucune époque, ni en France, ni ailleurs, n'ont vécu simultanément autant de littérateurs illustres, grands par la puissance des idées, comme par la beauté du style.

L'ÂNE ET LE CHIEN

Il se faut entr'aider : c'est la loi de nature.
L'âne, un jour, pourtant s'en moqua,
Et ne sais comme il y manqua,

Car il est bonne créature.
Il allait par pays, accompagné du chien,
Gravement, sans songer à rien,
Tous deux suivis d'un commun maître.
Le maître s'endormit; l'âne se mit à paître :
Il était alors dans un pré,
Dont l'herbe était fort à son gré.
Point de chardons pourtant; il s'en passa pour l'heure :
Il ne faut pas toujours être si délicat,
Et, faute de servir ce plat,
Rarement un festin demeure.
Notre baudet s'en sut enfin
Passer pour cette fois. Le chien, mourant de faim,
Lui dit : « Cher compagnon, baisse-toi, je te prie,
Je prendrai mon dîner dans le panier au pain. »
Point de réponse; mot : le roussin d'Arcadie
Craignit qu'en perdant un moment
Il ne perdît un coup de dent.
Il fit longtemps la sourde oreille,
Enfin il répondit : « Ami, je te conseille
D'attendre que ton maître ait fini ce sommeil,
Car il te donnera sans faute à son réveil
Ta portion accoutumée.
Il ne saurait tarder beaucoup. »
Sur ses entrefaites, un loup
Sort du bois, et s'en vient. Autre bête affamée.
L'âne appelle aussitôt le chien à son secours.
Le chien ne bouge et dit : « Ami, je te conseille
De fuir en attendant que ton maître s'éveille.
Il ne saurait tarder; détale vite, et cours,

Nota. — La poésie française a des règles assez simples. Un son, représenté par une ou plusieurs voyelles suivies d'une ou plusieurs consonnes, est une *syllabe* ou un *pied*. Ainsi : *a* — *ain* — *ma* — *mou* — *lourd* — *franc* — *frais* — *aient* — sont des pieds. L'*e* muet qui termine un mot ne fait un pied que quand il est suivi d'une consonne, ainsi *une* fait deux pieds devant *table*, et un seul pied devant *injustice*, *aversion*, *étonnante*.

Le vers français est composé de 12 pieds (hexamètre) ou de 10, 8, 7, 6 pieds.

Il n'y a de vers dans la langue française que s'ils sont terminés deux à deux par des consonances semblables, qui sont des *rimes* : Horloge, toge, — capucin, clavecin — armure, murmure — lourd, sourd — farouches, louches. Les rimes masculines (non terminées par un *e* muet) alternent avec les rimes féminines (terminées par un *e* muet) — *clavecin* est une rime masculine, *armure* est une rime féminine.

Les rimes peuvent être *croisées*, ou *plates*, c'est-à-dire se succédant deux à deux.

Dans les Fables de La Fontaine, les rimes sont en général irrégulièrement croisées, tandis que, dans les pièces de Corneille, de Racine et de Molière, elles sont plates, et les vers sont de 12 pieds (alexandrins).

Que si ce loup t'atteint, casse-lui la mâchoire;
On t'a ferré de neuf, et, si tu veux me croire,
Tu l'étendras tout plat. » Pendant ce beau discours
Seigneur loup étrangla le baudet sans remède.

Je conclus qu'il faut qu'on s'entr'aide.

NEWTON (1642-1727)

Newton, né à Woolstorpe, en Angleterre, en 1642, l'année même où Galilée mourait, fut comme Galilée, et avec autant de génie, mathématicien, physicien et astronome. Il fut sans égal comme géomètre et expérimentateur.

C'est à lui qu'est due la doctrine de l'attraction universelle, qui a été merveilleusement féconde pour l'explication des phénomènes visibles de l'univers. Cette doctrine fut exposée pour la première fois vers 1683, dans ses *Principes de philosophie naturelle;* mais il devait la posséder depuis longtemps déjà : car c'est à 1666 qu'on rapporte l'anecdote de la chute d'une pomme qui aurait attiré son attention sur les lois de la pesanteur.

L'application qu'il fit de ces principes à l'explication des mouvements des corps célestes fut certainement la plus belle des découvertes, et la démonstration qu'il donna des lois qui gouvernent le système solaire frappe par sa simplicité générale.

La doctrine de l'attraction universelle peut d'ailleurs tenir dans la formule suivante qui en est la première loi : Toutes les particules de matière répandues dans l'univers s'attirent continuellement avec d'autant plus de force qu'elles sont plus volumineuses, et d'autant moins de force qu'elles sont plus éloignées.

C'est également à Newton qu'on doit la théorie de la composition de la lumière blanche, formée par la réunion des sept couleurs de l'arc-en-ciel. Il analysa la lumière que fournit un rayon de soleil en traversant un prisme. Il fit cette belle observation avant l'âge de vingt ans.

Newton cependant estimait peu de chose ce qui était connu, en raison de ce qui restait à connaître; et il disait de lui-même qu'il n'était qu'un enfant occupé à ramasser des cailloux sur le rivage, tandis que l'immense océan de la vérité s'étendait inexploré devant lui.

VOLTAIRE (1694-1778)

Voltaire, né à Paris, domine tout le XVIIIe siècle par l'influence énorme qu'il a exercée.

Ses écrits ne sont pas seulement des livres remarquables par l'invention et par le style ; ce sont pour ainsi dire des actes de polémique, qui ont contribué, pour une part importante, à la Révolution française, et propagé les idées de justice, d'égalité, de liberté.

Son œuvre est considérable et de valeur inégale. Sa poésie, sauf sa poésie badine, est de second ordre ; il a composé un poème épique (*la Henriade*) qui est l'histoire de Henri IV, mise en vers, avec des fictions et allégories ingénieuses, qui n'empêchent pas ce poème d'être très froid ; des tragédies : *Zaïre, Mérope, Mahomet*, et quelques comédies ; des contes, des satires, des poésies légères, des épigrammes qui brillent par beaucoup de grâce et d'esprit.

Voltaire.

Mais ce qu'il y a de supérieur en Voltaire, c'est sa prose ; c'est la vraie langue française ; rapide, nette, spirituelle, claire surtout, et profonde malgré cette clarté supérieure. Les longues périodes du XVIIe siècle, les exagérations ampoulées et sentimentales du XVIIIe siècle et l'obscurité prétentieuse de beaucoup d'écrivains du XIXe siècle font goûter davantage la clarté du style de Voltaire.

Comme historien, il a écrit l'*Histoire de Charles XII*, qui est l'un des meilleurs ouvrages historiques du XVIIIe siècle ; l'*Histoire de Russie, le Siècle de Louis XIV*, et l'*Essai sur les mœurs*, qui est une sorte d'histoire universelle, aussi passionnée et aussi injuste, en un tout autre sens, que l'*Histoire universelle* de Bossuet.

Comme philosophe, polémiste, il a écrit quantité d'ouvrages où les idées généreuses abondent. Il a défendu de nobles causes avec courage : parfois aussi il a dépassé la mesure et s'est montré singulièrement injuste, haineux et violent. Sa raillerie mordante est impitoyable, et il ne pardonnait pas à ceux qui l'avaient offensé. (*Dictionnaire philosophique.*)

Les *Contes* sont des chefs-d'œuvre de vivacité. Sa *Correspondance,* extrêmement volumineuse, est peut-être ce qu'il a laissé de plus intéressant. C'est le modèle du style épistolaire.

Voltaire est l'âme du XVIIIe siècle, et on l'a appelé avec raison *le roi Voltaire,* par suite de cette prépondérante influence.

La vie de Voltaire a été des plus agitées : tantôt fêté et tantôt emprisonné ou exilé, il fut l'ami de Frédéric le Grand, roi de Prusse, de l'impératrice Catherine de Russie, de tous les philosophes et poètes de son époque; son retour à Paris, dans la dernière année de sa vie, fut un long triomphe.

LE SIÈCLE DE LOUIS XIV

Les désastres publics dont l'histoire est composée et qui se succèdent les uns aux autres presque sans relâche, sont à la longue effacés des registres des temps. Les détails et les ressorts de la politique tombent dans l'oubli : les bonnes lois, les instituts, les mouvements produits par les sciences et par les arts subsistent à jamais.

Louis XIV.

La foule des étrangers qui voyagent aujourd'hui à Rome, non en pèlerins, mais en hommes de goût, s'informe peu de Grégoire VII et de Boniface VIII ; ils admirent les temples que les Bramante et les Michel-Ange ont élevés, les tableaux de Raphaël, les sculptures des Bernini; s'ils ont de l'esprit, ils lisent l'Arioste et le Tasse, et ils recherchent la cendre de Galilée. En Angleterre on parle un moment de Cromwell, on ne s'entretient plus des guerres de la Rose blanche; mais on étudie Newton des années entières; on n'est point étonné de lire dans son épitaphe qu'il a été la gloire du génie humain, et on le serait beaucoup, si on voyait en ce pays les cendres d'aucun homme d'État honorées d'un pareil titre...

C'était alors le bel âge de la géométrie : les mathématiciens s'envoyaient souvent des défis, c'est-à-dire des problèmes à résoudre, à peu près comme on dit que les anciens rois de l'Égypte et de l'Asie s'envoyaient réciproquement des énigmes à deviner. Les problèmes que se proposaient ces géomètres étaient plus difficiles que ces énigmes; il n'y en eut aucun qui demeurât sans solution en Allemagne, en Angleterre, en Italie, en France. Jamais la correspondance entre les philosophes ne fut plus universelle; Leibniz servait à l'animer. On a vu une république littéraire établie insensiblement dans l'Europe, malgré les guerres et malgré les religions différentes. Toutes les sciences, tous les arts, ont reçu ainsi des secours mutuels; les académies ont formé cette république. L'Italie et la Russie ont été unies par les lettres. L'Anglais, l'Allemand, le Français, allaient étudier à Leyde. Le célèbre médecin Boerhaave était consulté à la fois par le pape et par le czar. Ses plus grands élèves ont attiré ainsi les étrangers et sont devenus en quelque sorte les médecins des nations; les véritables savants dans chaque genre ont resserré les liens de cette grande société des esprits répandue partout, et partout indépendante. Cette correspondance dure encore : elle est une des consolations des maux que l'ambition et la politique répandent sur la terre.

... On doit ces progrès à quelques sages, à quelques génies, répandus en petit nombre dans quelques parties de l'Europe, presque tous longtemps obscurs et persécutés; ils ont éclairé et consolé la terre, pendant que les guerres la désolaient.

LAVOISIER (1743-1794)

Lavoisier, né à Paris, est le créateur de la chimie. Avant lui il n'y avait que des faits épars, sans cohésion, sans lien l'un avec l'autre. Les alchimistes avaient, il est vrai, indiqué quelques réactions chimiques importantes, et, dans le cours du XVIIIe siècle, quelques savants de mérite avaient trouvé des substances nouvelles; mais on n'avait pas découvert le fait essentiel de la chimie, à savoir qu'il y a des corps *simples* et des corps *composés.*

En 1775, Lavoisier fit cette magnifique découverte. Il prouva que l'air est un mélange de deux gaz, l'*oxygène,* qui sert à la respiration et la combustion, et l'*azote,* qui est inerte dans la respiration et la combustion. Le charbon se combine à l'oxygène pour donner un gaz qui est l'acide carbonique, et le poids de l'acide carbonique formé est la somme des poids de l'oxygène et du charbon qui se sont unis l'un et l'autre. Les métaux brûlent dans l'oxygène; et, quand on les chauffe, ils dégagent cet oxygène. L'eau est un composé d'hydrogène et d'oxygène.

Lavoisier a fait encore beaucoup d'autres découvertes importantes : il a montré que le diamant est du charbon cristallisé, et que, comme le charbon, il peut brûler dans l'oxygène ; il a montré comment, quand on fait fermenter le sucre du raisin, il se produit de l'acide carbonique et de l'alcool. La chaleur dégagée par les animaux vivants est due à leur respiration, qui est la combustion du charbon et de l'hydrogène de leurs corps avec l'oxygène de l'air.

Lavoisier.

En introduisant la balance, le thermomètre, et le calorimètre dans l'étude de la chimie et de la physiologie, Lavoisier a réellement dégagé ces deux sciences des sottises et des ignorances de l'alchimie. Aussi, après les travaux de Lavoisier, la chimie a-t-elle fait des progrès si rapides que c'est maintenant une des sciences les plus parfaites.

Lavoisier a étendu sa belle intelligence à quantité d'autres recherches intéressantes sur l'éclairage, sur la statistique, sur l'agriculture. Il était fermier général ; et, comme tel, en 1794, à la honte de ses bourreaux, il fut condamné à mort et guillotiné.

LA RESPIRATION DES ANIMAUX

La machine animale est gouvernée par trois régulateurs principaux :

La *respiration*, qui, en opérant dans le poumon, et peut-être aussi dans d'autres endroits du système, une combustion lente d'une partie de l'hydrogène et du carbone que contient le sang, produit un dégagement de calorique absolument nécessaire à l'entretien de la chaleur animale ;

La *transpiration*, qui, en occasionnant une perte de l'humeur transpirable, facilite le dégagement d'une certaine quantité de calorique nécessaire à la dissolution de cette humeur dans l'air environnant, et empêche conséquemment, par le refroidissement continuel que produit ce dégagement, que l'individu ne prenne un degré de température supérieur à celui qu'a fixé la nature ;

La *digestion*, qui, fournissant au sang de l'eau, de l'hydrogène et du carbone, rend habituellement à la machine ce qu'elle perd par la transpiration et par la respiration, et rejette ensuite au dehors, par les déjections, les substances qui nous sont nuisibles ou superflues.

Nous terminerons ce mémoire par une réflexion consolante. Il n'est pas indispensable, pour bien mériter de l'humanité et pour payer son tribut à la patrie, d'être appelé à ces fonctions publiques et éclatantes qui concourent à l'organisation et à la régénération des empires. Le physicien peut aussi, dans le silence de son laboratoire et de son cabinet, exercer des fonctions patriotiques ; il peut espérer, par ses travaux, de diminuer la masse des maux qui affligent l'espèce humaine ; d'augmenter ses jouissances et son bonheur, et n'eût-il contribué, par les routes nouvelles qu'il s'est ouvertes, qu'à prolonger de quelques années, de quelques jours même, la vie moyenne des hommes, il pourrait aspirer aussi au titre glorieux de bienfaiteur de l'humanité.

GŒTHE (1752-1832)

Gœthe, le plus grand poète allemand, est un génie universel. Son œuvre, comme celle de Voltaire et de Victor Hugo, est considérable.

Il a été poète lyrique, et ses ballades, ses odes, sont de petits chefs-d'œuvre de finesse et de grâce.

Comme auteur dramatique, il a composé *Egmont* (épisode de la guerre d'indépendance des Flamands contre le duc d'Albe et les Espagnols), *Gœtz de Berlichingen, Iphigénie en Tauride* (imitation excellente des tragédies grecques), et surtout *Faust*, une des œuvres les plus profondes et les plus parfaites qu'on ait écrites. (Faust est un savant, un alchimiste, un philosophe, qui, dégoûté de vivre et de souffrir, évoque Méphistophélès ou le diable : l'amour de Marguerite le réconcilie avec la vie. Marguerite, séduite par Faust, tue son enfant, et meurt en prison.)

Gœthe a composé une idylle, *Hermann et Dorothée,* et un poème épique et satirique, imité des vieux fabliaux français, le roman du *Renard.*

Son célèbre roman *Werther* est l'histoire d'un homme qui a recours au suicide pour ne pas trahir son devoir.

Gœthe a aussi composé quantité de Mémoires sur l'esthétique, sur la philosophie des sciences. Il a donné un Mémoire sur la théorie des couleurs ; et il a eu, longtemps avant Darwin, l'idée de la marche progressive des êtres et de l'origine unique des espèces animales.

Sa correspondance, ses Mémoires et ses entretiens avec

Ekkermann, notamment sa correspondance avec Schiller (grand poète allemand qui fut son ami), comptent parmi les ouvrages les plus délicats et les plus riches en pensées ingénieuses et profondes. Il est intéressant de comparer le calme et la sérénité active de Gœthe avec l'activité fébrile et passionnée de Voltaire.

Gœthe.

Gœthe a toujours cherché à juger les choses et les hommes avec une impartialité absolue. Mais il n'avait pas l'âme ardente de Voltaire, prompt à s'indigner contre toute injustice.

Gœthe fut le favori du duc de Weimar. Il passa la plus grande partie de sa vie dans cette petite ville, dont le souverain fut le protecteur éclairé des arts.

UNE SOURCE

Je ne sais si ce sont des esprits enchanteurs qui errent dans cette contrée, ou si c'est l'imagination céleste qui s'est emparée de mon cœur et qui donne un air de paradis à tout ce qui m'entoure. Tout près d'ici est une source, une source où je fus ensorcelé comme la fée Mélusine et ses sœurs. Après avoir descendu une petite colline, on se trouve devant une voûte profonde d'environ vingt marches, au bas de laquelle tombe l'eau la plus pure, goutte à goutte, à travers le marbre. Le petit mur qui environne cette grotte, les arbres élevés qui la couronnent, la fraîcheur de l'endroit, tout inspire je ne sais quel sentiment de vénération et de terreur. Il n'y a point de jour que je n'y passe une heure. Les jeunes filles de la ville viennent y puiser de l'eau, fonction modeste, mais utile, et que jadis les filles mêmes des rois ne rougissaient pas de remplir. Lorsque je suis assis là, l'idée de la vie patriarcale revit en moi; il me semble voir ces vieillards faire connaissance entre eux au bord de la fontaine, et se demander mutuellement leurs filles pour leurs fils; je crois voir des esprits bienfaisants errer autour des puits et des sources. Mon ami, celui qui ne partage pas ces sensations n'a jamais goûté le frais au bord d'une source pure, après une journée de marche pendant les chaleurs brûlantes de l'été.

CH. DARWIN (1802-1880)

Darwin, naturaliste anglais, a complètement transformé nos connaissances en histoire naturelle par ses admirables travaux, et son ouvrage principal, l'*Origine des Espèces* (1857), fait, plus que tout autre livre, époque dans l'histoire de la zoologie.

Avant lui on ne se faisait aucune opinion raisonnable sur la manière dont les espèces animales avaient pris naissance. Darwin a réuni un nombre incroyable de faits qui nous donnent à cet égard des renseignements précis. Il a pu en effet prouver par de nombreux exemples, d'une part que les caractères particuliers acquis par tel ou tel individu se transmettent aux descendants par l'hérédité, d'autre part que dans la nature il y a une véritable lutte et comme un conflit perpétuel entre les individus et les espèces différentes : c'est ce qu'il a appelé le *combat pour l'existence*. Ce combat pour l'existence fait que les forts l'emportent sur les faibles. Alors les individus ayant une vigueur plus grande, ou possédant tel ou tel caractère distinctif qui leur facilite la lutte, survivront aux autres, et, comme leurs descendants auront les mêmes luttes à livrer, de génération en génération, pendant des milliers d'années, ce même caractère nouveau, acquis par la lutte, se développera de plus en plus et finira par devenir héréditaire, inhérent à cette même espèce animale. Ainsi se transforment sans doute les espèces. Par là s'explique probablement comment nous trouvons dans les terrains géologiques les restes d'animaux qui n'existent plus aujourd'hui. Darwin a donc posé admirablement les termes du problème, et rendu, sinon certaine, au moins très vraisemblable, cette opinion que toutes les espèces animales dérivent les unes des autres, par des modifications progressives et successives. C'est la théorie de l'*évolution* qui est maintenant, après des luttes très vives, adoptée par tous les naturalistes.

Le grand-père de Darwin, Erasme Darwin, avait eu, soixante-quinze ans avant son petit-fils, l'intuition de cette idée grandiose; et le grand naturaliste français Lamarck l'avait formulée en termes très nets (malheureusement sans pouvoir en fournir les preuves, comme l'a fait Darwin).

Les ouvrages principaux de Darwin sont : la *Descendance de l'homme,* le *Voyage d'un naturaliste autour du monde,* la *Sélection sexuelle,* les *Plantes carnivores,* les *Plantes grimpantes,* et surtout l'*Origine des Espèces,* livre incomparable, où il a consigné le résultat de ses patientes recherches et de ses profondes méditations.

LA LUTTE POUR L'EXISTENCE

Il est intéressant de contempler un rivage luxuriant, tapissé de nombreuses plantes appartenant à de nombreuses espèces, abritant des oiseaux qui chantent dans les buissons, des insectes variés qui voltigent çà et là, des vers qui rampent dans la terre humide, si l'on songe que ces formes si admirablement construites, si différemment conformées, et dépendant les unes des autres suivant des rapports si complexes, ont toutes été produites par certaines lois simples.

Ces lois, prises dans leur sens le plus large, sont : la loi de croissance et de reproduction; la loi d'hérédité, qui implique presque la loi de reproduction; la loi de variabilité, résultant de l'action directe et indirecte des conditions d'existence, de l'usage et du défaut d'usage; la loi de la multiplication des espèces, assez rapide pour amener promptement entre les différents êtres la lutte pour l'existence, qui a pour conséquence la sélection naturelle, laquelle détermine la divergence des caractères et l'extinction des formes moins perfectionnées.

Le résultat direct de cette guerre de la nature, qui se traduit par la famine et par la mort, est donc le fait le plus admirable que nous puissions concevoir, à savoir : la production des animaux supérieurs. N'y a-t-il pas une véritable grandeur dans cette manière d'envisager la vie, avec ses puissances diverses attribuées primitivement par le Créateur à un petit nombre de formes, ou même à une seule? Or, tandis que notre planète, obéissant à la loi fixe de la gravitation, continue à tourner dans son orbite, une quantité de belles et admirables formes sorties d'un commencement si simple, n'ont pas cessé de se développer et se développent encore.

VICTOR HUGO (1802-1885)

Victor Hugo, né à Besançon, a exercé une influence puissante sur la littérature française, et son œuvre est immense.

Comme poète lyrique, il est sans contredit le premier de tous, anciens ou modernes; ni en France ni ailleurs, aucun autre poète ne lui est supérieur. Les *Odes et Ballades,* les *Orientales,* les *Feuilles d'Automne, les Rayons et les Ombres,* contiennent des morceaux admirables, d'une poésie éclatante et d'une éloquence passionnée. De même, dans la *Légende des siècles,* les *Chants du Crépuscule,* les *Contemplations.*

V. Hugo ne fut pas seulement un grand poète, mais encore un grand prosateur. *Notre-Dame de Paris, l'Homme qui rit, Quatre-vingt-treize,* et surtout les *Misérables,* sont des œuvres vraiment épiques. Son imagination féconde s'y donne libre carrière. Dans les *Misérables,* V. Hugo a raconté l'histoire d'un homme, Jean Valjean, qui, par son abnégation, son courage persévérant et son inaltérable générosité, répare les fautes de sa jeunesse.

V. Hugo fut un novateur du théâtre; il affranchit la scène de la vieille règle des trois unités; ses drames, les uns en vers, *Marion Delorme, Hernani, Ruy-Blas, le Roi s'amuse;* les autres en prose, *Marie Tudor, Lucrèce Borgia, Angelo,* sont remarquables par la générosité des sentiments et la beauté du langage.

Les satires de V. Hugo contre l'Empire (*les Châtiments, l'Année terrible*); ses œuvres de philosophie, de polémique, d'histoire, de critique et ses discours complètent cette œuvre extraordinaire.

V. Hugo a été banni par Napoléon III : il est resté exilé à Jersey tant que l'Empire a duré. Il a toujours défendu la cause des faibles contre les forts, et des proscrits contre les proscripteurs. La clémence et la justice ont inspiré tous ses actes, et il fut grand citoyen comme grand poète.

MOISE SAUVÉ DES EAUX

« Mes sœurs, l'onde est plus fraîche aux premiers feux du jour !
Venez : le moissonneur repose en son séjour,
La rive est solitaire encore ;
Memphis élève à peine un murmure confus ;
Et nos chastes plaisirs, sous ces bosquets touffus,
N'ont d'autres témoins que l'aurore.

Contraste Insuffisant

NF Z 43-120-14

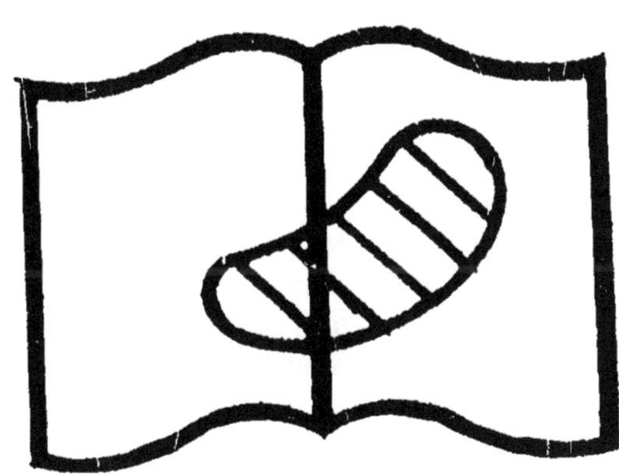

Illisibilité partielle

Valable pour tout ou partie
du document reproduit

Au palais de mon père on voit briller les arts;
Mais ces bords pleins de fleurs charment plus mes regards
Qu'un bassin d'or ou de porphyre;
Ces chants aériens sont mes concerts chéris;
Je préfère aux parfums qu'on brûle en nos lambris
Le souffle embaumé du zéphire!

« Venez : l'onde est si calme et le ciel est si pur!
Laissez sur ces buissons flotter les plis d'azur
De vos ceintures transparentes;
Détachez ma couronne et ces voiles jaloux :
Car je veux aujourd'hui folâtrer avec vous
Au sein des vagues murmurantes.

« Hâtons-nous... Mais, parmi les brouillards du matin,
Que vois-je? Regardez à l'horizon lointain...
Ne craignez rien, filles timides!
C'est sans doute, par l'onde entraîné vers les mers
Le tronc d'un vieux palmier qui, du fond des déserts,
Vient visiter les pyramides.

« Que dis-je! si j'en crois mes regards indécis,
C'est la barque d'Hermès ou la conque d'Isis,
Que pousse une brise légère.
Mais non : c'est un esquif où, dans un doux repos,
J'aperçois un enfant qui dort au sein des flots
Comme on dort au sein de sa mère!

« Il sommeille; et de loin, à voir son lit flottant,
On croirait voir voguer sur le fleuve inconstant
Le nid d'une blanche colombe.
Dans sa couche enfantine il erre au gré du vent;
L'eau le balance, il dort, et le gouffre mouvant
Semble le bercer dans sa tombe!

« Il s'éveille : accourez, ô vierges de Memphis!
Il crie... Ah! quelle mère a pu livrer son fils
Au caprice des flots mobiles?
Il tend les bras; les eaux grondent de toute part.
Hélas! contre la mort il n'a d'autre rempart
Qu'un berceau de roseaux fragiles.

« Sauvons-le..., c'est peut-être un enfant d'Israël.
Mon père les proscrit : mon père est bien cruel
De proscrire ainsi l'innocence!
Faible enfant! ses malheurs ont ému mon amour;
Je veux être sa mère : il me devra le jour,
S'il ne me doit pas la naissance. »

Ainsi parlait Iphis, l'espoir d'un roi puissant,
Alors qu'aux bords du Nil son cortège innocent
Suivait sa course vagabonde;
Et ces jeunes beautés qu'elle effaçait encor,
Quand la fille des rois quittait ses voiles d'or,
Croyaient voir la fille de l'onde.

Sous ses pieds délicats déjà le flot frémit.
Tremblante, la pitié vers l'enfant qui gémit
La guide en sa marche craintive;
Elle a saisi l'esquif! Fière de ce doux poids,
L'orgueil sur son beau front, pour la première fois,
Se mêle à la pudeur naïve.

Bientôt, divisant l'onde et brisant les roseaux,
Elle apporte à pas lents l'enfant sauvé des eaux
Sur le bord de l'arène humide;
Et ses sœurs tour à tour au front du nouveau-né,
Offrant leur doux sourire à son œil étonné,
Déposaient un baiser timide.

Accours, toi qui de loin, dans un doute cruel,
Suivais des yeux ton fils sur qui veillait le Ciel;
Viens ici comme une étrangère;
Ne crains rien : en pressant Moïse entre tes bras,
Tes pleurs et tes transports ne te trahiront pas,
Car Iphis n'est pas encor mère.

Alors, tandis qu'heureuse et d'un pas triomphant,
La vierge au roi farouche amenait l'humble enfant,
Baigné des larmes maternelles,
On entendit en chœur, dans les cieux étoilés,
Des anges, devant Dieu de leurs ailes voilés,
Chanter les lyres éternelles :

« Ne gémis plus, Jacob, sur la terre d'exil;
Ne mêle plus tes pleurs aux flots impurs du Nil;
Le Jourdain va ouvrir ses rives.
Le jour enfin approche où vers les champs promis
Gessen verra s'enfuir, malgré leurs ennemis,
Les tribus si longtemps captives.

« Sous les traits d'un enfant délaissé sur les flots,
C'est l'élu du Sina, c'est le roi des fléaux,
Qu'une vierge sauve de l'onde.
Mortels, vous dont l'orgueil méconnait l'Éternel,
Fléchissez : un berceau va sauver Israël,
Un berceau doit sauver le monde! »

VICTOR HUGO.

L. PASTEUR

M. Pasteur naquit dans le Jura en 1822. Il entra à l'École normale, fut professeur à Lille, puis à Paris.

Son œuvre scientifique est une des plus belles qu'il ait jamais été donné à un homme d'accomplir.

Il a d'abord démontré qu'il existe dans l'air une quantité de germes invisibles à l'œil nu. Ce sont des organismes vivants, qui sont capables, lorsqu'ils rencontrent un milieu favorable, de se développer et de se reproduire. De même qu'un grain de blé, s'il est semé dans un champ, fructifie et donne un épi qui, à son tour, produit quantité de grains de blé, de même un de ces germes, si les conditions sont propres à sa nutrition, fructifie et se reproduit avec une rapidité extraordinaire. Si le lait, le bouillon, la viande, s'altèrent, c'est qu'il tombe de l'atmosphère des organismes microscopiques, ou *microbes,* qui végètent dans le liquide ou à la surface des matières organiques. Quand on empêche ces germes d'arriver au contact des liquides, même les plus altérables, ces liquides se conservent indéfiniment.

M. Pasteur a pu démontrer que ces phénomènes sont analogues à la fermentation du raisin. Si le sucre du raisin fermente pour donner de l'alcool et de l'acide carbonique, c'est qu'il se développe dans le moût un organisme qui, en vivant, décompose le sucre et donne aux dépens du sucre de l'acide carbonique et de l'alcool.

Poursuivant ses travaux, M. Pasteur montre ensuite que beaucoup de maladies des animaux sont dues à la pénétration d'un de ces microbes dans le corps vivant. A l'état de santé, le sang et la chair ne contiennent pas de microbes; mais si un de ces petits êtres vient à s'introduire dans le sang et la chair, alors il s'y développe avec une rapidité prodigieuse et produit une maladie. Ainsi le charbon, le choléra, la fièvre typhoïde, le croup, sont des maladies dues à la pénétration de microbes dans le sang. Les plaies purulentes et fétides ne sont purulentes et fétides que parce qu'il s'y développe des microbes : les substances qui tuent les microbes, ou *antiseptiques,* comme l'acide phénique et les sels de mercure, guérissent les plaies et empêchent la suppuration et la gangrène.

M. Pasteur a ensuite montré que les microbes de telle ou telle maladie, modifiés par divers procédés, peuvent, s'ils sont introduits dans le sang, empêcher la maladie d'avoir lieu. C'est une sorte de *vaccination* (par analogie avec la vaccine que

Jenner avait découverte). Ainsi on vaccine les moutons contre le charbon, en leur inoculant le microbe du charbon modifié. On vaccine les chiens contre la rage en leur inoculant le microbe de la rage modifié.

Ces admirables travaux placent M. Pasteur au nombre des hommes qui ont rendu les plus éclatants services à la science et à l'humanité.

VALEUR DE L'EXPÉRIMENTATION

L'expérimentateur, homme de conquêtes sur la nature, se trouve sans cesse aux prises avec des faits qui ne se sont point encore manifestés et n'existent, pour la plupart, qu'en puissance de devenir dans les lois naturelles. L'inconnu dans le possible et non dans ce qui a été : voilà son domaine, et, pour l'explorer, il a le secours de cette merveilleuse méthode expérimentale, dont on peut dire avec vérité, non qu'elle suffit à tout, mais qu'elle trompe rarement, et ceux-là seulement qui s'en servent mal. Elle élimine certains faits, en provoque d'autres, interroge la nature, la force à répondre, et ne s'arrête que quand l'esprit est pleinement satisfait. Le charme de nos études, l'enchantement de la science, si l'on peut ainsi parler, consistent en ce que, partout et toujours, nous pouvons donner la justification de nos principes et la preuve de nos découvertes.

PENSÉES ET MAXIMES[1]

Quand tu fais une action quelconque, après avoir bien compris que ton devoir est de la faire, ne cherche point à éviter d'être vu en la faisant, quelque mauvaise opinion qu'on puisse en avoir. Car, si ton action est mauvaise, ne la fais pas; et si elle est bonne, ne crains pas le jugement de ceux qui te condamnent à tort.

ÉPICTÈTE[2].

1. Ces pensées diverses, extraites de l'œuvre des grands moralistes anciens et modernes, doivent être méditées par l'élève et commentées par le maître. C'est un cours élémentaire de morale pratique.
2. Philosophe grec du IIe siècle après J.-C.

L'homme sage est celui qui sait s'accommoder à la nécessité.

ÉPICTÈTE.

Que la mort, l'exil, et toutes les autres choses qui paraissent terribles soient tous les jours devant tes yeux, particulièrement la mort, et tu n'auras jamais de pensées basses, et tu ne désireras rien avec trop d'ardeur.

ÉPICTÈTE.

Le soleil n'attend point qu'on le prie pour faire part de sa lumière et de sa chaleur. Fais de même tout le bien qui dépend de toi sans attendre qu'on te le demande.

ÉPICTÈTE.

L'attention est nécessaire à tout, jusque dans les plaisirs mêmes. As-tu vu quelque chose dans la vie où la négligence fait qu'on s'en acquitte mieux?

ÉPICTÈTE.

Quand tu dis que tu te corrigeras *demain*, sache que c'est dire qu'*aujourd'hui* tu veux être impudent, débauché, lâche, emporté, envieux, injuste, intéressé, perfide.

ÉPICTÈTE.

Pourquoi me tuez-vous? — Eh quoi, ne demeurez-vous pas de l'autre côté de l'eau? Mon ami, si vous demeuriez de ce côté, je serais un assassin, cela serait injuste de vous tuer de la sorte; mais puisque vous demeurez de l'autre côté, je suis un brave, et cela est juste.

PASCAL.

La justice sans la force est impuissante. La puissance sans la justice est tyrannique.

PASCAL.

Nous cherchons notre bonheur hors de nous-mêmes, et dans l'opinion des hommes, que nous connaissons flatteurs, peu sincères, sans équité, pleins d'envie, de caprices et de préventions : quelle bizarrerie!

LA BRUYÈRE[1].

1. Écrivain français du XVIIe siècle.

Il faut de plus grandes vertus pour soutenir la bonne fortune que la mauvaise.

LA ROCHEFOUCAULD [1].

Il est plus honteux de se défier de ses amis que d'en être trompé.

LA ROCHEFOUCAULD.

Comment prétendons-nous qu'un autre garde notre secret, si nous ne pouvons le garder nous-mêmes?

LA ROCHEFOUCAULD.

La gloire des hommes se doit toujours mesurer aux moyens dont ils se sont servis pour l'acquérir.

LA ROCHEFOUCAULD.

La parfaite valeur est de faire sans témoins ce qu'on serait capable de faire devant tout le monde.

LA ROCHEFOUCAULD.

C'est une grande folie que de vouloir être sage tout seul.

LA ROCHEFOUCAULD.

La faiblesse est plus opposée à la vertu que le vice.

LA ROCHEFOUCAULD.

Il y a deux choses auxquelles il faut se faire sous peine de trouver la vie insupportable : ce sont les injures du temps et les injustices des hommes.

CHAMFORT [2].

Sans clémence il n'y a pas de justice.

SÉNÈQUE [3].

Nous devons aimer et pratiquer la justice par tous les moyens possibles; d'abord pour elle-même — autrement ce ne serait pas la justice, — ensuite parce qu'elle seule peut nous donner l'estime de nos concitoyens et la gloire.

CICÉRON.

1. Ecrivain français du XVIIe siècle.
2. Ecrivain français de la fin du XVIIIe siècle.
3. Moraliste romain du Ier siècle après J.-C.

De tous les moyens d'acquérir des biens, il n'en est pas de meilleur, de plus fécond, de plus doux, de plus digne d'un homme libre, que l'agriculture.

CICÉRON.

Apprends à te connaître, à savoir discerner, en juge perspicace, quels sont tes défauts et tes vertus. Le propre des sots est de voir les vices des autres et d'oublier les siens.

CICÉRON.

Excepté peut-être la sagesse, il n'y a rien de meilleur au monde que l'amitié.

CICÉRON.

Il est certain que les impositions sont très lourdes; cependant, si l'on n'avait à payer que celles que la république demande, nous pourrions espérer faire face plus aisément; mais nous en avons quantité d'autres beaucoup plus onéreuses; par exemple notre paresse nous prend deux fois autant que la république, notre orgueil trois fois, et notre légèreté quatre fois autant.

FRANKLIN[1].

L'oisiveté amène avec elle des incommodités, et raccourcit insensiblement la durée de la vie. L'oisiveté ressemble à la rouille, elle use beaucoup plus que le travail. La clef dont on se sert est toujours claire. L'oisiveté rend tout difficile, l'industrie rend tout aisé; celui qui se lève tard s'agite tout le jour et commence à peine ses affaires qu'il est déjà nuit. La paresse va si lentement que la pauvreté l'atteint tout d'un coup. Poussez vos affaires, et que ce ne soit pas elles qui vous poussent.

FRANKLIN.

Avez-vous quelque chose à faire pour demain, faites-le aujourd'hui.

FRANKLIN.

Il en coûte plus cher pour maintenir un vice que pour élever deux enfants.

FRANKLIN.

1. Franklin, philosophe et savant américain, qui fit de belles découvertes en électricité, et qui inventa le paratonnerre. Il contribua à délivrer les États-Unis du joug de l'Angleterre, en 1783.

Celui qui se plaint de la fortune n'a véritablement à se plaindre que de lui-même. Si vous ne sarclez votre jardin, les mauvaises herbes étoufferont les bonnes, et vous n'aurez pas de légumes à mettre dans votre pot.

FRANKLIN.

Si vous voulez avoir un serviteur fidèle et à votre gré, servez-vous vous-même.

FRANKLIN.

Personne ne veut être plaint de ses erreurs.

VAUVENARGUES[1].

Il faut entretenir la vigueur du corps pour conserver celle de l'esprit.

VAUVENARGUES.

Si toute notre prévoyance ne peut rendre notre vie heureuse, combien moins notre nonchalance !

VAUVENARGUES.

Le désespoir est la plus grande de nos erreurs.

VAUVENARGUES.

Il ne faut pas jeter du ridicule sur les opinions respectées; car on blesse par là leurs partisans sans les convaincre.

VAUVENARGUES.

Personne ne nous blâme si sévèrement que nous ne nous condamnons souvent nous-mêmes.

VAUVENARGUES.

La science affranchit l'homme de l'esclavage de la nature; le droit l'affranchit de l'esclavage de l'homme.

LAMENNAIS[2].

Peu de chose nous console, parce que peu de chose nous afflige.

PASCAL.

1. Philosophe et moraliste français du XVIIIe siècle.
2. Orateur et écrivain français du XIXe siècle.

Les belles actions cachées sont les plus estimables.

PASCAL.

Une belle action est celle qui a de la bonté et qui demande de la force pour la faire.

MONTESQUIEU[1].

Les grandes pensées viennent du cœur.

VAUVENARGUES.

L'amour-propre est le plus grand des flatteurs.

LA ROCHEFOUCAULD.

Il n'y a que les grands cœurs qui sachent combien il y a de gloire à être bon.

FÉNELON[2].

Un conquérant est un homme que les dieux irrités contre le genre humain ont donné à la terre dans leur colère pour ravager les royaumes, pour répandre partout l'effroi, le désespoir, et pour faire autant d'esclaves qu'il y a d'hommes libres... Un conquérant enivré de sa gloire ruine presque autant la nation victorieuse que les nations vaincues.

FÉNELON.

Les conseils agréables sont rarement des conseils utiles.

MASSILLON[3].

Les guerres commencent par l'ambition des princes, et finissent par le malheur des peuples.

BARTHÉLEMY[4].

Le plus riche des hommes, c'est l'économe ; le plus pauvre, c'est l'avare.

CHAMFORT.

Que la loi soit sévère et les hommes indulgents.

VAUVENARGUES.

1. Philosophe et jurisconsulte français du XVIIIe siècle.
2. Fénelon, évêque de Cambrai, orateur et écrivain français du XVIIe siècle.
3. Écrivain français du XVIIe siècle.
4. Écrivain français de la fin du XVIIIe siècle.

Les paresseux ne font jamais que des gens médiocres, en quelque genre que ce puisse être.

VOLTAIRE.

La politesse fait paraître l'homme au dehors comme il devrait être intérieurement.

LA BRUYÈRE.

La véritable politesse consiste à marquer de la bienveillance aux hommes.

J.-J. ROUSSEAU [1].

Il n'y a guère au monde un plus bel excès que celui de la reconnaissance.

LA BRUYÈRE.

Qui n'aurait que la probité que les lois exigent serait encore un assez malhonnête homme.

DUCLOS [2].

Les hommes insolents pendant la prospérité sont toujours faibles et tremblants pendant la disgrâce.

FÉNELON.

Dès qu'il s'agit de rendre service, il faut songer que la vie est courte et qu'il n'y a pas un moment à perdre.

VOLTAIRE.

Il ne faut pas juger des gens sur l'apparence.

LA FONTAINE.

On a souvent besoin d'un plus petit que soi.

LA FONTAINE.

Toujours par quelque endroit fourbes se laissent prendre.

LA FONTAINE.

Qui sert bien son pays n'a pas besoin d'aïeux;
Le premier qui fut roi fut un soldat heureux.

VOLTAIRE.

1. Écrivain français du XVIIIe siècle.
2. Écrivain français du XVIIIe siècle.

Il n'est pas malaisé de tromper un trompeur.

LA FONTAINE.

Travaillez, prenez de la peine,
C'est le fonds qui manque le moins.

LA FONTAINE.

Plus fait douceur que violence.

LA FONTAINE.

Rien ne sert de courir : il faut partir à point.

LA FONTAINE.

Aide-toi, le Ciel t'aidera.

PROVERBE POPULAIRE.

A chaque jour suffit sa peine.

PROVERBE POPULAIRE.

Un tiens vaut mieux que deux tu l'auras.

PROVERBE POPULAIRE.

Moineau dans la main vaut mieux que vautour qui vole.

PROVERBE POPULAIRE.

On prend plus de mouches avec du miel qu'avec du vinaigre.

PROVERBE POPULAIRE.

Qui sème le vent récolte la tempête.

PROVERBE POPULAIRE.

Défiance est mère de sûreté.

PROVERBE POPULAIRE.

Contentement passe richesse.

PROVERBE POPULAIRE.

Bonne renommée
Vaut mieux que ceinture dorée.

PROVERBE POPULAIRE.

A cœur vaillant rien d'impossible.

PROVERBE POPULAIRE.

A l'œuvre on connaît l'artisan.

LA FONTAINE.

Deux sûretés valent mieux qu'une,
Et le trop en cela ne fut jamais perdu.

LA FONTAINE.

Il n'est pour voir que l'œil du maître.

LA FONTAINE.

L'avarice perd tout en voulant tout gagner.

LA FONTAINE.

Rien n'est si dangereux qu'un ignorant ami.

LA FONTAINE.

Qui veut voyager loin ménage sa monture.

RACINE[1].

Pierre qui roule n'amasse pas mousse.

PROVERBE POPULAIRE.

Les petits ruisseaux font les grandes rivières.

PROVERBE POPULAIRE.

Un flatteur est un esclave qui n'est bon pour aucun maître.

MONTESQUIEU.

L'argent est un bon serviteur et un mauvais maître.

PROVERBE POPULAIRE.

Il ne faut parler de soi-même ni en bien ni en mal.

CHRISTINE DE SUÈDE[2].

1. Grand poète français du XVIIe siècle, qui a fait des tragédies admirables.
2. Christine, reine de Suède (1626-1689), gouverna son pays avec sagesse. Elle cultiva les sciences et les lettres, et protégea le grand philosophe français Descartes. De bonne heure elle abdiqua le pouvoir et ne régna que peu de temps.

Quand on craint la mort, on n'est capable de rien.

CHRISTINE.

N'avoir rien à espérer, c'est être malheureux.

CHRISTINE.

On peut tromper tous les hommes, mais on ne peut se tromper soi-même.

CHRISTINE.

FIN

TABLE DES MATIÈRES

GÉOGRAPHIE POLITIQUE

HISTOIRE

GRANDS ÉCRIVAINS ET GRANDS SAVANTS.

SOCIÉTÉ ANONYME D'IMPRIMERIE DE VILLEFRANCHE-DE-ROUERGUE
Jules Bardoux, Directeur.

www.ingramcontent.com/pod-product-compliance
Ingram Content Group UK Ltd.
Pitfield, Milton Keynes, MK11 3LW, UK
UKHW020130220726
13923UKWH00001B/83

9 782019 684297